新出海蓝图

中国企业全球化的成功之道

黄渊普◎著

New
Blueprint For
Going Global

机械工业出版社
CHINA MACHINE PRESS

本书聚焦于中国企业出海议题，深度剖析出海相关的历史、现状、策略与机遇。书中回顾了中国 2000 年的出海历史，梳理了全球化发展阶段及各国经验教训，为中国企业提供了参考。在出海世界观部分，本书强调平视世界的重要性，探讨了全球化商品的特征与科技对全球化的主导作用，分析了文化对企业出海的影响。国别选择上，本书详细解读了中亚、中东、印度等多个国家和地区的市场潜力、挑战与机会。针对企业出海能力，本书指出中国企业要从本地化、海外考察、人才培养等方面逐步提升海外竞争力。此外，书中还讨论了年轻一代的国际化视野、中国城市在全球化中的角色转变、政府如何协助企业出海等议题。本书通过案例分析和数据支持，为企业提供了实用的出海策略和建议。本书为企业和个人提供了关于中国企业如何在全球化 4.0 时代把握机遇、应对挑战的全面指导，是一本具有前瞻性和实用性的读物。

图书在版编目（CIP）数据

新出海蓝图：中国企业全球化的成功之道 / 黄渊普著. -- 北京：机械工业出版社，2025. 3. -- ISBN 978-7-111-77873-8

Ⅰ．F279.2

中国国家版本馆CIP数据核字第2025JN9097号

机械工业出版社（北京市百万庄大街22号　邮政编码100037）
策划编辑：赵　屹　　　　　　责任编辑：赵　屹　解文涛
责任校对：贾海霞　丁梦卓　　责任印制：张　博
北京联兴盛业印刷股份有限公司印刷
2025年4月第1版第1次印刷
169mm×239mm・19.25印张・1插页・252千字
标准书号：ISBN 978-7-111-77873-8
定价：79.00元

电话服务　　　　　　　　　　网络服务
客服电话：010-88361066　　机　工　官　网：www.cmpbook.com
　　　　　010-88379833　　机　工　官　博：weibo.com/cmp1952
　　　　　010-68326294　　金　书　网：www.golden-book.com
封底无防伪标均为盗版　　机工教育服务网：www.cmpedu.com

本书的赞誉

（按姓氏拼音排序）

陈春花　上海创智组织管理数字技术研究院院长

中国企业的全球化正经历一场从"产品出海"到"品牌入心"的深刻变革。这种转变不仅是商业路径的升级，更是文化对话的突破——唯有与全球用户建立情感共鸣，才能真正打造世界级品牌。本书可以帮助出海的企业管理者理解以顾客需求为原点，以文化共情为桥梁，以科技创新为契机的新出海战略内涵。并期待中国出海企业用科技与文化为双引擎重塑全球产业链，成为全球市场新价值的塑造者。

翟东升　中国人民大学区域国别研究院院长

中国企业出海热潮的背后，既有要素价格相对变化带来的市场驱动，又有大国关系结构性变化带来的政治动能。因此，对于产业界和投资界人士而言，准确理解地缘政治和国别风险的重要性日益提高。区域国别学科的发展，其现实功能之一就是通过学界和企业界的沟通交流，助力中国产业、中国品牌和中国资本走向全球。《新出海蓝图》解读了大时代的国际格局变化，为企业出海提供了很好参考，值得推荐。

冯炜　中国国家创新与发展战略研究会副会长

只有读懂中国、读懂世界，才能走好大变动时代中国企业出海之路。《新出海蓝图》就是一部新时代读懂中国、读懂世界的行记。它立足广泛的区域国别田野调查，回溯世界经济全球化历史进程，展望新一轮全球化未来，为中国企业在新的历史条件下更好地走出去提供了许多有益的观察和思考。一个人能往回看多远，就能向前看多远。每一位准备出海的中国企业家或关注中国企业新出海现象的人都会从这本书中得到启示。

冯卫东　天图投资 CEO、《升级定位》作者

扩散，是优胜生命的本能；全球化，是先进文明的本能。出海，是扩散和全球化的另一种表达，一种有明确主体的表达。今天，中国已经成长为有史以来最大工业国，工业文明需要全球化的资源和需求市场，天生就是全球化的推动者、贸易壁垒的消融者。《新出海蓝图》以中华文明 2000 年出海历史为背景，面对全球化 4.0 阶段的现实，深入探讨了中国企业在当今国际形势下如何出海、向海而生的时代主题，是值得一读的力作。

管清友　如是金融研究院院长

全球化正经历"板块重构"，地缘政治将世界切割成"平行宇宙"，中国出海者已从"借船出海"转向"造船定规"。《新出海蓝图》一书揭示了出海是生存进化论，当自由贸易教条崩塌，唯有跨文明物种能穿越断层——要么用"中国速度＋全球合规"重塑组织基因，要么在旧大陆的余晖中成为化石。《新出海蓝图》助力中国企业大航海时代，值得推荐。

李翔　商业作家、"详谈"丛书作者

对于中国公司而言，出海全球化已经成为过去几年时间里最热门的浪潮之一。与此同时，也有越来越多的人开始观察和思考这一波新的全球化浪潮，黄渊普就是其中之一。在黄渊普对全球化和出海的思考里，既有他对商业的热情，也有他勤奋的环球旅行的见闻。

李泽湘　香港科技大学教授、XbotPark 机器人基地发起人

当下，出海是中国企业发展的重大机遇，而理解当地历史文化、秉持惠及当地的思维至关重要。过去一年，XbotPark 机器人基地孵化的科创企业加速出海，成绩斐然。黄渊普基于实地走访数十个国家的经历，推出第二本新书《新出海蓝图》。这本书能助力企业深入了解目标国家的历史文化，为实现本地化发展提供有效指引，对计划出海的企业而言极具价值，值得一读。

连盟　IDG 资本合伙人

新一代的中国创业者，已经超越了代工厂阶段，开始面向全球用户、引领科技和产品服务创新，建立世界级的科技公司。我们看到了这个巨大的社会变化，希望能够在这样的大潮中，找到并陪伴有梦想、有格局的未来开拓者，推动创造社会价值。

林民旺　复旦大学国际问题研究院副院长

在中国融入世界而崛起的进程中，中国企业与国家同频，进行全球化的产业布局与资源的国际化配置。未来的中国，不仅藏富于民，也将日益藏富于海外。黄渊普结合亲身走访世界各地的体验而撰写的《新出海蓝图》，为中国企业出海提供了富有洞见的观察和指引。

刘润　润米咨询创始人

在全球化浪潮中，文化是中国企业出海绕不开的重要因素。《新出海蓝图》深入探讨了文化在企业出海中的关键作用，通过众多案例揭示了不同国家文化差异带来的机遇与挑战，指导企业如何跨越文化鸿沟，实现文化融合。这本书能让企业在出海过程中更巧妙地借助文化力量塑造品牌、赢得市场，推荐给每一位关注企业出海的人士。

任泽平　经济学家、泽平宏观创始人

面对百年未有之大变局，中国企业千帆竞发出海，这既是为了应对逆全球化挑战，也是为了拥抱全球大市场机遇。出海去哪里？如何成功出海？黄渊普之前的《新出海浪潮》非常棒，新书《新出海蓝图》更值得一读。

汤敏　原国务院参事、中国跨境电商 50 人论坛主席

《新出海蓝图》是一部解码中国企业全球化征程的全景指南，为每一位胸怀世界的开拓者指明方向。全书深度剖析全球化 4.0 时代的底层逻辑，既立足中亚、中东、印度等新兴市场的地缘密码，又提炼出平视世界的战略哲学。无论是探寻增长第二曲线的企业家，还是渴望参与全球分工的创新者，这本书都将成为你在不确定性中把握先机的制胜之道。

汪洋　元鼎智能创始人

孟德斯鸠在《论法的精神》中提到，"商业能够治疗破坏性的偏见"。商业有助于和平，出海也正是这一重要的商业形式。作为一名"出海者"，我有幸参与并见证了中国企业出海的不同阶段。一代人有一代人的使命，我们这代人的使命就是品牌全球化，向全球讲好中国品牌的故事，这是时代赋予当代年轻人的巨大机遇！

我跟黄渊普认识很多年，他是一名纯粹的"创业者"和"出海者"。这本书里有很多独特的出海见解，都是来自真实出海场景下的深刻经验，值得出海的"弄潮儿们"一起细细品读，一起拥抱世界！

王力行　华兴资本 CEO

在地缘政治和全球经济格局重构的今天，"出海"已从企业"选修课"升级为"必修课"，这场深刻的商业变革正催生新的时代红利。黄渊普是这

一浪潮的近距离观察者和深度思考者。继其力作《新出海浪潮》后，他再次推出战略升级版的《新出海蓝图》，以前瞻视角为企业家绘制全球化发展的新坐标。本书突破传统出海指南的思维框架，通过全景式解析不同区域的历史文化基因、商业生态特征及消费心理密码，帮助读者构建"在地化认知"的深层逻辑。这部力作不仅是全球化战略的思维导图，更是跨文化经营的实战手册，值得每一位致力于国际化的商业决策者置于案头反复研读。

王宁　泡泡玛特创始人

如果你只在家里，家就是你的世界；如果你能走出去，世界就是你的家。中国企业出海虽然会面对诸多挑战，但是会为企业的自我变革和综合成长带来更多动能，也会带来全球视角和全球人才共同助力的不断向上生长！《新出海蓝图》以丰富、翔实的视角记录了中国品牌的远征，值得一读。

王莆中　美团核心本地商业 CEO

全球化对中国新一代的企业来说，不是选择题而是必答题，美团正以"科技驱动＋本地化运营"双轮战略，在沙特、阿联酋等新兴市场探索中国生活服务模式的全球适配性。《新出海蓝图》记录了中国企业全球化的进阶之路，为行业提供了从市场洞察到组织进化的方法论指南，值得推荐。

王兴兴　宇树科技创始人

我们所有人应该立志于在全球智能化浪潮中去书写"中国智造"的新篇章。中国企业出海全球化，是新一代创业者的历史机遇和责任。《新出海蓝图》一书，为出海方向创业者提供了有益参考，值得推荐。

卫哲　嘉御资本董事长

近十年来嘉御资本赋能了 15 家品牌出海行业冠军，我们坚信未来十年还会至少 100 家销售过百亿的品牌出海企业。品牌出海 1.0 要走向生来全球化的 2.0 模式，《新出海蓝图》一书给励志全球化的创业者积蓄知识和正能量。

吴悦宁　KK 集团创始人

当前中国企业不是考虑出不出海的问题，而是考虑怎么出海的问题。万事开头难，很多企业家不知道怎么迈出国际化第一步。黄渊普实地深入调研了 50 多个国家，并高频和早一批出海的先驱企业家交流心得感悟，推出了第二本针对性较强的出海参考《新出海蓝图》。对于当前有意愿出海的企业，在考虑地缘政治、合作伙伴选择、本地化等方面有着积极指导意义。出海过程中道路曲折，本书也许能让你少走弯路并增强出海信心。

吴志祥　同程集团创始人

我和黄渊普一样，我们都曾做过导游——我带着游客走遍山川湖海，而他则用脚步丈量企业的全球化征途。不同的是，20 年创业，我搭建了一个在线旅游平台，而他正在书写中国企业出海的"通关指南"。从"导游"到"领航员"，我们都在用不同方式参与全球化。黄渊普用脚步为中国企业探路，我用数据为旅行者铺路。如果你也想在纷繁复杂的世界找到商机或诗和远方，这本书或许能给你答案——毕竟，我们一直都在路上，用脚步丈量世界，用创新连接未来。

阳萌　安克创新创始人

《新出海蓝图》一书，系统分析了中国企业出海的历程，帮助读者回顾了历史，推演了当下全球化格局的演变与前进方向。平视世界，方能行稳致远，这是企业出海的态度，也是参与全球竞争的智慧。出海之路机遇与挑战并存，《新出海蓝图》在国别选择、企业出海能力建设等方面，汇集了作者在海外各国考察的洞察观点，相信本书能够为中国企业出海路径提供有益的借鉴和启示。

叶国富　名创优品创始人、董事会主席兼首席执行官

在全球化的宏大叙事中，《新出海蓝图》以独特的视角与洞察，为中国企业的国际化征程提供了有益借鉴。书中不仅回溯了历史的脉络，更展望了未来的可能性，从文化认同到市场选择，从能力建设到战略布局，层层递进，激发思考。相信这本书能为更多中国企业带来启发，助力中国品牌在全球市场赢得尊重与认可。

朱啸虎　金沙江创投管理合伙人

《新出海蓝图》系统梳理了中国企业出海的战略框架与实践路径，以历史纵深和全球视野解析全球化 4.0 时代的机遇与挑战。黄渊普通过实地考察50 多国的经验，强调"平视世界"与深度本地化的核心价值，指出文化理解是打破出海壁垒的关键。书中对比分析了不同区域的市场特征，总结了中国从"古三样"到"新三样"的转型教训，呼吁企业从 To G/B 转向 To C 以建立全球品牌，倡导以科技主导、区域化合作与国际化青年人才为新动力。本书兼具历史洞见与实战策略，为中国企业参与全球化竞争提供了一份前瞻性指南。

同时感谢以下朋友和企业对《新出海浪潮》及《新出海蓝图》的推荐（排名不分先后）：Product Ident GmbH 创始人方莉，QuickCEP 创始人陈光，沙之星跨境创始人 Amy，Dynabridge 创始人姚遥，大旗财税董事长李天智，

CGL 联合创始人兼首席运营官方玲，巨鹅通创始合伙人江俞庆，运去哪创始人周诗豪，天达共和律师事务所管理合伙人、大湾区办公室管委会主任林泽军，东软云副总经理王晓平，RWS 集团（思迪软件）亚太区副总裁陶慧，小影科技创始人韩晟，零零科技创始人王孟秋，用友薪福社 CEO 张国良，复星全球合伙人、复星锐正合伙人刘方未，GoGlobal 环瑀全球合伙人 Sissi Zhao，Cegid APAC 业务负责人张陈楠，以及拼多多、飞书、SnapChat、阿里国际、亚马逊全球开店、汇丰银行、亚马逊广告、香港城市大学商学院、腾讯集团、阿里 1688、SparkXGlobal 邑炎科技等公司的大力支持。

序

我现在在伊拉克首都巴格达的一家叫 Dijlat Al Khair 的酒店，这家酒店的条件比国内的汉庭酒店差不少，价格却高出一大截。昨天我在巴格达的一家商场买了一个肯德基的最普通套餐，折合人民币 56 元，也比国内贵不少。和很多亚非拉国家类似，伊拉克的经济发展水平不高，但因为缺少优质供给，不少东西的价格却一点都不低。

2024 年 12 月 22 日，我开始了这次被我称为"地中海文化之旅"的行程。我先后去了罗马（包括梵蒂冈）、里斯本、卡萨布兰卡、丹吉尔、马德里、塞维利亚、格拉纳达、巴塞罗那、突尼斯城、威尼斯、雅典、开罗、亚历山大港等城市，巴格达是我此次行程的倒数第三个城市，明天我将启程前往"红海新娘"吉达，最后一站是中企出海热门城市利雅得。

与以往海外考察时更关注市场机会不同，这次我更关注"水面下"的东西——历史和文化。关注和研究中国企业出海这几年，我有一个越来越深的体会：每个国家都有出海机会，关键是能否做到本地化；而本地化的关键，是去理解目标国家的历史和文化。我认为，接下来几年中国企业出海的核心关键词，没有比以下几个更合适的：平视世界、深出海、本地化。

此次"地中海文化之旅"，从雅典、罗马、梵蒂冈的历史可以窥探西方文明的三大基石，而通过巴格达、开罗、利雅得的历史可以一瞥阿拉伯世界的光荣与屈辱。在亚历山大港、丹吉尔、格拉纳达等城市，通过一些遗迹可以感受到历史上穆斯林和基督徒的恩怨交融；而在突尼斯城、威尼斯、里斯本、塞维利亚等城市，今天中国企业圈热议的出海都能找到历史的回响。

我每年花三个月以上的时间在海外各国考察，每次海外考察我都会事先阅读大量背景资料，到了当地后一定会乘坐公共交通工具去当地人常去的商场和市场，在做好风险把控的前提下走遍大街小巷。我将这套走访海外国家的方法总结为"MTU 模型"（本书有专门章节介绍）。

2024 年 7 月底，我在伊朗首都德黑兰，一路摸索如何坐地铁、坐公交，获得了很多伊朗人的主动帮助。期间，哈马斯领导人哈尼亚在德黑兰被炸身亡，我顺便采访了几个当地人，发现伊朗绝非一些西方媒体描述的那样极端。2024 年 8 月上旬，我在孟加拉国首都达卡脏乱不堪的街道上行走，正好碰上针对总理哈西娜的游行示威。一群当地人围着我，耐心地向我解释发生的事情后，其中两人好心地护送我回了酒店。

在此次尚未结束的"地中海文化之旅"中，我在罗马被偷了等值 2000 元人民币的钱，在开罗的金字塔景区被"缺斤少两服务"后又被无理索要了小费。但除了极少数不快的经历，更多时候我碰到的是善意：在丹吉尔的一个偏远的景点打不到车，一位好心的车主免费把我送回了城区；在巴格达，我把外套和钱包遗忘在了一家咖啡厅，一个小时后回去取时依然安然无恙。

2022 年至今两年多时间，我走访了近 50 个国家，我的个人感受是：外面的世界整体是安全的，是社交网络放大了偏见和夸大了风险。此次在去巴塞罗那之前，我在小红书上搜索这座城市的旅游攻略，十有六七的笔记都谈到自己有被偷经历。我随后做了一个投票，截至目前超过 2000 人的投票结果显示，92% 的人表示自己没有被偷。最后，我也从巴塞罗那"全身而退"。

2025 年 1 月 16 日，在亚历山大港图书馆附近的一家小餐厅，两位亚历山大大学的年轻学生找我攀谈。得知我是中国人后，对方竟然主动聊起了

rednote（小红书），"TikTok 难民事件"的全球关注度可见一斑。但当我问到他们是否会去注册 rednote 时，得到的答案是没有理由、不感兴趣。其中一位学生告诉我，他之前有过一次出国旅游的经历，有想过去中国，但最终选择了去墨西哥和美国旅游。

待在国内和在海外走访，对于中国在全球的影响力会有不同的感知。在卡萨布兰卡、突尼斯城、巴格达等城市，我被反复问到"你来自哪里？"，当我说"China"（中国）时，很多人都会竖起大拇指，其中有人还用蹩脚的英文说"China No.1"（中国是第一）。但另一方面，当他们提到有关中国的人与事时，基本上只知道 Bruce Lee（李小龙）和 Jackie Chan（成龙）。

此前，我在利雅得见证过 BlackPink（韩国女团）开演唱会时的超强影响力；在威尼斯、佛罗伦萨期间，我几次听到韩国歌手朴彩英的歌曲《A.P.T》从街头巷尾传出。在文化的全球影响力层面，我的个人感觉是，目前中国还有待提升。

在欧洲的葡萄牙、西班牙、法国等国家，日餐比中餐更受本地消费者喜欢。在从里斯本市区打车前往机场的路上，南亚裔司机师傅跟我分享了他的一个重大发现："你知道吗，里斯本的很多日本餐厅，老板都是你们中国人（华人）！"司机师傅的这个发现，我早就有所耳闻，但当从外籍司机口中听到时，我心里还是有些不是滋味。餐饮行业有文化属性，中国的文化影响力在欧洲还不够强。

国家品牌和企业品牌紧密相关。中国的文化影响力强，会有利于中国企业出海；而中国品牌在全球获得认可，也能反过来助力国家文化软实力的提升。但如果对外没有讲好中国故事，而中国优秀品牌出海时又刻意抹去自己的中国身份，那么形成的可能会是一种相互拖累的局面，这是我们需要极力避免的结果。

通过 TikTok 等平台，我们在讲好中国故事方面已经取得了不错的进展。

希望更多中国互联网公司勇于出海，在国际舞台大显身手；希望更多企业与机构，以润物无声的方式传播好中国文化。当然，我也希望，相关部门能鼓励更多中国年轻人走向世界，同时吸引更多外国人来中国实地感受。

中国企业的新出海，一个典型特征是从 To G（面向政府）、To B（面向企业）到实现 To C（面向消费者），通过和终端消费者建立更广泛、更深入的直接连接，从而推动 C2B（消费者到企业）、C2F（消费者到工厂）模式的形成。只有服务好海内外终端消费者，才有可能打造出世界级品牌；而与国外消费者建立情感连接，文化的相互沟通与理解是关键。

这并不容易。中国文化独树一帜，历史上虽然"古三样"（丝绸、瓷器、茶叶）风靡世界，但基本上只是货出去、人不出去，终端消费者始终掌握在中间商手中。"古三样"最终因为远离海外市场需求而失去了竞争力。而如今中国的"新三样"（电动汽车、锂电池、光伏产品）同样畅销全球，这次我们要避免重蹈"古三样"的覆辙。

从拥有最多的世界 500 强企业，到拥有最多的世界 500 强品牌，这是中国企业出海面临的最大时代机遇。中国企业的新出海，会更像日本故事，还是更像美国故事？日本的出海故事，是企业在海外拓展了销路，但整体属于量变范畴；而美国的出海故事，则是通过全球资源的优化配置，不仅增加了销量，还实现了质变。

中国正在成为新全球化的规则塑造者。因此，我相信中国企业的新出海一定会超越日本的故事，形成类似当年的"英式全球化"或"美式全球化"的结果：中国将着力打造全球科技创新高地和具有国际影响力的文化强国，并在关键领域跻身世界前三，形成全面的竞争优势。

2024 年，我的《新出海浪潮》一书出版后，得到了业内外的肯定，销售表现也相当不错。但我一直觉得，《新出海浪潮》不够完整，其中对历史和文化的着墨太少。这本《新出海蓝图》，不仅弥补了这一遗憾，还拓展了对一些海外市场的理解。同时，基于中国企业出海的新故事，我在高校人才培养、人才职业发展以及政府角色等问题上也提出了一些建议。

　　2025 年及未来的许多年，我将保持每年去 20 个国家考察的节奏，深度观察和研究中国企业出海这一时代命题。在这个过程中，我希望能获得从业者的指点和帮助，使我能够输出更多富有洞察力的观点。

　　在新出海方向，让我们一起前行。

黄渊普

2025 年 1 月 19 日晚

于伊拉克首都巴格达

目 录　　Contents

本书的赞誉

序

第一章　出海历史观　　　　　　　　　　　　　　　/ 001

01　从长安到深圳，中国出海 2000 年　　　　　　　　/ 001

02　全球化到了 4.0 阶段　　　　　　　　　　　　　　/ 014

03　外企出海中国的历程与启示　　　　　　　　　　　/ 030

04　英式全球化的经验　　　　　　　　　　　　　　　/ 046

05　美式全球化迎来了孤立主义　　　　　　　　　　　/ 057

06　日本的出海历程与经验教训　　　　　　　　　　　/ 069

第二章　出海世界观　　　　　　　　　　　　　　　/ 082

01　平视世界，对中国出海企业尤为重要　　　　　　　/ 082

02　寻找风靡世界的全球化商品　　　　　　　　　　　/ 092

03　得科技，得全球化的主导权　　　　　　　　　　　/ 103

04　中国企业出海，先要理解地缘政治　　　　　　　　/ 115

第三章　国别选择 / 125

01 中亚，中国企业出海的下一个"东南亚"？ / 125

02 出海中东热，能持续多久？ / 137

03 重新审视出海印度的机会 / 152

04 更新对印尼的认知 / 163

05 从肯尼亚和尼日利亚看非洲 / 172

06 中国出海企业"留学"法国很有必要 / 185

07 拉美是出海宝地还是陷阱？ / 196

08 出海俄罗斯即将进入新阶段 / 207

第四章　企业的出海能力 / 217

01 中国不缺大公司，缺全球化品牌 / 217

02 重新思考本地化 / 228

03 通过海外考察快速了解一个国家 / 238

04 全球化人才培养亟须变革 / 247

第五章　新机遇与新挑战 / 256

01 出海是年轻一代最大的时代机遇 / 256

02 从"引进来"到"走出去"，中国城市将大洗牌 / 268

03 政府如何协助中国企业出海 / 279

第一章　出海历史观

01　从长安到深圳，中国出海 2000 年

秦朝｜徐福东渡｜长安｜张骞出使西域｜丝绸之路｜朝贡贸易｜
甘英｜法显｜玄奘｜市舶司｜广州｜泉州｜汪大渊｜郑和下西洋｜下
南洋｜大航海｜鸦片战争｜巴拿马万国博览会｜古三样｜改革开放｜
深圳｜走出去｜新出海

2024 年 7 月下旬，我先后前往哈萨克斯坦和乌兹别克斯坦。在与当地人的几次交流中，我为了说明中国现代化所取得的成就，向他们介绍了深圳以及深圳的几个高科技公司。让我感到非常意外的是，他们中的很多人都听说过比亚迪（BYD）这个中国品牌，但是几乎没有人听说过深圳这样一个中国改革开放的桥头堡！

在绝大多数中亚民众的认知当中，中国有三座伟大的城市：北京、西安和乌鲁木齐。作为中国的首都，北京自然不必多说；乌鲁木齐在中亚地区的声望，源自于地缘以及宗教因素；至于西安，则是与"丝绸之路"的辉煌历

史息息相关。从古代繁荣富庶的长安，到如今现代化的深圳，中国已经走过了超过 2000 年的漫长岁月。

公元前 221 年，秦朝建立了中国历史上第一个大一统王朝。秦朝的统治虽然短暂，但其影响却极为深远。在西方，中国的英文名称"China"，就被认为源自于"秦"的音译"Chin"。时至今日，中亚和中东的一些国家，依然称呼中国人为"秦人"。

秦朝的世界观——如果说一个朝代也有自己的世界观的话——深受战国时期思想家邹衍的影响。邹衍认为，我们所处的这个世界是由几块大陆组成的，每块大陆又分为九个区域。这些大陆彼此之间由大海隔开，而中国——作为神圣的红色大陆，只是其中一块大陆的九个区域之一。换言之，从行政区划上来说，中国只是世界的 1/81。

史书记载，秦始皇于公元前 219 年派遣徐福出海，寻找传说中的蓬莱、方丈和瀛洲，他希望徐福能够在海外找到"长生不老药"。秦始皇的这一决定，极有可能是受到邹衍理论的影响。现在看来，徐福东渡，应该被视为是中国"出海"的先驱之一。

但真正的出海，是在西汉时丝绸之路开通之后。

秦朝灭亡以后，西汉在咸阳附近的长安建造了都城。公元前 138 年，年轻的汉武帝派张骞出使西域，张骞的出使并非以经济或商业为首要目的，然而不可否认的是，他的出使，客观上开通了后世闻名的"丝绸之路"。

"丝绸之路"以长安为起点，经由新疆，连接起了中亚、中东及欧洲，这条通道被视为全球化的早期雏形。经由丝绸之路，中国的手工业品、技术以及其他物产得以传向全世界，而来自海外的核桃、葡萄、石榴、黄瓜、香菜、狮子等异域果蔬、珍禽异兽也进入了中国。张骞的"出海"，成果显著。

在张骞出使西域的那个年代，与西汉同时存在于世的政权，还有罗马、安息帝国（今伊朗、伊拉克地区）、贵霜帝国（今印度、巴基斯坦及中亚地区）等强权。然而，那个时代的中国受"五服论"世界观的影响，将中国划分为五个同心圆的区域，最核心的"甸服"为皇室直辖区域，外围依次是"侯服""绥服""要服"以及"荒服"。

这是一种以中国为中心的世界秩序观，最外围的"蛮夷"和"戎狄"则是当时对非华夏部落的统称。基于此，汉朝通过朝贡制度处理对外关系，允许外国使节定期来长安进贡。这种官方的外交行为，实际上成了一种特殊且极具时代特征的贸易模式。汉朝以"天朝上国"自居，常常依各国进贡的物品数量来加倍回礼，这种做法令外国使节认为，对汉朝的朝贡是有利可图的。因此，当时有许多外国使节打着官方名义来华，实则是为了贸易。这种重颜面、轻实利的朝贡贸易模式，在中国封建王朝时期存在了相当长的一段时间。

公元前60年，西汉在今新疆轮台县东北的乌垒城设立了西域都护府，目的是加强对西域的控制。约150年后，东汉名将班超被任命为西域都护，他派遣甘英出使罗马（大秦）。尽管未能完成使命，但是甘英依然成功地抵达了波斯湾，他也成了中国"出海"到中东海湾地区的第一人。

维持丝绸之路的畅通，并非仅仅依赖于中国国力的强盛，实际上这条通道还与中亚、中东地区的政治局势紧密相关。东汉灭亡以后，中国经历了约370年的割据和分裂，直至581年隋朝的建立，华夏大地才得以重新统一。在这数百年的分裂时期，祖籍山西临汾的法显大师成了中国出海的代表，他从长安出发、走陆路到达天竺（古印度），其全部行程历时14年，途径30余国，最后经海路重新回到中国。

隋唐时期，中国的对外贸易达到了前所未有的繁荣与开放。

唐朝在其最为鼎盛的贞观、开元年间，不仅向东亚、东南亚地区输出中原文化，甚至一度将自己的势力范围扩张至广阔的中亚地区。当时，唐朝的都城长安成了东西方贸易的汇聚之地。史书记载，长安设立的"西市"集市中，汇聚了来自全球各地的商人和货物，形成了商品琳琅满目、文化交流繁盛的景象。当时，唐朝的首都，当之无愧地成了东西方贸易的枢纽。

这一时期，唐朝持续向全世界输出华夏文化——唐朝文化的影响力，迅速扩展到了朝鲜半岛、日本列岛以及现如今以越南为代表的东南亚地区。一时之间，各国政权纷纷效仿唐朝的制度，各国人民踊跃学习汉文化。与此同时，唐朝也吸收了来自于西方的文化。实际上，在唐朝那个时代，长安与君士坦丁堡（今伊斯坦布尔）、巴格达一道，被誉为当时的三大全球化都市。

唐朝"出海"的代表人物是玄奘（唐三藏）。贞观三年（公元629年），玄奘从长安出发，沿丝绸之路西行，穿越甘肃、新疆，再途径中亚，最终抵达天竺（古印度）。玄奘西行历时16年，回国后由他口述、辩机编撰的《大唐西域记》，对古西域历史、古印度历史和南亚历史的研究产生了巨大的影响。后人对玄奘及其所取得的成就评价颇高，《大唐西域记》更是被视为古代东方三大旅行记之一。

玄奘的故事被明代小说《西游记》演绎成了家喻户晓的传说，此后一直是中国文化对外传播的经典题材和象征。2024年，国产3A游戏巨制《黑神话·悟空》风靡世界，这是以玄奘、《西游记》为代表的中国文化影响世界的又一有力例证。

唐朝在对外贸易上的另一个重要变化，是海上丝绸之路的出现以及崛起。实际上，早在西汉时期，中国便已经通过陆上丝绸之路与中亚和欧洲保持了密切的商业联系。到了唐朝，高仙芝在怛罗斯之战（公元751年）中败给阿拉伯帝国阿拔斯王朝的军队，不久后"安史之乱"的爆发，再度削弱了唐朝的控制力。至此，陆上丝绸之路遭到了严重的破坏。

　　唐朝中后期，海上贸易逐渐兴起，广州、交州（今越南河内）和扬州等地先后设立了市舶司，该机构专门负责管理海上贸易事务。现在看来，唐朝的市舶司不仅负责向外国商船征收关税，还在官方采购、商贸监管方面扮演着关键的角色。唐朝的市舶司制度奠定了后来宋、元、明等各个朝代针对海外贸易的管理模式。

　　强大的唐朝拥有无比开放的心态，这使得当时中国的对外贸易非常活跃。虽然名义上对外贸易由官府垄断，但是实际上，民间商人参与海外贸易的热情空前高涨。根据史书记载，唐朝商人不惧千里跋涉，从广州出发，驾乘铜皮货船前往安南（今越南），用国产货物换取当地特产，再返回唐朝进行贩卖。

　　此外，唐朝商人还把生意做到了更为遥远的日本。史载公元847年，商人张友信从明州（今宁波）出发，仅用了三天时间便抵达了日本值嘉岛（今长崎五岛）。近年来，非洲沿海地区甚至发现了唐朝的钱币，这一事实证明，唐人很有可能曾经航行至非洲东海岸。

　　然而客观地说，唐朝时期到中国做生意的外国商人的数量，远远超过了中国出海到其他国家的商人人数。中国、印度、波斯湾和红海之间的海上贸易网络，主要被穆斯林商人（波斯人和阿拉伯人）所掌控。大量外商在扬州、广州等港口城市定居，成为当地商业的重要组成部分。

　　陆上通道受阻、海上通道主要由穆斯林商人把持，这是唐朝对外贸易的整体情况；与此同时，中国的文化也被局限在了东亚和东南亚。《剑桥中国史》对此有所总结："在东北、南方和西南，中国的周围是一些仿效中国的稳定的农业国，它们具有深受中国人影响的文化。中国占支配地位的东亚文化圈已经形成。在西面，中国的政治影响和文化影响都被排除在吐蕃和中亚之外；在那里，吐蕃所受印度的影响和中亚所受伊斯兰教的影响，都超过中国给予它们的影响。"

到了宋元时期，海上丝绸之路进入了一个新的繁荣阶段。

北宋建立之后，中原王朝面临辽、西夏等强大政权的持续威胁，因此陆上贸易受到严重制约。为了弥补财政缺口，宋朝政府比前代更加注重海上贸易的发展，皇室甚至视其为国家财政收入的最重要来源之一。宋代官方积极采取激励措施，不仅吸引外国商船来华贸易，还鼓励本国商人主动出海，将中国商品远销海外。

宋代的出口商品种类较唐代更为丰富，瓷器、铜器、铁器、丝绸、茶叶和布匹等都深受海外客商的青睐。至于宋朝时期的进口商品，则多为香料、珠宝、珊瑚、香木、犀角等高附加值品类。与中国进行贸易的国家的数量也不断增加，据记载，宋朝与五十多个国家保持着频繁的海上贸易往来。

为了进一步推动海上贸易的蓬勃发展，宋朝逐步建立起了一套完善的对外贸易机制。除了官方设立的市舶司之外，宋代的商业体系中还出现了各种全新的行业：有管理进出口贸易的商行，有专门的代理商和航运经营者，也有专业的船主和熟练的水手。1225 年，宋朝泉州的市舶司提举赵汝适撰写了《诸蕃志》，他详细描述了当时与中国有贸易往来的海外诸国的情况。赵汝适的这部著作，可以被看作是当时的"国别研究报告"，它充分展示出了宋朝对外贸易的系统化与科学化程度。

与唐代相比，宋代的一个显著变化是出海人口的增加：除了商人以外，因战乱而移民海外的平民百姓也越来越多。北宋灭亡时，南迁的大量民众在南宋末年因战乱再度迁徙，不少人选择出海避难或谋生。典型的例子是南宋末年，抗元名将张世杰在广东新会崖山奋力抵抗元军，最终兵败，一部分宋朝残军和百姓被迫辗转东南亚各地定居。海上移民浪潮的出现，使得中国文化进一步在东南亚蓬勃发展。

元朝对外贸易的繁荣昌盛，在很大程度上得益于蒙古帝国的扩张。作为游牧民族，蒙古人自古以来就依赖贸易获取自身所需的物资，而其横跨欧亚大陆的征服行动，更是为他们的全球贸易铺平了道路。蒙古帝国将欧亚大陆连接成了一个广阔的经济圈，这一事实促使陆上丝绸之路再次畅通无阻。

元代的陆上贸易网络分为两条主要路线：一条是"钦察道"，从敦煌出发，经哈密、土库曼一直延伸至克里米亚半岛；另一条是"波斯道"，经敦煌、天山南路、大不里士，最终到达土耳其。在大力发展陆上贸易的同时，元朝在海上贸易方面也取得了巨大的成就。当时，元朝海军曾两次远征日本，并一度攻占东南亚的爪哇。元朝在广州、泉州等地设立市舶司，还新建了多个港口，刺桐港（今泉州）更是成了当时世界上最大的港口之一。元朝时，民间航海家汪大渊就两次从泉州出发，其足迹遍布琉球、大洋洲、波斯、莫桑比克、摩洛哥等地。

元朝对商人的政策与前代截然不同。由于蒙古统治者不擅长经商，因此商人的地位得到了巨大的提升。元代的商人不仅能够在市场上自由活动，甚至可以担任地方和中央政府的高级官职。据史料统计，元朝时曾有34位回族商人在中书省担任过要职。

在元代，汉人被禁止从事海外贸易，但是实际上，许多汉族商人仍然通过各种渠道"出海"经商。随着元代打破了"万般皆下品，唯有读书高"的传统观念，有越来越多的年轻人选择从商，他们渴望通过海外贸易来改变自身的命运。举例来说，浙江宁波商人夏荣达，出身贫苦，但通过参与海上贸易，最终积累了丰厚的财富，成了一代巨贾。

尽管宋元时期的中国海上贸易极其活跃，然而中国商人的主要活动范围依然局限于东南亚的爪哇、苏门答腊以及马来半岛一带。至于印度洋、红海以及地中海的长途贸易，主要是由来自于印度、阿拉伯和威尼斯商人所主导。彼时，中国的对外贸易虽然规模巨大，但总的来说，依然受制于欧亚贸易网络中的外来商人。

明清两朝官方政策逐渐趋向闭关自守，而民间的出海潮流却愈演愈烈。

明朝建立于 1368 年，当时的西方世界正在依次进入文艺复兴时期，大航海时代也将拉开序幕。明朝在早期采取积极的对外政策，最为后世所称道的是郑和七下西洋。郑和的船队规模宏大，船只工艺精湛，其技术成就远超当时的欧洲国家。然而，郑和的航行并非出于商业动机，而是炫耀国力、维系朝贡体系的一种政治姿态。

与官方的谨慎和封闭形成鲜明对比的是，明朝沿海地区民间的出海风潮却是愈演愈烈。由于生活艰难，福建、广东、浙江一带的沿海居民纷纷冒险前往东南亚谋生，这在当时形成了规模宏大的"下南洋"移民浪潮。凭借坚韧不拔的毅力和娴熟的商业技巧，中国最早的这批移民者，逐渐在东南亚各地站稳了脚跟，并在当地社会中取得了重要地位。除了沿海地区的民众，内陆的徽商、晋商、赣商也积极参与海外贸易。明朝商人在东南亚各地扎根，建立起了庞大的商业网络，这为东南亚华人社会的形成奠定了坚实的基础。

然而，明朝官方对这些出海的民众态度冷淡甚至是敌视，在政府看来，这些"海上人"是不忠于国家的"奸民"或"无赖"。《朝贡、战争与贸易》一书描述海外华人处于一种矛盾的身份中：一方面，他们时常打着"中华"身份的旗号，在东南亚各地扩展势力，彰显文化优越感；另一方面，他们又不断受到明朝官方的打压，不得不借助武力来维持在海外的生存。明朝的对外贸易政策既打压出海的民间力量，又对海外事务缺乏长远规划，这导致民间和官方在对外关系上呈现出一种割裂状态。

明朝的主要对外贸易依然集中在海上；陆路方面，明朝与中亚强大的帖木儿帝国保持着象征性的朝贡关系。帖木儿帝国的首都撒马尔罕一度是丝绸之路上的重要贸易枢纽。明朝时，中西方之间的海上贸易被一层层的中间商把持，如阿拉伯商人和意大利商人。

　　葡萄牙人和西班牙人开启了大航海时代，他们绕过中间商，先后进入到了亚洲市场。1513 年，若热·阿尔瓦雷斯成为第一个抵达中国的葡萄牙人。随后，西班牙人和荷兰人也接踵而至，他们频频现身于中国沿海地区。明朝隆庆年间，官方一度放开了海禁，也参与到了"马尼拉大帆船贸易"当中，并且因此而获得了大量来自于美洲的白银。但整体上来说，明朝官方对于上述欧洲国家的态度非常淡漠。

　　清朝建立后，虽然"康乾盛世"让国内经济得以复苏和发展，然而官方的对外政策进一步趋于封闭。康熙年间，中国尚且有广州、漳州、宁波和连云港四处对外贸易口岸，然而到了乾隆年间，清朝将所有外贸活动限制在广州一地，实行所谓的"广州十三行"制度。这种"窗口贸易"模式，严格限制了外国商人与中国商人的接触，只允许外国商人与在广州的少数行商进行贸易。毫无疑问，这一政策带有极其浓厚的保守色彩，它虽然维护了朝廷的控制权威，但也极大地限制了中国融入世界经济的脚步。

　　清朝的主要贸易对象，从早期的葡萄牙和西班牙，逐渐转变为英国。清朝向英国大量出口茶叶、瓷器和丝绸，而英国的商品却难以打开中国市场，导致英国在对华贸易中长期处于逆差状态。茶叶成了清朝最重要的出口商品，广州茶商伍秉鉴甚至凭借着对茶叶供应链的控制，一举成为了清朝首富。

　　为了摆脱贸易逆差的不利局面，英国开始大规模向中国输入在印度种植的鸦片，这不仅打破了中英之间的贸易格局，也为日后的鸦片战争埋下了导火索。鸦片战争以及其后的《南京条约》等一系列不平等条约的签署，使得清朝不得不开放了多个通商口岸，被迫允许欧美列强设立租界。在那之后，外国商品疯狂涌入，直接导致清朝的贸易逆差急剧扩大，中国也在列强的经济控制下，逐渐沦为外来商品的倾销地，并且彻底丧失了自主发展的权利。

进入清末和民国时期，中国的对外贸易局面更加严峻。

为了逃避国内战乱和贫困，民间形成了新一轮的出海移民潮，东南亚仍是最主要的目的地，与此同时，美国、拉美、大洋洲等地区也开始出现大批华工。民国时期，尽管中国一度尝试进行工业化，但由于中国的工业基础实在是过于薄弱，因此当时对外出口商品依然多为农副产品，而工业制成品则还是依赖于进口，贸易逆差长期存在。

民国时期企业出海的一个标志性事件，是 1915 年在美国旧金山召开的巴拿马万国博览会。在此次博览会上，中国商品在国际市场上集中亮相，中国企业带去参展的瓷器、白酒、地毯、玉器等产品，总共获得了 57 枚奖章，这成为民族工业振兴的象征。实际上，时至今日，依然有许多民族品牌，仍以该次博览会的获奖作为品牌宣传的重要依据。虽然巴拿马万国博览会在中国企业出海史上留下了深刻的印记，然而民国时期的中国经济极为衰弱，面对内忧外患，品牌出海依然是海市蜃楼一般无法实现的幻想。

不仅如此，因为被动参与全球贸易、漠视技术变革和海外市场需求，中国引以为傲的外贸"古三样"，即丝绸、瓷器、茶叶，在全球市场上也先后失去了竞争优势。

新中国成立尤其是改革开放后，中国企业踏上了新征程。

新中国成立后，国家设立了中央人民政府贸易部，内部设立国外贸易司，专门负责管理新中国的对外贸易相关事务。1952 年，我国又单独成立了对外贸易部，以便系统地规划并推动国际贸易。随着抗美援朝战争的爆发，西方国家对中国实施了封锁与禁运政策，中国被迫转而与苏联及东欧社会主义国家开展经贸往来。1950 年至 1958 年间，中国在社会主义阵营中逐步建立起了稳固的贸易关系。中国出口所占的全球份额，从 1950 年的 0.91% 上升到 1956 年的 1.58%，在困境中依然取得了一定的成就。

1958 年后，中国逐渐将贸易重心转向西方国家，同时积极拓展与亚非拉等第三世界国家的经贸关系。1972 年，美国总统尼克松访华，标志着中美关系的破冰，两国随即签署《上海公报》，推动中美经济关系逐渐复苏。同年，日本首相田中角荣访华，中日签署《中日联合声明》，双方外交关系正常化。

在此背景下，中国与西方国家的经贸关系迅速恢复，并为日后的改革开放奠定了基础。1978 年 12 月，中共十一届三中全会召开，这标志着中国开始以经济建设为中心，并且拉开了改革开放的序幕。1978 年，中国货物进出口总额占全球的比重仅为 0.8%，在那之后，这个比例迅速提升。

改革开放的第一阶段，中国采取了"引进来"战略，以吸引外资为核心，通过"三来一补"（来料加工、来样加工、来件装配和补偿贸易）的形式开启了现代化工业化的进程。到 1988 年，仅东莞一地的"三来一补"企业就超过了 2500 家，整个珠三角地区已有超过 10000 家工厂从事此类业务，吸纳了超过 100 万劳动力。这一时期的"来料加工"模式，为中国制造业的崛起奠定了基础。90 年代后，外资企业大规模进入中国，中国各行各业得到了飞速发展。

进入 21 世纪，中国逐步从"引进来"战略转向"走出去"战略。2000 年 10 月，中共十五届五中全会明确提出了"走出去"战略。2001 年，中国加入世界贸易组织（WTO），全面融入全球市场，这推动了中国外贸的爆发式增长。随后，中国的对外贸易和投资进入了快速扩张期。2013 年，"一带一路"倡议提出，旨在通过基础设施建设、投资与贸易网络的扩展，来升级中国与世界的联系，并进一步推动中国企业进入全球市场。2015 年，中国央行正式提出"人民币国际化"战略，为中国企业走向世界提供支持。

截至 2023 年，中国出口额占全球总出口的比重上升至 14.5%，稳居全球第一大出口国的位置。同时，中国从全球产业链的"加工厂"转变为了"创新中心"。2024 年 1—10 月，中国实际利用外资为 6932 亿元，同比下降了 29.8%；同期，我国对外非金融类直接投资 1158.3 亿美元，同比增长了 10.6%。这一组数据充分证明，出海必将甚至是已经成了中国未来发展的核心战略。

在这场变革中，作为改革开放前沿阵地的深圳脱颖而出，这座城市成了中国对外贸易与创新的标杆。自 1979 年设市以来，深圳凭借其毗邻香港的地理优势和经济特区的政策扶持优势，迅速成长为全球领先的制造业和高科技产业中心。2024 年前 10 个月，深圳市的进出口总额达到 3.76 万亿元人民币，同比增长 19.2%；其中，出口额 2.37 万亿元，增长 17.5%，表现突出。

回顾历史，从公元前 138 年张骞出使西域时的长安，到 2024 年的深圳，中国的出海之路已历经 2000 余年。与历史上的历次出海不同的是，今天的中国企业不再是被动地接受世界，而是以更加主动和自信的姿态走向全球。

图 1-1　2024 年 8 月 17 日，作者在西安参加《新出海浪潮》分享会

可以肯定的是，中国的新出海征程才刚刚开始，新一代出海人有望创造过往2000余年从未有的辉煌成就！

拓展阅读

古代中国出海做生意的氛围为何不浓?

秦朝统一后中国进入长达 2000 多年的封建时代，封建统治阶级整体来说并不鼓励民众出海做生意，这背后有多种原因：

一是中国在地理上相对隔离。中国西南是难以跨越的世界屋脊，西北是茫茫的荒漠，东边是广阔的太平洋，各类天然屏障使外敌入侵相较于其他文明明显更少，这使中华文明一直得以延续。学术界普遍认为中东地区孕育了人类最早的文明，然后再逐步扩散到了其他地区；但研究表明，中国是一个相对独立的文明，原因就和地理上相对隔离有关。地理上的隔离，也限制了古代中国商人出海的动力。

二是儒家思想的影响。儒家文化强调农业的根本地位，看重稳定和内部秩序，对商业活动和商人的社会地位相对轻视。《论语》里就有"父母在，不远游，游必有方"的语句，儒家传统的孝道观念里也有丁忧守制的规定。在这种文化背景下，古代中国人对出海做生意的态度可想而知。

三是维持统治的需要。在中国古代，农业是国家经济的基础，大多数人口居住在农村，以农业生产为生。国家的稳定和政权的持续依赖于农业生产的稳定和农民的安居乐业。古代中国的农业生产力也较高，内部市场庞大并相对统一，基本能够实现自给自足。这种经济格局减少了对外贸易的需求和依赖，不像资源匮乏的地中海地区那样需要通过贸易来获取资源。另外，古代中国皇帝和朝廷为了维护控制力和防止外敌入侵，也时常实行海禁政策，限制私人出海活动。

四是"天朝上国"的自我认同。中国在古代自视为"天朝上国"，认为文化和政治体系自足且优越，对外开放和吸纳外来影响的需求相对较低，这在某种程度上抑制了对外贸易的发展。尽管中国在航海技术和船只建造上具有一定的成就（如宋元时期的海船和指南针的使用），但这些技术更多地用于沿海贸易和防御，而非像地中海地区那样用于广泛的远洋探险。

中国各封建王朝通过官方垄断对外贸易，私人从事对外贸易被各种打压。所以我们看到，中国古代的名人如张骞、甘英、法显、玄奘、汪大渊、郑和等都不是基于商业目的驱动而出海；古代中国与国外的交往，重面子而轻经济利益。至于明清两朝的"下南洋"浪潮，只是民众面临生存时的无奈之举；即便后来一些华人在南洋取得了经济上的成功，也依然受到中国封建王朝的歧视。

对比封建王朝时中国的闭关锁国、重农抑商，我们才能更好理解新中国改革开放的伟大意义。2013 年提出的"一带一路"倡议，是中国 2000 多年来未有的重大举措。中国正处在从重商主义走向自由贸易的过程中，扩大高水平对外开放的动力和动作都非常大；毫无疑问，属于中国企业的大航海时代正在到来。

阅读书籍推荐:《丝绸之路：一部全新的世界史》(彼得·弗兰科潘著)；《朝贡贸易与仗剑经商：全球经济视角下的明清外贸政策》(骆昭东著)。

02　全球化到了 4.0 阶段

新月沃地｜腓尼基｜吕底亚王国｜波斯帝国｜希腊｜亚历山大｜罗马｜阿拉伯帝国｜香料｜大航海｜殖民掠夺｜蒸汽船｜自由贸易｜

棉纺织品｜英式全球化｜关贸总协定｜集装箱｜放松管控｜美式全球化｜跨国公司｜逆全球化｜区域化｜新全球化

2024 年 7 月底，我在伊朗旅行时发现，伊朗人普遍将 "China" 读作 "Chin"（秦的发音）。起初，我认为这只是他们对于中国悠久历史的认可，然而一位当地朋友告诉我，这一事实其实有两层含义：一方面，伊朗人民承认中国的历史源远流长；另一方面，则是暗示伊朗文明比中国文明更为久远。中国有超过 5000 年的文明，而很多伊朗人坚定地认为，他们的文明史超过了 7000 年。

在这里，我们姑且不论中国和伊朗的历史谁更加久远。学界普遍认为，人类最早的文明起源于 "新月沃地"（中东的两河流域和黎凡特地区），约公元前 3700 年，这一地区出现了最早的国家形态，生活在那里的苏美尔人，更是发明了人类已知最古老的文字——楔形文字。此外，"新月沃地" 的居民们还最早驯化了牛、羊等家畜，此外他们还种植出了大麦、小麦等农作物，这一切都为农业文明奠定了坚实的物质基础，没有这些，后来的贸易必将成为无本之木。

公元 5 世纪之前，前全球化阶段一

贸易是文明的重要表现形式之一，也是文明传播最重要的方式之一。古代的中东及地中海区域是国际贸易最为发达的地区之一。作为闪米特人的一支，腓尼基人凭借卓越的航海技术，一举成了古代最为活跃的贸易力量之一。公元前 9 世纪末，腓尼基人在突尼斯沿海建立了殖民城邦迦太基，他们据此逐渐垄断了西地中海的海上贸易，并将其商业网络扩张到了非洲和西北欧。

差不多就在同一时期，吕底亚王国（位于今土耳其西北部）出现了已知

的人类历史上最早的金币，该国也因此而成了古代世界的商业重镇。这些金币成了古代流通最广泛的"硬通货"，它们被广泛应用于当时国家间的商业交易。

吕底亚王国后来被波斯第一帝国（阿契美尼德王朝）所征服。凭借着民族包容性以及亲商、重商政策，波斯第一帝国也成了重要的商业帝国。与波斯第一帝国同一时期的希腊城邦（尤其是雅典），凭借自身活跃的商业网络，也在地中海区域建立起了一个稳定的贸易体系。

公元前334年，亚历山大大帝征服了希腊其他城邦及波斯帝国，并将其版图扩展至埃及和古印度，这一剧变，客观上打破了各区域间的壁垒，并且促进了东西方的文化交流与贸易互通。随着亚历山大大帝的英年早逝，亚历山大帝国很快土崩瓦解，然而位于现今埃及的亚历山大港，依然成了东西方商路上的重要枢纽。即便是到了13世纪，意大利旅行家马可·波罗仍将亚历山大港列为全球最大的港口之一。

古罗马（罗马共和国、罗马帝国）随后崛起。在征服了广大的领土之后，罗马帝国的上流社会开始穷奢极欲，贵妇们钟爱穿着中国丝绸制成的长袍、佩戴印度的宝石。据史书记载，在罗马帝国鼎盛时期，由20艘商船组成的船队常年往返于红海与古印度之间，他们将珠宝、香料和纺织品运输至红海，再由骆驼商队转运至尼罗河，最后再输送至罗马帝国的各大城市。

这一时期，在欧亚大陆的另外一端，张骞受汉武帝派遣出使西域，他也因此开辟出了"丝绸之路"。中国的丝绸成了罗马贵族追捧的顶级奢侈品，由于长途运输的复杂性以及层层盘剥，丝绸在从中国运抵罗马之后价格暴涨，因此仅有上层阶级有能力享用。当时，丝绸之路的起点是中国长安，这条贸易之路经中亚、波斯，至地中海，全长超过1万公里。

丝绸之路虽然连通了东西方，但是从根本上来说，这条贸易通道的稳定与否，主要还是依赖于罗马帝国和中国王朝的政治稳定，至于普通民众，在其中的参与程度非常低。也正是由于这样的原因，国家间的贸易利益也主要集中在统治阶层，这个阶段可以被视为精英阶层主导的"上层全球化"。

公元 6 世纪—15 世纪，前全球化阶段二

公元 395 年，罗马帝国分裂为东西两部分。公元 476 年，西罗马帝国灭亡；东罗马帝国（拜占庭帝国）虽然延续了上千年，但依然难改逐渐走向衰落的事实。阿拉伯人则凭借其游牧文明的贸易传统以及宗教传播的动力，逐渐成了新的全球贸易主导者。到了 8 世纪，阿拉伯帝国扩张成了一个横跨亚、非、欧三大洲的庞大帝国。

在这个阶段，印度洋沿岸逐渐取代了地中海沿岸，成了全新的全球商业中心。此时，东西方贸易的格局，也演变为西有东罗马帝国、阿拉伯帝国，东有中国唐朝的体系。唐朝前、中期，陆上丝绸之路一度重新繁荣，这条贸易通道促进了东西方的物资流通。然而到了公元 751 年，唐朝在怛罗斯之战（今中亚哈萨克斯坦境内）中败给阿拉伯帝国，也因此而失去了对中亚地区的控制；几年之后爆发的"安史之乱"，又让唐帝国内部动荡不堪。内外交困之下，唐朝从巅峰逐渐走上了下坡路，陆上丝绸之路也因此而逐渐萎缩，而海上丝绸之路则成了新的贸易主线。

唐朝时的海上丝绸之路以广州、泉州、扬州等城市为起点，经由东南亚到达印度洋沿岸，并且延伸至波斯湾和红海。在这一阶段，中国的瓷器和丝绸是主要的出口商品，而香料则成了主要进口商品。唐代"黑石号"沉船的发现，揭示出了当时中阿贸易的繁荣景象："黑石号"内满载 6 万多件中国瓷器，其中一些还带有极具伊斯兰特征的图案，这一事实足以证明，当时唐朝商人对于阿拉伯市场拥有极为精准的把握，他们甚至已经开始为客户提供个性化定制的高端服务。

印度洋沿岸贸易的繁荣，带动了附近各个地区的经济发展，也让阿拉伯

商人积累了巨大的财富。更加值得一提的是，阿拉伯商人不仅通过贸易获取利润，还将伊斯兰教传播到非洲、南亚和东南亚。今天，西起摩洛哥，东到印度尼西亚的广大区域，分布着大量穆斯林，这一现状正是当时阿拉伯商人主导全球贸易的历史遗产。

到了宋朝时期，海上贸易达到了一个新高峰，当时中国与50多个国家建立了贸易关系。宋元时期的泉州港，也一举成了当时世界上最为繁忙的港口之一，来自于各地的商船云集于此。相比于唐朝，宋元两朝在对外贸易方面表现得更加开放，民间商人也积极参与其中，这使得海上丝绸之路成了宋元两朝经济的重要支柱之一。

这一阶段的全球化，以穆斯林商人（主要为阿拉伯人）为纽带，连接了东西方的物质与文化。这一模式的主导权，掌握在阿拉伯帝国和穆斯林商人手中。客观地说，尽管中国的商品在全球市场上极受欢迎，然而不可否认的是，贸易网络的辐射能力依然受到地理和制度因素的多重限制。在这条"瓷器与香料之路"上，穆斯林商人扮演了中介的角色，他们将来自中国的丝绸、瓷器和金属制品运往欧洲，同时从东南亚和印度带回香料、宝石和异域动植物。穆斯林商人将这些商品通过红海和地中海销往欧洲，极大地推动了中世纪欧洲的消费升级。

15 世纪—18 世纪末，前全球化阶段三

13 世纪末，蒙古帝国的分裂与阿拉伯帝国的衰落给东西方之间的贸易发展造成了巨大的负面影响。15 世纪，强大的奥斯曼帝国垄断了东西方贸易；而在经历了文艺复兴的洗礼后，欧洲国家渴望成为国际贸易的主导者，他们为了绕过奥斯曼帝国的阻隔，纷纷寻找通往东方的新航路，至此，大航海时代正式拉开了帷幕。

"伊比利亚双雄"葡萄牙和西班牙成了这一阶段的海上霸主：1487 年，

葡萄牙航海家迪亚士到达非洲南端的好望角；1492 年，西班牙资助的探险家哥伦布发现了美洲；五年后达·伽马率领的葡萄牙船队成功打通了通往印度的海上贸易路线；而 1519 年麦哲伦带领西班牙船队耗时三年完成了环球航行，这一壮举，使得全球贸易网络第一次真正连接在一起。

可以肯定的是，大航海时代并没有为所有地区带来繁荣；在欧洲殖民者的侵略下，美洲、非洲等地的土著居民甚至还遭受了巨大的人口损失和社会破坏。为了弥补美洲劳动力不足的劣势，欧洲殖民者建立了大西洋三角贸易：他们从欧洲运送枪支和工业品到非洲换取黑人奴隶，然后将奴隶贩卖到美洲种植园，换取甘蔗、棉花等大宗商品运回欧洲。奴隶贸易为殖民者带来了巨大的经济利益，这一度成为欧洲资本积累的最重要来源。

在亚洲，欧洲殖民者通过建立贸易据点来控制香料和丝绸等高价值商品的流通。1602 年，荷兰成立东印度公司，这也是历史上第一个真正意义上的跨国公司，随后，该公司建立起了广泛的贸易网络和殖民体系。而 1600 年成立的英国东印度公司，则逐步控制了印度的贸易和政治。凭借资本主义商业模式，荷兰和英国成了全新的海上霸主，他们逐渐取代了西班牙和葡萄牙在全球贸易中的主导地位。

欧洲国家优先发展与自己殖民地的贸易，而非推动全球一体化；这一时期的主要特征，是欧洲国家通过殖民掠夺和贸易垄断来实现资本的原始积累，大西洋也因此而取代地中海、印度洋，成了全球贸易的新中心。尽管全球贸易量大幅增加，但全球财富的分配却极度不均衡，殖民地成了欧洲国家的资源供应地和制成品销售市场，而其自身的经济发展则受到了严重限制。

18 世纪末，第一次工业革命兴起，英国借此迅速崛起，荷兰、西班牙、葡萄牙等老牌殖民帝国则走向衰落，全球贸易迎来巨变，为全球化 1.0 时代的到来埋下了伏笔。

1846—1914 年，全球化 1.0 阶段

在成为自由贸易的主导国家之前，英国长期奉行严格的重商主义政策，该国通过控制贸易来确保本国利益的最大化。1651 年，英国颁布了著名的《航海条例》，其中规定：凡是运往英国的进口货物，必须由英国船只或该商品原产地的船只来运载；而其他国家制造的商品，若要进入英国殖民地市场，必须先运抵英国，再经由英国商船转运。

这一规定大幅度削弱了竞争对手的贸易能力，同时强化了英国对全球海上贸易的控制力。在此后的一个多世纪里，英国凭借其强大的海军力量，在多次战争中确立了海上霸权。1588 年，英国打败西班牙的"无敌舰队"；17 世纪，英国与荷兰进行了四次英荷战争，最终打破了荷兰在海上贸易中的领先地位。到 18 世纪末，英国成功建立起了"日不落帝国"，其殖民地遍布全球各大洲。

1840 年前后，英国率先完成了第一次工业革命，并一举成为全球首个进入工业化时代的国家。在那之后，实力强大的英国也从早期奉行重商主义逐步转向了自由贸易主义。1846 年，英国正式废除了《谷物法》，这标志着该国彻底放弃了重商主义，转而实施自由贸易政策。全球化 1.0 阶段由此到来，英国成了主导国家。

早期英国更加依赖大宗商品（如香料、贵金属、茶叶等）贸易，而在第一次工业革命之后，该国逐渐转向了工业制成品贸易，世界贸易结构也因此而发生了深刻变革。作为当时的"世界工厂"，英国从美洲、印度和中国等地进口原材料（主要是棉花），再将其制成纺织品销往全球市场，全球供应链和贸易网络在这一阶段初步成型。

1816 年，英国确立了金本位制度，伴随着该国主导的全球化不断扩张，英镑理所当然地成了国际贸易中最重要的结算货币之一。金本位制度大大降

低了国际贸易的交易成本，这项制度的推行使得全球贸易得以更加稳定地进行。

几条重要运河的开通进一步助推了全球贸易的发展。1869 年，苏伊士运河通航，大幅度缩短了欧洲与亚洲之间的航线距离，该条运河打通了地中海与红海的直接通道。1914 年，巴拿马运河正式通航，该运河将大西洋与太平洋连接在了一起，大大降低了远洋贸易的难度。这些基础设施的建设，不仅大幅度降低了全球航运的成本，还极大地提高了全球货物运输的效率。

这一时期，全球标准化程度的提升为贸易提供了强有力的制度保障。正如中国秦朝"书同文、车同轨"的政策一样，国际社会也在推动全球标准的统一化。1790 年，法国科学家建议，采用通过巴黎的地球子午线全长的四千万分之一作为标准长度单位，这就是后来的"米"；1884 年，格林威治时间被确定为国际标准时间，为全球贸易提供了统一的时间参照；1889 年，国际计量大会（CGPM）进一步将 1 千克定义为"国际千克原器"的质量……这些标准的制定和推广，为全球化发展提供了坚实的基础。

衡量全球化程度的一个重要指标，是全球贸易占全球 GDP 的比重。在 19 世纪的 100 年里，全球贸易总量年均增长约 3%。19 世纪早期，全球出口贸易总额仅占全球 GDP 的 6%；到 1914 年一战前夕，这一数字已上升到 14%。此外，19 世纪末到 20 世纪初，欧洲和亚洲的人口大量向美洲迁移：在 1905 年至 1914 年这 10 年间，美国平均每年接纳近 100 万移民。事实证明，除了商品的全球化之外，人的全球化也在这个时期加速推进。

全球化 1.0 的实际受益者非常有限，以英国为首的西方列强，凭借着坚船利炮和殖民体系，强行将亚、非、拉美地区纳入其经济体系当中。绝大多数被征服的国家和地区，都沦为了殖民地或半殖民地，成了西方工业国家的原材料供应地和商品倾销地。生活在殖民地、半殖民地的民众们，大多生活在水深火热的贫困与压迫之中。实际上，即便是在西方国家内部，工业化发展程度的不均衡、利益分配的不平衡同样存在，这一事实也令英国主导的全球化面临着越来越大的压力。

随着英国霸权的逐渐衰落，全球化进入了下一个阶段。

1945 年—20 世纪 80 年代，全球化 2.0 阶段

在第一次工业革命中，英国是无可争议的最大受益者。然而到了第二次工业革命，美国和德国凭借资源优势和工业潜力脱颖而出，成了新一代工业强国。进入 20 世纪以后，推动"世界政策"的德国对英国原有的霸主地位构成了强有力的挑战，两国之间不断加剧的经济和政治冲突，最终将整个欧洲拖入了第一次世界大战。

1914 年第一次世界大战爆发，欧洲的生产力遭到了毁灭性的打击。1929 年，全球爆发了规模空前的经济危机，整个世界经济体系濒临崩溃。经济危机直接导致了各国经济政策的急剧转向，逆全球化思潮逐渐开始抬头。紧接着，第二次世界大战的爆发，使得全球化陷入了长时间的停滞。

毫不夸张地说，从 1914 年到 1945 年，世界经济进入了一个长达 30 多年的"逆全球化"时期，各国之间的贸易壁垒和关税壁垒不断加强，资本与劳动力的跨国流动也受到了严重的限制。

尽管这一时期全球化整体处于逆转状态，但各国在技术上的进步使得全球的联系更加紧密。1919 年 8 月，英国的飞机运输和旅行公司（Aircraft Transport and Travel）开通了世界上第一条国际定期航班航线，英国首都伦敦和法国首都巴黎之间自此有了定期航线。航空运输的兴起，极大地节约了人们的出行时间，重新定义了空间距离，该行业也因此而成了全球化进程中一股重要的新兴力量。同时，造船业也在两次世界大战中得到了迅猛发展，各种新型货轮和远洋船只的出现，为战后大规模的货物贸易奠定了基础。

第二次世界大战结束之后，美国凭借其工业和经济优势，彻底取代英国成为世界的主导力量。作为战后全球经济复苏和重建的核心推动者，美国制定了全球经济新秩序。1944 年布雷顿森林体系的建立奠定了美元作为全球主要储备货币的地位，并确立了国际货币基金组织（IMF）和世界银行的基本架构。1948 年《关贸总协定》的正式生效成了全球化 2.0 的加速器。从那之后，各国在协定框架下逐步降低关税和贸易壁垒，全球贸易总量迅速增长。

然而，这一阶段的全球化仍然集中在少数发达国家之间，主要贸易和投资活动依然发生在西欧、北美和日本这些在二战前就已经高度工业化的国家和地区之间。世界其他地区的大多数国家，仍然处于经济体系的边缘地带，它们主要通过向这些"先进"国家提供原材料和初级产品的方式，来参与到全球经济分工当中。

1956 年，全球化发生了两个具有标志性的事件：其一，全球制成品贸易总量首次超过大宗商品（如原材料、农产品等）贸易总量；其二，集装箱这一革命性的运输方式，首次投入实际应用当中。1965 年，国际标准化组织（ISO）颁布了全球集装箱的标准规格，全球集装箱航运系统由此成型。集装箱运输的推广，极大地改变了全球贸易的格局，贸易规模因此而得以实现大幅增长，有更多的国家也被纳入了全球供应链之中。

1979 年，全球贸易占全球 GDP 的比重达到了 14.9%，这个数字超过了 1913 年第一次世界大战前的历史最高水平。然而，这一阶段的全球化虽然带来了全球贸易量的爆发性增长，但全球财富分配的失衡问题却变得更加严重。对于这种不均衡的经济格局，越来越多的发展中国家感到不满。而对于这些国家的人民而言，全球化并未给他们带来预期的繁荣，相反他们发现，自己在全球化的浪潮中成了可怜的"失败者"。这些国家的政府往往缺乏足够的技术和资金支持，他们无法有效融入全球生产网络，只能依赖外国的资本和技术，沦为全球化体系中被动的参与者。

全球化 2.0 阶段的受益者，主要是美国及其各个盟国。美国通过主导全球经济秩序的建立和实施，不仅稳固了其世界霸主的地位，也从全球化的扩展中攫取到了巨大的经济利益。而在战后重建的过程中，欧洲和日本都得到了美国的资金与市场支持。这样一来，整个世界逐渐恢复并形成了以美、欧、日为核心的全球化经济体系。与此同时，苏联及其控制的东欧社会主义阵营，由于政治和经济制度等方面的原因，选择了与西方经济体系相隔绝的发展道路。"两个世界"的局面，使得全球化 2.0 阶段存在显著的地缘政治分裂。

20 世纪 80 年代—2008 年，全球化 3.0 阶段

20 世纪 70 年代，全球经济面临着前所未有的滞胀困境。为了应对这一困局，从 20 世纪 80 年代中后期开始，发达国家逐渐放弃了高度管制的经济政策，开始推行大规模的经济自由化和市场化改革。放松管制成为这一时期全球化重启的主要动力，全球化 3.0 阶段的大幕徐徐拉开。

这一时期，各国首先在交通运输和通信行业实行了大规模的放松管制。以美国为例，1978 年《航空放松管制法案》的通过，使航空公司能够根据市场需求自由定价和设立航线，这大大提高了航空运输的效率与服务质量。随后，铁路、公路和海运等行业也纷纷取消了价格和市场准入的限制。与此同时，通信行业的放松管制，使得跨国商务沟通的成本大幅下降。原本高昂的长途电话费用在 20 世纪 80 年代后期大幅降低，使得跨国公司能够更加高效地进行信息交流和决策协调。

放松管制所带来的低成本、高效率通信网络，为企业在全球范围内布局生产与销售网络提供了技术支撑。20 世纪 90 年代初，互联网技术开始迅速普及，这进一步推动了跨国企业的全球化发展。随着冷战的结束，世界经济

进入了一个全新的超级全球化阶段，跨国公司不再局限于母国市场，而是在全球范围内配置资源、扩展业务，形成全球化经营模式。

美国、日本和德国的企业率先走向全球市场。通过技术创新和资本输出，美国在全球范围内建立了庞大的跨国企业网络。至于日本和德国，则凭借精细化的生产管理和高效的成本控制，成为全球制造业的重要角色。日本企业通过出海战略，迅速在东南亚、北美和中国建立了广泛的生产和销售网络。在这一时期，许多美国和日本的公司成了全球知名的跨国企业，其海外业务比重逐年提高，甚至超过了本土业务的规模。

与此同时，区域化也在这一阶段迅速发展，并且成为推动全球化的重要力量。1989 年成立的亚太经合组织（APEC），成了亚太地区经济合作的重要平台。1991 年，南美地区最大的经济一体化组织南方共同市场（MERCOSUR）成立，该组织的成立推动了南美各国之间的贸易与投资合作。1992 年，东南亚国家联盟（ASEAN）提出了建立东盟自由贸易区（AFTA）的构想，以促进东南亚各国的经济一体化；同年 8 月，美国、加拿大、墨西哥共同签署了《北美自由贸易协定》（NAFTA），三国建立起了一个统一的北美自由贸易区。1993 年，欧洲共同体（European Community）通过了《马斯特里赫特条约》，正式宣告欧洲联盟（EU）的成立。

在全球化和区域化同时扩展的背景下，欧美国家的产业、产能开始加速向发展中国家转移。在这一过程中，中国是最大的受益者之一。始于 1978 年的改革开放，让中国逐步融入全球经济体系。在短短几十年的时间里，通过引进外资、建立经济特区以及采取灵活的产业政策等途径，中国从一个封闭、落后的农业国，成功地转型成为全球制造业中心。到 2001 年，中国正式加入世界贸易组织，这彻底打开了东方巨龙通向世界市场的大门。数据显示，中国在全球贸易中的比重，从 1978 年的 0.8%，上升到了 2008 年的接近 8%。

　　然而几家欢乐几家愁，这种全球产业的转移对发达国家的传统工业基础造成了沉重的打击。许多曾经繁荣的工业城镇，由于工厂的不断外迁而变得萧条，失业率居高不下，甚至逐渐变成了"铁锈地带"或"鬼城"。产业空心化和就业岗位的流失，使得发达国家内部的收入差距不断扩大，跨国企业的高管和资本拥有者通过全球化获得了丰厚的利润，而普通的制造业工人却失去了赖以为生的工作。与此同时，廉价进口商品的涌入，使得发达国家的本土制造业面临巨大压力，进一步压低了工人的工资水平。这些变化，直接导致了发达国家内部社会矛盾的加剧。

2008 年至今，全球化 4.0 阶段

　　2008 年全球金融危机的爆发，标志着全球化进程的重大转折。金融危机使全球经济陷入衰退，许多国家内部的贫富差距急剧扩大；而随着民族主义、贸易保护主义、移民限制政策和反自由贸易的浪潮席卷欧美，这让世界经济重新回到了各国"各自为战"的局面。这种"逆全球化"的现象，在 2016 年英国脱欧公投、特朗普政府上台后进一步加剧，西方国家对全球化的态度发生了根本性转变。

　　然而，危机的背后也孕育着新的全球化浪潮。与过去以商品和制造业为主的全球化不同，新全球化最为显著的变化之一，是服务业将取代"物质"。过去的全球化依赖于大规模的工业生产和商品贸易，而未来全球化的重点则将转向服务贸易和无形资产；此外，思想和观念的传播，也将成为这一阶段全球化的重要内容。

　　与此同时，技术革命正在进一步重塑全球化的格局。以 3D 打印、人工智能、新能源、区块链等为代表的前沿技术，正在深刻改变着全球产业链的分布。比方说，3D 打印技术的兴起，使得制造业的地理分布更加分散和灵活；人工智能的普及，正在重构从生产到管理的整个流程；而新能源革命，则必

将颠覆传统的能源贸易格局，此前高度依赖化石燃料的全球经济体系，也将发生全方位的深度转型。多种新兴科技的叠加效应，正在共同推动全球化进入一个前所未有的新时代。

在这一轮新全球化中，中国正在扮演着越来越重要的角色。2013 年，中国提出了"一带一路"倡议，旨在通过基础设施建设和经贸合作，重塑全球贸易路线。此外，中国企业也逐渐掀起了一波新出海浪潮，华为、大疆、比亚迪等企业纷纷在全球市场扩展业务，提高中国在全球产业链中的话语权。更加重要的是，中国通过推动人民币国际化、参与全球治理等手段，逐渐从全球化的参与者、追随者，变成了新全球化的塑造者。

在全球层面，新全球化尚未完全成型，各国仍处在调整和博弈的过程当中。在这一背景下，区域化正在成为当前全球经济的主要特征。全球贸易体系的不确定性加剧，各国逐渐将重心转向区域内的经济合作。可以预见的是，在世界贸易组织无法达成广泛共识的背景下，区域化而非全球化将主导未来相当长一段时间内的国际贸易。

在推动区域合作的过程中，各国国内的重商主义情绪也开始抬头。具体来说，在区域化的框架下，每个国家都越来越关注如何使本国利益最大化，而非追求全球经济的一体化。随着全球气候变暖、新冠疫情以及人工智能等全球性挑战的出现，世界各国需要新的全球治理模式来应对这些问题。然而，在地缘政治竞争和民族主义抬头的背景下，这样的全球共识几乎不可能形成。

尽管面临重重挑战，然而可以肯定的是，更加公平、合理的新全球化模式终将形成。未来的全球化，必将更加注重环境保护、社会责任和共同发展，而不是简单地追求经济增长与利润最大化。当然，新全球化模式的形成，必将是一个漫长、曲折的过程，但是人类在应对共同挑战时所展现出的合作潜力，让我们有理由相信，一个崭新的全球化时代必将到来。

图 1-2　2024 年 7 月 31 日，作者在伊朗首都德黑兰大巴扎考察

拓展阅读

为什么说"逆全球化"是个伪命题？

　　全球化是指在全球范围内人员、商品、资金和信息等要素加速流动，各国经济、政治、文化等领域相互联系和依存度不断加深的过程。自 20 世纪末以来，全球化已成为推动世界经济、政治、文化和科技发展的重要力量。然而，近年来，由于各种政治和经济问题以及一些国家对外开放政策的收紧，"逆全球化"成了一个热门话题。尽管如此，将"逆全球化"视为一个普遍趋势或未来发展的必然，实际上是一个伪命题。

首先，技术推动的全球互联不可逆。数字化和网络技术的迅猛发展使得信息的全球流通变得前所未有的便捷和廉价。社交媒体、电子商务、在线教育和远程工作等现象深刻改变了人们的生活和工作方式，也使得全球的联系更加紧密。例如，国际电信联盟的数据显示，2024年全球互联网普及率近70%，十年前的2014年为40%。在这种技术推动的背景下，任何试图完全阻断全球互联网连接的努力都显得不切实际。

其次，经济全球化已经深度融合。全球供应链的形成是经济全球化最具体的体现。许多国家和地区的经济发展依赖于全球市场，许多企业的生产和运营也依赖于跨国的原材料供应和销售网络。例如，苹果公司的产品在全球有超过200家供应商，这些供应商遍布在24个国家和地区。这种经济结构的复杂性表明，单边的保护主义政策不仅难以实施，而且可能导致国内外经济的双重损失。

再次，多边合作是唯一出路。面对气候变化、公共卫生、网络安全和国际犯罪等全球性问题，各国需要通过多边合作来寻求解决方案。这些问题的性质决定了单一国家难以独立解决，全球合作已成为必然选择。例如，在应对全球新冠疫情中，世界卫生组织协调各国政府和科研机构共同研发疫苗，最终多个国家的疫苗在2020年年底至2021年年初相继上市，成为全球抗疫的重要武器。

最后，全球文化交流日益普遍。随着交通和通信技术的进步，人们的跨文化交流日益频繁。从流行音乐、电影到美食，各种文化元素在全球范围内流行和融合。例如，来自中国的《黑神话·悟空》游戏，在全球范围内拥有庞大的粉丝基础。这种文化层面的全球化使得不同文化之间的界限越来越模糊，也促进了全球公民意识的形成。

在全球化带来的经济和文化变革中，确实存在不同群体之间的利益冲突和适应差异。例如，虽然全球贸易整体上提高了国家的经济效率，但也可能导致某些行业的衰退，从而影响到这些行业的就业。对此，政策制定者需要设计更为细致的政策，来帮助这些受影响的群体进行转型和升级，而不是简单地采取封闭保护主义的措施。

全球化也提醒了国家和地区经济多样化的重要性。依赖单一出口市场或资源的经济体在全球市场波动中更为脆弱。因此，培养多元化的经济结构和创新能力是应对全球化挑战的关键。例如，新加坡通过发展高科技产业、金融服务和旅游业，建立了一个多元化的经济结构，使得其在全球经济中具有较高的稳定性和竞争力。

全球化具有多维复合性特征，其带来的变革深远而广泛，将"逆全球化"视为全球未来发展的主流趋势是一个伪命题。更加理性的方法是通过增强国际合作、推动政策创新和社会适应来充分利用全球化带来的好处，同时有效管理和缓解其可能引起的问题。这种平衡的视角更符合未来全球发展的复杂性和多变性。

阅读书籍推荐：《全球化逆潮》（约瑟夫·E.斯蒂格利茨著）;《全球化简史》（马克·莱文森著）。

03　外企出海中国的历程与启示

改革开放｜三来一补｜太平手袋厂｜正大集团｜松下电器｜大众汽车｜肯德基｜李嘉诚｜比尔·盖茨｜家乐福｜盖保罗｜星巴克｜丰田汽车｜优衣库｜无印良品｜eBay｜亚马逊｜特斯拉｜阿斯利康｜苏世民｜"一带一路"｜海南自贸港

在 2024 年 9 月召开的中国国际投资贸易洽谈会（投洽会）上，我所在的机构 EqualOcean 组织了一场关于企业出海的圆桌讨论。截止到 2024 年，投洽会已经举办了 24 届，虽然名义上"引进来"和"走出去"同为主题，但不可否认的是，此前的 23 届投洽会都是以"引进来"为重。然而，2024 年 1—10 月，中国实际利用外资为 6932 亿元，同比下降了 29.8%；同期，我国对外非金融类直接投资 1158.3 亿美元，同比增长了 10.6%。这种"外资降、外投增"的局面充分证明，中国企业"走出去"已经成了一个更大的趋势。

自从 1978 年中国开启改革开放以来，外资企业出海中国的历程已经持续了超过 46 年。在过去几十年的时间里，中国无疑是全球最具吸引力的市场之一。可以肯定的是，现如今中国企业出海海外市场，已经不再有当年外资企业抢滩中国时那种巨大的市场机遇，但当年外资企业在中国遇到的问题，中国企业出海时也都会遇到。回顾外资投资中国的经历，对于指导中国企业在出海过程中如何抓住机会、如何应对挑战，极具参考价值。

第一阶段（1978—1991 年）：外资企业抢滩中国的探索期

如果在 1978 年问欧美企业是否愿意进入中国市场，得到的答案多半是否定的。原因很简单：中国这个神秘的东方国度，在之前的几十年间几乎与西方甚至是与整个世界隔绝，加之当时中国的经济水平低、政策走向不明，外企难以想象自己在中国能有什么机遇。

但实际上，早在 1978 年 12 月的十一届三中全会召开以前，中国市场的机会就已经露出了端倪。1978 年 7 月，国务院出台了《开展对外加工装配业务试行办法》，该办法允许广东、福建两省开展来料加工试点。在看到了这份文件之后，香港信孚手袋公司总经理张子弥前往东莞实地考察，随后与太平服装厂达成合作，双方共同成立了太平手袋厂，并且最终获得了中国首个"三来一补"企业的牌照，编号"粤字 001"，成为中国首家"三来一补"企业。

当时，中国人均 GDP 只有不到 400 元人民币，在外资眼里，这里显然还不是一个具有吸引力的消费市场。然而中国也有自己的优势，其中充裕的廉价劳动力堪称是最大的优势。在成立太平手袋厂之后，香港信孚公司除了出资购买设备，还提供原材料、技术指导和管理，并且负责产品外销。客观地说，当时张子弥的投资决定是冒了很大的风险的，好在太平手袋厂解决了就业和创汇这两大问题，因此获得了中国政府的大力支持。到了 1981 年，张子弥的投资便已经全部收回，甚至还获得了相当不错的回报。截止到 1988 年，东莞"三来一补"企业就已经超过了 2500 家，整个珠三角地区更是突破了10000 家，从业人口达 100 万。

1979 年 1 月 1 日中美建交，这一历史性事件打破了中国融入全球经济网络的最大障碍。同年 7 月，中国颁布了《中外合资经营企业法》，其中规定合资企业的董事长需要由中方担任。尽管看似苛刻，但泰籍华商、正大集团的掌门人谢国民却看到了其中的机会，他联合美国大陆谷物公司投资 1500 万美元，在深圳设立了中国首个中外合资企业"正大康地"饲料厂，并且获得了中国 "0001 号"合资企业的营业执照。

1982 年，谢国民又先后在珠海、汕头获得了"001 号"外商营业执照。改革开放初期，农村养猪业发展迅速，催生了大量饲料需求，正大集团正是瞄准了中国农牧市场，方才大刀阔斧地攻城略地。在随后的几年时间里，正大集团在中国持续投资，并且都获得了巨大成功。

外资企业投资中国要想成功，关键在于能否深刻理解中国独特的市场环境。张子弥、谢国民的成功案例充分证明，一个国家是否具备投资机会，其海外"侨商"的嗅觉往往是最灵敏的，一旦有好的投资机会，他们往往能够成为最早吃到美味蟹肉的人。

1979 年、1980 年，松下幸之助两次到访中国，随后他所创立的松下电器，也成了最早一批投资中国市场的日本企业之一。作为改革开放初期的"外来者"，松下幸之助的信心主要源于他与中国政府高层的密切关系。1978 年 10 月，邓小平访日时曾专门会见松下幸之助，当时总设计师曾经热情邀请后者参与中国的现代化建设。松下幸之助在华访问期间，也曾经与中国的领导人进行过多次会谈，当时松下电器的巨幅广告甚至还出现在了北京王府井百货大楼的橱窗里。

凭借高调的市场进入策略，松下电器迅速成了当时中国消费者心目中最著名的家电品牌。在随后的 10 多年时间里，松下电器在中国 45 个城市里投资了大约 150 个技术合作项目，其中，1987 年成立的北京松下彩色显像管公司是中国第一家由外国公司控股的制造企业。尽管今天松下电器在中国的光环有所衰退，但中国市场依然为其贡献了近三成的营业收入。

在松下及很多外资企业出海中国的故事里，能看出的一个连贯策略是"技术换市场"。

与在中国市场顺风顺水的松下电器相比，大众汽车投资中国的道路则波折不断。1978 年 11 月，中国决定引进一条轿车生产线，高层希望以此来改造上海汽车厂进而提升其出口创汇能力。当时，大众汽车面临着日系汽车品牌的激烈竞争，德国人希望在日本周边开辟一个全新的战场，因此他们非常愿意投资中国市场。现在看来，无论是中方还是德方，都没有预料到未来中国市场的汽车消费潜力，因此当合作面临投资困境时，双方达成了缩小生产规模的共识，将原定的年产 15 万辆目标，削减到了年产 2 万辆。

1984 年 10 月，中德正式签署了《上海大众汽车有限公司合营合同》，双方各出资 1.6 亿美元，各占 50% 股份。上海大众的生产线设在上海西北角的安亭镇，合作生产的车型是后来家喻户晓的"桑塔纳"。最终，桑塔纳不仅成功实现了出口创汇，而且还成了很多先富起来的中国家庭的首选轿车。相比于 2003 年才进入中国建厂的丰田，大众汽车凭借其早期的合资布局获得了先发优势。大众的合资模式，也成了后续外资汽车企业投资中国的标准模式。直至 2018 年，特斯拉才在上海打破了"汽车行业必须中外合资"的传统，成了中国第一家外资独资的汽车企业。

先发优势让大众汽车出海中国取得了巨大成功，肯德基也靠同样的策略获得了新生。

肯德基属于餐饮行业，这个行业的特殊之处在于，它将大众消费和文化这两大属性集于一身。与其他行业类似，肯德基进入中国同样采用了合资模式，由美国肯德基、北京市牧工商总公司和北京市旅游公司共同出资设立。1987 年 11 月 12 日，肯德基在中国国内的第一家门店在北京前门正式开门迎客，甫一开业，这家"洋快餐"便吸引了数万消费者。当时，北京工薪阶层的月收入约为 100 元，即便如此，肯德基七八元一份的套餐也卖得异常火爆。

开业次日，《人民日报》以"肯德基家乡鸡快餐店在京开业"为题进行了报道。2013 年上映的电影《中国合伙人》也再现了当年肯德基前门店内外人头攒动的盛况。作为当时率先进入中国的西式快餐品牌，肯德基迅速成了中国消费者心目中"美式快餐"的头号品牌。然而很多中国人在日后赴美留学、旅行时发现，美国其实到处都是麦当劳，而肯德基只是该国本土快餐业的二线品牌。1990 年 10 月，中国第一家麦当劳门店在深圳开业，尽管也获得了成功，但依然未能撼动肯德基在中国的领跑者地位。

1978 年至 1991 年，是中国对外开放的探索期，也是外资企业进军中国的探索期。外商直接投资从 1979 年的 8 万美元，猛增至 1991 年的 43.7 亿美元，外商投资企业数量达到 3.4 万家。除了 1979 年出台的《中外合资经营企业法》，1986 年和 1988 年，中国又先后颁布了《外资企业法》和《中外合作经营企业法》，这三部法律也即著名的"外资三法"，它们为外资企业投资中国铺平了道路。在这个阶段，外资投资中国主要集中在东部沿海地区，多以劳动密集型的中小规模加工企业为主。

第二阶段（1992—2000 年）：外资企业出海中国加速

1992 年年初，中国再次迎来了对外开放的转折点。邓小平同志在南方视察时发表了重要谈话。当年 3 月，《深圳特区报》以《东方风来满眼春——邓小平同志在深圳纪实》为题进行报道，该报道引发了广泛的关注和讨论。同年 10 月，中共十四大明确提出，建立社会主义市场经济体制，并对经济发展目标进行大幅调整，将 90 年代中国经济的年均增速目标从原定的 6% 提高至 8%~9%。

这一系列的举措，使得中国经济发展的前景进一步明朗化，民营企业迎来了爆发式的增长，"下海"创业更是成了一种风尚。与此同时，外资企业也再次聚焦中国，各类投资项目纷至沓来。为了吸引更多的外资，中国各地政府都推出了税收优惠政策"三免两减半"：创办的前三年免征所得税、之后两年减半征收。各种优惠政策的出台，成为推动外资企业进军中国的重要驱动力。

如果说 1978 年香港信孚的张子弥进入内地市场是迫于无奈，那么到了1992 年，香港首富李嘉诚则是基于他自己对于市场机会的判断而选择的主动出击。1992 年，李嘉诚在深圳投资 60 亿元开发盐田港，成为当年中国最大的外资项目之一。两年以后，李嘉诚又在北京投资 20 亿美元建设东方广场。

1992 年，比尔·盖茨成了全球首富，当年他亲自督导微软的中国业务，也正是在那一年，微软在北京设立了办事处。1993 年，微软成立北京测试中心；2 年后的 1995 年，比尔·盖茨携妻子到中国度蜜月，并且推动成立微软中国研发中心，开启了微软在中国的研发投资之旅。此后，比尔·盖茨多次访华，并在 2018 年获得了"中国人民的老朋友"这一特殊的称号。

现在看来，1993 年、1994 年这两年，成了外资抢滩中国的高峰期。1993 年，阿斯利康、美赞臣、上好佳、花王、玛氏等知名企业纷纷进入中国；1994 年，西门子、凯德集团、罗氏、宝马等品牌紧随而至。在此期间，摩根士丹利、高盛、IDG 等国际知名金融机构也开始在中国市场寻求投资机会。1994 年，中国引进的第一部好莱坞大片《亡命天涯》在全国影院上映，开启了好莱坞电影进入中国的黄金时代。

1995 年，中国人均 GDP 首次突破 600 美元，消费潜力开始显现，零售巨头家乐福于当年在北京开设了中国的第一家大型卖场——创益家店。对于中国消费者而言，这种"大卖场"空间宽敞、商品种类丰富、自选式购物体验绝佳，这一切的一切都让家乐福迅速受到青睐。10 年之后，家乐福在中国零售业排名中位列第五，一度成为外资零售品牌的领头羊。然而，随着市场竞争的加剧，家乐福未能抓住新一轮的市场机遇，2019 年其将中国业务出售给了苏宁易购。而与家乐福同期进入中国市场的沃尔玛，则是另外一番气象，该零售巨头一直势头强劲，2023 年实现销售额 1202 亿元，稳居中国连锁零售业首位。

1996 年年底，意大利人盖保罗来到中国，他的身份是 L'ORÉAL 中国区总裁。盖保罗将公司法文名称"L'ORÉAL"翻译成"欧莱雅"，这个名字很快成为中国女性耳熟能详的品牌。1997 年，欧莱雅在上海设立了中国总部，并在苏州建成了生产基地。到了 2002 年，欧莱雅在中国的年销售额接近 9 亿元，员工人数超过 3000 人，并且成功实现了本土化运营。盖保罗以其卓越的沟通能力以及对本土文化的深刻理解，成为欧莱雅抢滩中国并最终大获成功的灵魂人物。

1999 年 1 月，星巴克在北京开设了中国大陆的第一家门店，品牌创始人霍华德·舒尔茨到场剪彩。当时，中国人对咖啡的认知，大多还停留在雀巢、麦氏这样的速溶咖啡层面上。星巴克在国内的第一家门店，选址在北京国贸一期，其定位是高端的"西式生活方式"。与 1987 年肯德基首次进驻中国时的盛况相似，星巴克在开业当天也吸引了大量的关注。实际上，最初星巴克对中国市场信心不足，第一家门店采取的是授权方式。到了第二年，星巴克正式进军上海，这一次该品牌选择与台湾统一集团合资开店，星巴克美国仅持有 5% 的股份。星巴克中国的蓬勃发展，大大超过了此前霍华德·舒尔茨的预期，后来星巴克通过高价收购合资股份，实现了该品牌在中国市场的直营化运作。

1992—2000 年，中国的外商直接投资从 110.1 亿美元增长至 407.1 亿美元，年均增幅高达 17.8%。截止到 2000 年，中国境内的外资企业数量已经超过 35 万家，较 1991 年翻了 10 倍。外资投资的区域，也由最初的东南沿海，逐步扩展至更加广泛的地区，各类跨国企业纷纷加大了对中国市场的投资力度。在这一阶段，中国更加注重外资的产业结构，逐渐形成了明确的产业政策，并允许部分行业采用外商独资的方式投资、运营。

第三阶段（2001—2012 年）：外企进军中国势如潮水

2001 年 12 月 11 日，中国正式成为了世界贸易组织的第 143 个成员方，这标志着中国由局部的开放模式，向全方位、深度开放的模式进行转变。毫无疑问，中国加入世界贸易组织，进一步增强了外资企业投资中国市场的动力。在 2000 年 10 月的中共十五届五中全会上，中国首次明确提出了"走出去"战略，并将其列入了四大新战略之一（其余三大战略分别为西部大开发战略、城镇化战略和人才战略）。不过现在看来，当时的中国企业普遍实力不济，"走出去"战略的实际推行起步缓慢，而外资企业投资中国则势如潮水。

2002 年 11 月，德国《经济周刊》刊文指出，中国将成为全球最大的投资目的地，因其生产成本比世界上任何地方都要更低。当年，中国吸引外资达 500 亿美元，占整个亚洲吸引外资总量的 80%，更是超过了美国的 440 亿美元。同年，苹果在北京东方广场开设了中国第一家旗舰店。

加入世界贸易组织之后，中国商品出口关税大幅下降，再加上廉价劳动力的巨大优势，中国迅速成为全球生产制造的"世界工厂"。以往徘徊不前的外资企业也抓住了机会：2003 年，日本丰田正式进入中国市场，成立了一汽丰田，并在 2004 年推出 Corolla，并取了一个中国化的名字"花冠"，这款后来改名为"卡罗拉"的车型，在接下来的 20 年里成为中国市场上的畅销车型。

2004 年，中国彻底向外资零售业开放，沃尔玛、家乐福等外资连锁巨头进入扩张高峰期。沃尔玛的门店数量，从 2004 年的 27 家，猛增至 2010 年的 219 家；家乐福则从 47 家增长到 182 家。其他零售业态或行业的代表性企业，如优衣库、无印良品、百思买，也都纷纷进入中国，eBay、亚马逊这种电商平台也开始进军中国市场。

2001 年 8 月，优衣库采取了与中国公司合作的方式设立分公司，次年 9 月，该公司在上海市内的两家门店同时开业。2003 年 11 月上旬，优衣库在中国境内总共开设了 8 家门店，该品牌采取"开一家，巩固一家，盈利一家"的经营方针，速度并不算快。到了 2010 年，已经进入中国市场长达八年的优衣库，在国内的门店数量也仅为 54 家，平均每年开店不到 7 家。不过在 2010 年之后，优衣库的扩张脚步骤然提速，随后几年，该品牌在中国新开门店数量达到了每年 70 家以上。

另外一家日本公司无印良品更晚进入中国，直到 2005 年 7 月才在上海开设了它在中国的第一家门店，而选择开这家店的目的，则是宣示"我们才是真正的无印良品"。无印良品之所以这么做，是因为在 1994—1995 年间，

JBI 公司为服装和鞋帽等第 25 类商标的商品注册了"MUJI"和"无印良品"这两个商标，随后 JBI 在中国国内开设了多间"无印良品"的店铺。2007年，日本无印良品赢得了其与 JBI 的商标大战，次年该品牌重新进军中国市场。无印良品的确是以慢著称，截至 2011 年，该品牌在中国一共开设了 38家门店。

优衣库和无印良品在这一阶段出海中国的策略是先慢后快，后续发展得很不错。

外资企业投资于中国，并非都是成功的故事。2011 年 2 月，百思买在上海徐家汇门店外张贴出了一则公告："我们已在 2011 年 2 月 22 日停止所有百思买品牌零售店铺的经营，我们的客户服务热线将继续开放，为您解答问题及提供客服协助。"2006 年，百思买这家全球最大的电器零售连锁巨头，以收购五星电器的方式进入中国市场，经历了 5 年的折磨之后，该品牌坦然承认失败，并在随后彻底退出了中国市场。

而早在 1988 年就进入了中国市场的宝洁，则在 2010 年前后也遭遇到了发展瓶颈。2016 年，宝洁 CEO 大卫·泰勒（David Taylor）在分析原因时提到："宝洁一直把中国当成一个发展中市场，而实际上，中国消费者已经成为全世界最为挑剔的消费者，宝洁公司则对消费者需求转向较高端产品的转变毫无准备。"

在这一阶段，美国科技互联网公司也进军中国。2002 年，美国 C2C 电商巨头 eBay 以 3000 万美元购得中国电商网站易趣 33% 的股份，eBay 以这样一种方式进入中国。次年 6 月，eBay 又以 1.5 亿美元购得易趣余下的股份。2003 年 7 月，淘宝网横空出世，当时 eBay 占有中国 C2C 网购 90% 的份额，这一市占率，使得 eBay 全球总裁惠特曼毫不掩饰自己对淘宝网的不屑，她曾预言后者最多只能支撑 18 个月就会倒闭。淘宝方面，马云则喊出了"免费三年"的口号，接下来又通过一系列本土化的灵活方式应对竞争。三年后的

2006 年 12 月，在直接竞争中惨遭淘宝痛击、最终败下阵来的 eBay 宣布撤出中国。

和 eBay 抢滩中国市场的方式类似，美国另外一家电商巨头亚马逊于 2004 年收购了卓越网。2007 年 6 月，卓越网更名为卓越亚马逊；到了 2011 年 10 月，卓越亚马逊弃用"卓越"字样，正式更名为"亚马逊中国"。亚马逊的创始人贝佐斯以技术驱动、强管控的风格而著称，亚马逊在其他国家的站点，几乎都是当地最大的电商网站。但是在中国，亚马逊明显有些水土不服，其中最能说明问题的一个事实是，距离战场最近的亚马逊中国团队，却没有被授予足够的管理权限，换言之，所有的重要决策，都要由万里之外的亚马逊西雅图总部做出。2012 年 11 月，阿里巴巴宣布旗下的淘宝和天猫年度总交易额突破 1 万亿元；而几乎就在同时，亚马逊中国总裁王汉华黯然离职。此后，亚马逊逐步放弃了其在中国的直营电商业务，转而将精力集中在了"全球开店"上，这项业务后来成了中国品牌出海的重要平台。

在与国际巨头的正面竞争中，中国本土企业逐渐崛起。2009 年，中国出口额首次超过德国，成为世界第一大出口国。2010 年，中国 GDP 总量超过日本，成为世界第二大经济体。2012 年，中国进出口贸易总额超越美国，成为全球第一大贸易国。中国从"世界工厂"转型为具有全球影响力的市场，廉价的劳动力和强劲的消费能力令外资企业对中国市场趋之若鹜。

2001—2012 年，中国外商直接投资额从 468.8 亿美元增长至 1117 亿美元。外资企业在中国不仅数量大幅增加，其结构和布局也日趋多元化，它们进入了更深层次的产业链和更多的地区。尽管外资涌入的势头迅猛，但外资企业逐渐发现，中国市场已经不再是一个低门槛的地方，中国的消费市场对外资企业的要求也变得越来越高。

与此同时，中国政府也意识到了本土企业"走出去"的紧迫性，高层开始着力推动由廉价劳动力驱动的发展模式，向人才红利驱动的发展模式进行转变。在这一历史时期，中国不仅坐稳了自己作为世界工厂的地位，也为本土企业的全球化布局打下了坚实的基础。

第四阶段（2013—2024年）：外企出海中国进入了"深水区"

2013年是中国对外开放历史上具有转折意义的一年，当年9月，中国在上海设立了首个自贸试验区。在全球化背景下，这标志着中国对外开放进入了一个全新的阶段。还是在2013年，中国正式提出了"一带一路"倡议，旨在通过重塑古老的丝绸之路和海上商贸路线，进一步增强中国与全球各国的经济合作，中国企业出海也因此而进入了一个全新的阶段。

中国越来越倾向于吸引世界冠军级的公司前来投资，而美国电动汽车制造商特斯拉便是其中的典型代表。2013年9月，特斯拉进入中国市场；同年11月，在北京侨福芳草地开设了第一家体验店。起初，特斯拉CEO埃隆·马斯克或许只是将中国视为是一个潜在的汽车销售市场，然而没用多久，这位传奇人物就意识到了一点：中国的巨大潜力，可能远超他此前的预期。2014年4月22日，特斯拉在北京恒通商务园为中国首批15位车主举办了交付仪式，马斯克本人亲自到场，他将价值百万元人民币的Model S的钥匙交到了车主手中。

真正将特斯拉与中国深度绑定的契机，发生在2018年。当年7月，特斯拉与上海市政府签署了合作备忘录，计划在这座中国经济最发达的城市建造一间超级工厂。值得一提的是，这也是中国首个外商独资整车制造项目。特斯拉与上海市政府的此次合作，当时被很多人解读为双方都迫切需要的一场豪赌。仅仅一年以后，特斯拉上海工厂便建成投产。

2020年1月7日，马斯克来到刚刚建成的上海超级工厂现场，并且向首批 10 位中国车主交付了中国产的 Model 3。马斯克在台上兴奋地脱掉外套，忘情地跳起了舞，这一幕很快在社交媒体上引起热议，并且成了"钢铁侠"在中国的代表性时刻。中国产的 Model 3 成功挽救了特斯拉的业绩，助力该公司的股价一飞冲天，马斯克也一跃成了世界首富。现在看来，特斯拉上海工厂的超高生产效率，成了其他跨国企业重新评估中国市场战略的重要参考指标。中国，这个曾经被视为廉价劳动力的制造基地，已经蜕变为全球创新的核心枢纽。

与特斯拉相比，星巴克则以另外一种方式继续"打开"了中国市场。2017 年 12 月，星巴克在上海开设了该品牌全球最大的门店——"上海臻选烘焙工坊"，该门店的面积达到了 2787 平方米，比西雅图的臻选烘焙工坊大了整整两倍。上海臻选烘焙工坊不仅仅是一家咖啡店，更是一座综合性的文化地标：它融合了咖啡制作、烘焙工艺和互动体验，被星巴克内部称为"最具野心的项目"。星巴克在中国首创的很多产品和运营模式，如在移动支付、社交空间设计方面的创新，后来被推广到美国和全球其他市场。换句话说，中国不再是简单的"复制市场"，而是星巴克创新的发源地。

制药巨头阿斯利康也有着类似的故事。早在 1993 年，阿斯利康就进入了中国市场。随着时间的推移，这家英国药企不仅逐渐实现了本土化，更是将中国打造为其全球战略的一部分。2023 年，阿斯利康在中国的营业收入达到了 58.76 亿美元，这个数字也就意味着，该公司约 13% 的全球收入来自于中国，中国成为该公司仅次于美国的全球第二大市场。2024 年，为了进一步抓住中国的市场机遇，阿斯利康宣布将在上海设立该公司的全球第五个战略中心，这也是其在欧美之外的首个战略枢纽。此外，阿斯利康还推出了"医药创新企业 2024 合作出海计划"，旨在通过中国的创新药物辐射"一带一路"沿线国家。这一切都证明，中国正在成为全球医药创新和制药研发的核心枢纽之一。

与此同时，金融行业的开放也在悄然进行。2022 年 5 月，全球私募巨头 KKR 成为首个获得中国私募基金管理人资格的外资 PE 公司，随后黑石集团也紧随其后获得了同样的资质。获得牌照后，两家 PE 巨头可以向中国境内合格投资者募集人民币资金，并将其投资于海外市场。对于黑石来说，它不仅在中国投资了多个地产和消费项目，其创始人苏世民还于 2013 年向清华大学捐赠 1 亿美元，设立了苏世民书院。KKR 和黑石的到来，让各大金融巨头都对中国未来在全球市场中的位置产生了更高的期待。

这些案例背后，是外资企业在中国市场上进入了"深耕"的阶段。

有相当一部分外资企业，依然继续在创造投资中国的"第一"。举例来说，2015 年，上海永远幸妇科医院以外商独资身份成功申请到工商营业执照，成了中国内地第一家外商独资医院。2019 年 1 月，英国电信（British Telecom）宣布，该公司成为首家获得中国工业和信息化部颁发的全国性牌照的国际电信公司。

然而，中美之间日益升级的经贸摩擦，给外资企业在中国的发展前景蒙上了阴影。2018 年之后，中美贸易冲突不断升级，从关税到科技禁运，美国对中国的制裁越来越密集。这种地缘政治的紧张局势，使得许多跨国企业重新思考它们在中国的长期战略。与此同时，2020 年突如其来的新冠疫情，更是让全球供应链陷入混乱。各大跨国公司陷入了一个矛盾的境地：不投资中国，便有彻底出局的可能；然而，它们又不太愿意过于依赖中国市场。

进入 2024 年，中国加大高水平对外开放，二次"入世"的决心和动作很大。这一年，中国对数十个国家宣布了单方面免签政策，这一举措降低了外国游客入华门槛。2024 年 9 月，中国国家卫健委发布通知，允许外商独资医院在北、上、广、深等 9 个地区扩大试点。自 2018 年宣布支持海南推进中国特色自由贸易港建设后，2025 年海南自贸港即将迎来封关运行。

与外资企业进军中国市场的纠结形成对比，这个阶段中国本土企业开始了轰轰烈烈的出海全球化进程。华为、大疆、比亚迪等企业成为全球市场的重要参与者，并且在各自领域占据了领先地位。属于外资企业投资中国的机会依然存在，但是到了 2024 年，中国企业出海已经成了一股更大的潮流。

图 1-3　2024 年 4 月 12 日，作者参加并主持"机遇上海——长宁站"中外企业圆桌会

拓展阅读

外资企业出海中国留下了什么经验？

回顾外资企业出海中国 46 年的历史，一些经验可以为中国企业出海时所借鉴：

一是深刻理解政策环境，善用机遇。 外资企业在中国市场取得成功的前提是对政策环境的深刻理解，并把握关键的市场机遇。中国的经济开放往往伴随着政策变革的契机，像1978年"三来一补"政策促成了香港信孚的进入，1984年的《中外合资经营企业法》让正大集团成为中国首家外资合资企业，而2001年加入世界贸易组织则引发了全球外资涌入。中国企业出海到其他国家，不仅要看目标国家的人口和经济等指标，更重要的是看政策变量。

二是灵活选择进入模式。外资企业出海中国市场时，早期合资模式是外资企业进入中国的主要方式，因为中方合作伙伴能够提供宝贵的本地资源和市场网络，如肯德基通过合资模式成功在中国建立了广泛的门店网络。而随着政策逐渐放开，特斯拉争取到了独资模式进入中国。因此，合资或独资的选择，取决于企业在市场渗透、资源整合和管理权控制上的战略优先级。对中国出海企业而言，要对引进外国股东进行合资持更为理性的心态。

三是深度本土化，产品、品牌与管理的全方位本地化。本土化是外资企业出海中国市场取得长期成功的核心策略。例如，欧莱雅在中国市场推出了专为亚洲女性设计的护肤产品，并通过建立本土团队实现了企业文化的中国化；肯德基通过加入中式早餐和区域特色菜品，成功地赢得了中国消费者的青睐。中国企业目前普遍还处在贸易出海阶段，需要更坚决、更快速地推进本地化。

四是与政府及本土合作伙伴建立良性关系。外资企业在中国的成功离不开与当地政府和合作伙伴的合作。例如，特斯拉在上海设厂时，得到了当地政府从审批到政策上的全力支持；阿斯利康则通过与地方科研机构和医疗体系的合作，逐渐将中国发展为其全球战略的核心枢纽。因此，与本地政府及合作伙伴建立互信关系，能够帮助外资企业更加顺利地应对复杂的市场环境，并获得持续的政策支持。中国企业出海要与目标市场的政府及本土合作伙伴建立良性关系，同时要避免走捷径的诱惑。

五是长期投入与灵活应变，保持耐心与调整战略。外资企业在中国市场的成功，依赖于长期耐心和灵活的应变能力。中国市场环境复杂且变化迅速，成功的外资企业通常能够在保持长期投入的同时，根据市场变化调整策略。例如，星巴克不断更新迭代，通过上海烘焙工坊的创新重新定义了品牌形象。相比之下，未能及时调整策略、缺乏耐心的百思买和 eBay 则黯然退出。中国企业也要把出海当成 10 年甚至 20 年的长期战略，只有这样才能从容应对各种挑战。

在越来越多的行业领域，最有全球竞争力的是中国公司；但外资出海中国曾遇到的困难，中国企业出海时一个都不会少。过去几十年外资企业在中国培养了一批全球化人才，他们中的一些已经跳槽到中国出海企业中并承担了关键角色。接下来，这样的情况会越来越多。

阅读书籍推荐：*China's Economy: What Everyone Needs to Know*（Arthur R. Kroeber 著）。

04　英式全球化的经验

无敌舰队｜格拉沃利讷海战｜光荣革命｜重商主义｜航海条例｜英荷大战｜谷物法｜国富论｜自由贸易｜转口贸易｜殖民体系｜工业革命｜金本位｜坚船利炮｜棉纺织品｜光荣孤立｜逆全球化｜帝国特惠制

2006 年，一部名叫《大国崛起》的纪录片在央视财经频道播出，该纪录片讲述了近代五百年来，九个世界级大国崛起的道路。这九个国家分别是：葡萄牙、西班牙、荷兰、英国、法国、德国、日本、俄罗斯、美国。《大国崛起》播出以后，引起了极大的反响，因为它呼应了中国人对自己国家发展的期待。客观来说，在这九个国家当中，如果要谈论真正意义上的全球化大国，只有英国和美国。

其中，英国主导了我们今天称为"全球化 1.0"的时代。今天"大英帝国"早已成了历史，然而英国在全球范围依然拥有相当大的影响力。研究"英式全球化"，对于理解正在形成的新全球化以及中国在其中所扮演的角色，有着极为重要的参考意义。

英式全球化，是在英国从贸易保护主义转到自由贸易阶段后逐步形成的。

1588 年，英国和西班牙"无敌舰队"打响了格拉沃利讷海战，此役成了前者走向全球化的起点。彼时，西班牙是首屈一指的海上霸主，其船只频繁穿梭于大西洋，此外在南美洲和菲律宾之间也构建起了庞大的贸易网络。西班牙的国王甚至一度兼任了葡萄牙国王，两国的殖民地遍布全世界。十六世纪的西班牙，被称为第一个"日不落帝国"。

格拉沃利讷海战打响之前，英国眼红西班牙在海上贸易中获得的巨大利益，想打破西班牙的垄断地位，因此以各种方式骚扰西班牙。尤其是 1587 年，西班牙被英国突袭而损失惨重，忍无可忍的西班牙在 1588 年派出以 130 艘舰船组成的"无敌舰队"远征英国，但因船只机动性较差、指挥不当以及天气等原因，最终以损失了一半舰船的代价铩羽而归。

很多学者都认为，格拉沃利讷海战的结果，直接导致了世界海上霸主的更替。实际上，这种论断略显夸大。可以肯定的是，英国确实因为格拉沃利讷海战的胜利而在欧洲舞台上崭露头角，但是此次胜利并不意味着英国已经迅速崛起。在接下来的一个世纪里，英国依然面临着内部的宗教冲突和权力斗争，国内的政治局势动荡不安。直到 1688 年，英国爆发了"光荣革命"，确立了议会君主立宪制以后，国内局势才逐渐趋于稳定。在那之后，英国才开始了全球扩张的步伐。

西班牙盛极而衰，最直接的受益者是曾经被西班牙统治的荷兰。如果说16世纪是属于西班牙的时代，那么17世纪上半叶则是属于荷兰的时代。荷兰这个弹丸小国，却拥有着庞大的商船队，也因此而被称为"海上马车夫"。当时，荷兰的商船吨位占据了欧洲的三分之二，它的金融和贸易体系更是遥遥领先于其他国家。可以这么说，英国是站在荷兰这个"巨人"的肩膀上，才成功崛起为新一代的世界霸主的。

英国的商人不甘心落后，他们通过贸易保护的政策与荷兰进行竞争。1651年，英国议会通过了一项重要的法律——《航海法案》。这项法律明确规定，所有进入英国的商品，必须由英国船只来运送。这一措施直接冲击了荷兰的航运利益和贸易利益。面对英国的步步紧逼，荷兰多次与英国发生冲突，最终两国之间爆发了四次"英荷战争"。战争的结果是，英国逐渐在海上贸易中取代了荷兰的主导地位，为自己的全球贸易帝国奠定了基础。

17世纪后半叶，英国依然在不断强化着自己的贸易保护政策。举例来说，1699年英国出台了《羊毛法案》，该法案明确规定，爱尔兰的羊毛只允许出口到英国国内。这一政策的出台，主要目的是保护英国的纺织业不受国外竞争的冲击。到了1815年，英国又颁布了《谷物法》，该法令明确规定，只有当粮食价格高到一定水平时，英国才允许从国外进口粮食。

1820年，英国制成品进口的平均关税是45%~55%，明显高于同期法国的20%和德国的8%~12%。这种保护主义政策引发了极大的争议，尤其在工业革命蓬勃发展的背景下，甚至许多英国人也认为，该国的高关税率不符合时代的潮流。至此，很多英国人都希望本国对关税政策做出调整。

转折点出现在1846年。当年，英国政府废除了《谷物法》，由此而正式步入了自由贸易的新时代，英式全球化正式起航。从1776年亚当·斯密在《国富论》中提出自由主义经济原则，到自由贸易在英国最终得以实现，经历了整整70年。

进入自由贸易时代后，英国大幅降低了关税，并以更加开放的姿态进入全球市场。这一政策的转变，极大地促进了英国工业品的出口。英式全球化的形成绝非一蹴而就，实际上，其背后有着一系列的支撑点。

英式全球化支撑点一：转口贸易与殖民体系

全球化的进程，离不开稳定的贸易网络。17世纪末，英国的转口贸易开始成为其对外贸易的重要组成部分。所谓转口贸易，指的是英国从殖民地和其他国家进口商品，再将这些商品转销至欧洲各地。这种贸易形式不仅为英国带来了丰厚的利润，也使得英国的商船得以频繁往来于世界各地。

在17世纪40年代以前，英国的转口贸易尚且微不足道，但到了1660年以后，转口贸易开始成为英国对外贸易的重要组成部分。17世纪末，转口贸易占据了英国出口总值的50%；1820年，英国在世界海运市场上所占份额由1700年的20%上升到了40%。1890年前后，英国的航运业达到了顶峰，全球外贸进出口总吨数的3/4都由英国船只来运送。1913年，英国航运业收入达到9400万英镑，占全世界航运总收入的一半。

在这个过程中，英国的航运业得到了极大的发展，该国也开始有意识地控制全球交通要道。到19世纪中后期，马六甲海峡、苏伊士运河和直布罗陀海峡等各大要津，都处在英国的掌控当中。通过这些海上要道，英国将全球贸易网络与自己的殖民体系紧密地联系在了一起。

英国覆盖全球的殖民体系，既是全球化1.0的重要组成部分，也是该国推动全球化扩张的主要手段。举例来说，印度是英国最重要的殖民地之一，英国通过与印度的棉花贸易，获得了大量廉价的原材料，再将棉纺织品出口到世界各地。19世纪末，英国的棉纺织品出口占据了全球市场的70%以上。

英式全球化支撑点二：技术与金融的双重力量

18世纪末至19世纪初的工业革命，是英国最终得以成为"世界工厂"的关键。以蒸汽机的发明和应用为标志，英国率先完成了生产力的突破。全球化1.0时代标志性的两个科技产品是蒸汽船和电报：在19世纪初，蒸汽机被应用到了往来于大西洋两岸的海轮上，这让英国与美国及其他美洲国家的货运速度大幅加快；而到了19世纪60年代，电报的广泛应用使得美洲和欧洲之间的即时通信成为现实。

值得一提的是，工业革命的成功，离不开英国完善的金融体系。通过证券市场以及银行和保险等现代金融机构，英国在19世纪确立了伦敦作为世界金融中心的地位。1816年，英国正式启动了金本位制，英镑成了国际贸易中的主要结算货币。到了19世纪末，英镑的国际地位如日中天，全球的贸易往来和投资活动，大多依赖于英镑结算。

强大的金融体系的建立，为英国的全球扩张提供了资本支持，也让该国在全球化的进程中始终处于核心位置。1870—1914年，英国对外投资大幅增长：数据显示，1870年英国海外投资存量约为7亿英镑；到了1913年，这个数字增长至近40亿英镑，占西方国家海外投资总额的一半以上。海外投资的增加，使英国海外投资净收益占国民生产总值的比重持续提升：1870—1874年，这个比值约为3.48%；1890—1894年上升至5.98%；1910—1914年达到了7.15%。

英式全球化支撑点三：坚船利炮、贸易谈判

英国在19世纪上半叶成了"世界工厂"，该国的主要进出口产品，从之前的大宗商品转变为了工业制成品。1837年，棉纺行业已经吸收了三成的英国劳动力，棉纺织品的出口额，占整个英国出口总额的70%。在英国纺织业

的巅峰时期，世界上一半左右的棉布，都是由英国提供的。除了棉纺织品，全世界约 50% 的铁、70% 的钢 、40% 的金属器件，也都是由英国生产并销往全球各地的。

有竞争力的商品，不一定就能受到全世界的欢迎。那么，英国是如何将自己的工业制成品打入全球市场的呢？实际上，英国主导的全球化 1.0 并不是完全通过自愿合作的方式来实现的。在推行自由贸易的过程中，面对亚非拉国家的抵抗，英国总是诉诸武力，即采取所谓的"坚船利炮"政策。比如，1840 年，英国以武力打开了中国封闭的国门，迫使清朝在 1842 年签署了《南京条约》并开放了五个通商口岸。这种炮舰政策下的自由贸易，实际上是英国通过军事力量和外交手段，迫使其他国家接受自己制定出的贸易规则。

在面对欧洲其他强国时，英国则采取了另一种方式，即双边谈判。1860 年，英国与法国签订了《英法通商条约》。在谈判过程中，英国为了打开法国市场，做出了多项妥协，最终使英国工业产品大规模进入了法国市场。接着，英国又与比利时、意大利、德国等国签订了类似的条约，从而将自由贸易的网络不断扩大。

英式全球化的高峰与衰败

从 1588 年打败西班牙"无敌舰队"，到 19 世纪中叶全面推行自由贸易，英国的全球化之路顺风顺水。1845 年以后，英国制造业无论是效率还是产值都高居世界第一。数据显示，1870 年，英国占世界工业的比重高达 32%，占世界贸易的比例为 25%。1875 年，英国对制造品平均进口的关税率下调到零，英式全球化达到高峰。

这一时期，欧美企业开始向海外发展，起源于纽约的缝纫机公司胜家（Singer），于 1855 年在法国巴黎设立了办公室；到了 1867 年，该公司又在英国格拉斯哥开设了工厂。在 1896 年到 1913 年期间，起源于苏格兰的詹姆斯和彼得服饰（J&P Coats）完成了 40 次海外投资，该公司先后收购了多家俄罗斯、巴西和日本的工厂。

然而，随着第二次工业革命的兴起，英国开始面临越来越多的挑战。德国和美国的崛起，直接威胁到了英国在全球经济中的霸主地位。1897 年，英国女王维多利亚二世在位 60 周年大典举行，虽然看起来"日不落帝国"依然强大，但就如当时已经 78 岁的维多利亚女王一样，这个昔日的日不落帝国，已经变得非常虚弱。当时，美国的经济总量已经超过了英国；6 年后，德国的经济总量也取代英国成了世界第二。

20 世纪初，实力下滑的英国放弃了长时间奉行的"光荣孤立"政策，但依然坚持自由贸易政策，然而不可否认的是，这种政策在与新兴工业国的竞争中变得越来越不利。美国和德国通过高关税保护本国工业，而英国却没有采取同样的措施，结果使得英国的工业产品在国际市场上逐渐失去竞争力。第一次世界大战爆发之前，全球贸易量达到前所未有的高度，但英国占世界贸易的比重降到了 15%，已经与美国、德国处于同一水平。

1914 年，第一次世界大战爆发，"逆全球化"席卷全球。尽管在两次世界大战中，英国都属于胜利者的一方，但它却不得不面对这样的事实：随着殖民地的独立浪潮以及美国的崛起，英国的全球化 1.0 已经难以为继。1929 年，全球经济进入大萧条，国际贸易几乎陷入停滞。国力日益衰落的英国，终于在 1932 年抛弃了自由贸易的政策，对所有进口商品征收 10%~33.3% 的从价税；同时采取帝国特惠制，对来自于自治领和殖民地的产品给予关税优惠。

在英国摒弃自由贸易的同时，美国走上了前台。1934 年，应罗斯福总统的要求，美国国会颁布了《1934 年互惠贸易协定法》，美国贸易政策迎来了历史性转变，开启了贸易协定谈判和关税减让。这就意味着，美国开始接过了自由贸易的旗帜，并在第二次世界大战后通过一系列国际规则，正式确立了"美式全球化"。

英国全球化的启示与反思

回顾英国主导下的全球化1.0，其成败得失，为后来者提供了丰富的经验和深刻的教训。

启示之一：**灵活的制度创新**。英国的全球化过程，始终伴随着制度的不断调整。比如，从早期的重商主义保护政策，到19世纪中期转向了全面自由贸易。在这一过程中，英国的政治体制也在"光荣革命"后逐步成熟，议会和君主的权力得到了合理的平衡，使得政策制定和实施变得更加灵活有效。政治制度之外，英国在公司治理，如早期特许公司、后来的合伙公司等方面，也有很多探索及创新。

启示之二：**技术创新是核心动力**。工业革命无疑是英国主导全球化的重要基础。在蒸汽机的推动下，英国的生产力得到了极大的提升，制造业成为英国的经济支柱。蒸汽船、纺织机械、铁路等技术进步，不仅改变了英国的国内经济，还彻底改写了全球的贸易格局。可以这么说，技术创新是推动全球化的核心动力，这一点在今天依然适用。无论是数字革命、人工智能，还是新能源技术，都在推动现代社会发生深刻的变化。在技术上取得突破的国家，往往能够在全球化进程中占据有利的位置。

启示之三：**金融与贸易的结合**。全球化不仅是商品和资源的流动，而且还是资本的流动。英国之所以能够主导全球化1.0，与其拥有完善的金融体系这一特质有着密不可分的关系。通过金本位制和英镑的国际结算货币地位，英国掌握了全球贸易中的金融命脉，巩固了其世界霸主的地位。金融与贸易的紧密结合，为全球化的顺利推进提供了保障。这一点，在现代社会同样适用。一个国家要想在全球化进程中占据主导地位，就必须在金融体系的建设上与全球市场接轨，掌握国际资本的流动规律。

启示之四：**军事和外交的双重保障**。在全球化 1.0 的进程中，英国并未依靠单一的手段，而是通过军事力量和灵活的外交策略，实现了对全球市场的控制。无论是控制重要的海上要道，还是通过双边条约扩大自由贸易网络，英国都展现了其在军事和外交上的丰富手段。这一经验告诉我们，全球化不仅是经济的较量，更是综合国力的比拼。强大的军事力量和灵活的外交政策是维持全球化体系稳定的重要保障。

与葡萄牙、西班牙、荷兰、法国等国家相比，英国的全球化管理水平明显更高。英国善于笼络和培养全球各地精英为己所用，该国只需要派出较少的人参与殖民地管理。举例来说，从 19 世纪末到 20 世纪初，英国只有约 5000 人参与管理印度殖民地，要知道，当时的印度就已经是一个拥有超过 2 亿人口的国家了。又比如在非洲，英国曾经的殖民国家，普遍比法国殖民的国家发展得更好，不少前殖民地国家独立以后，对英国的态度也比较友好。截止到 2024 年，以英国为核心的英联邦，依然拥有 50 多个成员国。

当然，英国的衰落也提醒我们，任何一种全球化体系都并非完美无缺。英国过度依赖自由贸易政策，忽视了对新兴竞争对手的防范，最终导致其失去了全球的主导地位。同时，殖民扩张带来的后遗症和多边体系的崩溃，也对英国的全球霸主地位构成了致命威胁。虽然英国的全球霸权在 20 世纪初开始衰退，但其推动的全球化 1.0，却深深影响了后来的世界格局。现代全球化的许多基本理念，如自由贸易、资本流动、技术创新和全球治理，都是在英式全球化中萌芽和成长的。在当今的全球化进程中，我们依然可以从英国的经验中找到许多有益的启示。

我们看到，现代国家需要在制度上保持足够的灵活性，以应对全球市场的复杂变化；我们也看到，技术创新仍然是推动全球化的核心动力，数字革命、人工智能、新能源等新技术，正引领着一场新的全球化浪潮。最后，英国的故事也告诉我们，全球化不仅是经济的扩张，更是思想的传播、制度的创新和价值观的塑造。

图 1-4　2024 年 9 月 20 日，作者在天图投资品牌成长加速营分享"英式全球化"的主题

拓展阅读

英国有什么出海机会?

英国人口超过 6800 万，2024 年经济总量近 3.6 万亿美元，排名世界第六，人均 GDP 超过 52000 美元。英国以自由开放的对外贸易和投资环境著称，政治、法律和社会环境稳定。作为曾经的"日不落帝国"，英国在国际政治、经济、科学、技术和文化方面依然具有广泛的影响力。在中国的对外贸易伙伴中，英国排名第 16 位，在欧洲国家中排名第 4 位，仅次于俄罗斯、德国与荷兰，高于法国和意大利。2024 年前三季度，中国与英国外贸进出口总额

5157亿元。其中，中国从英国进口1027亿元，向英国出口4130亿元，贸易顺差3103亿元。

英国"脱欧"后，对中国出海企业的吸引力有所下降，但在以下几个方面依然值得关注：

一是英国有约70万华人华侨，也有大量中国留学生，近两年进入英国的中国餐饮企业大增。新一代中餐、茶饮企业取代老一代的机会依然存在，中餐茶饮破圈到本地主流人群也比之前更有希望。

二是英国一直是中国跨境电商的重要目标市场，在欧洲，英国是对电商接受程度最高的国家之一。在跨境电商行业由铺货模式向品牌出海升级时，英国市场也将迎来重新洗牌的机会。

三是英国是欧洲最大的视频游戏市场之一，超过一半人口是游戏玩家，产值在百亿英镑级别。视频游戏已经是英国主流的娱乐方式，对中国企业来说依然有较大的挖掘空间。

四是和欧洲其他国家一样，英国人对环保类产品青睐有加。中国新能源产业发达，正在用新能源思维把很多品类重做一遍，相关产品在英国市场会有拓展机会。

五是英国是欧洲的创业创新中心，尤其是伦敦聚集了欧洲最多的独角兽、获得VC融资的创业公司。英国适合进入创新阶段的中国出海企业，通过在伦敦设立创新中心获取全球人才资源。

六是反向出海，英国有众多有历史沉淀的老品牌，正在成为一些中国企业的收购标的。收购后，英国品牌嫁接中国供应链，再面向全球市场，对一些有跨文化管理能力的中国企业来说是不错的出海路径。

七是出海英国后，从英国市场再出发到更多国家和地区。有50多个国家的英联邦以英国为核心，在英国设立的法人企业出海到英联邦国家更有保障。另外亚非拉很多国家的精英阶层都在英国留学或工作，在英国建立的影响力和网络对进入相应国家非常有用。

目前出海英国的中国企业名单很长，包括腾讯游戏、米哈游、游族、沐瞳等游戏公司，极兔、三态速递、菜鸟等跨境物流企业，华宝新能源、如果新能源、德兰明海等新能源公司，迈瑞、艾德生物、绿叶制药、柏威国际等医疗企业，当然也包括 TEMU、SHEIN、TikTok、速卖通、联想、小米、安克创新、海尔、长城汽车、吉利汽车等公司。

中国企业出海英国，目前还主要是传统的贸易方式；但从中英两国的贸易额增长来看，未来空间已经不大。接下来从贸易型出海到本地型出海，是中国企业不得不面对的趋势。部分中国出海企业担心英国在各方面过于跟随美国，因而担心出海英国会存在潜在风险。另外，英国对于合规合法要求高，劳工制度也相对严格，对中国出海企业来说树立不走捷径、不占便宜的心态很重要。

阅读书籍推荐：《大英帝国的兴衰》（理查德·达吉著）；《英国商业 500 年》（陈润、王晶著）。

05　美式全球化迎来了孤立主义

发现美洲｜华盛顿告别词｜孤立主义｜幼稚产业保护理论｜门罗主义｜西进运动｜天定命运论｜南北战争｜镀金时代｜关税保护｜门户开放｜威尔逊主义｜布雷顿森林体系｜超级全球化｜跨国公司｜特朗普｜逆全球化

进入 20 世纪以后，英国的全球霸权逐渐式微，美国逐步接过了全球化的旗帜，并且在第二次世界大战后成功建立了"美式全球化"。自 1776 年独立以来，美国是如何一步步从"孤立主义"走向"全球主义"，再到今日"孤立主义"思潮回归的？"美式全球化"与"英式全球化"又有哪些不同的经验与启示？尤其是在特朗普强势回归、重掌白宫后，全球化将何去何从？

孤立主义的传统

美国是一个有孤立主义传统的国家，这源自其历史和地理条件。大航海时代"发现美洲"后，西方国家在美洲建立起了一块块殖民地。其中，英国从 1607 年开始在北美东部建立殖民地，到 18 世纪中叶，北美的 13 个英国殖民地基本形成，它们在英国的最高主权下有各自的政府和议会。

北美的殖民地与欧洲距离很远，在蒸汽船发明之前，欧洲和北美的海上航行时间需要一两个月；此外，绝大多数移民北美的英国人，本身就与"旧世界"格格不入，孤立是很自然的选择。1776 年，北美 13 块英国殖民地宣布独立，经过和宗主国的残酷战争后，美国获得了国际承认。独立后的美国国力孱弱，在当时的国际格局中处于边缘地带。

美国首任总统乔治·华盛顿清楚地知道这一点。在 1796 年卸任总统之后，华盛顿在其发表的《告别词》中明确指出："要将美国建成自由进步的伟大国家，最为重要的，是应该排除对某些个别国家抱有永久且根深蒂固的反感，而对另一些国家则又有感情上的依附。不要与任何外国建立永久的联盟。"由此，"孤立主义"成了美国长期坚持的外交政策。

美国虽然从英国的殖民统治中获得了独立，然而大英帝国在北美的影响力依然巨大。实际上，英国后来也惊讶地发现，独立后的美国拒绝接受自己的管理，但是双方之间的贸易并未因此而受到影响。18 世纪末，英国已经进入了第一次工业革命，美国南部成了其主导产业——纺织行业最重要的原料输出地。在英美贸易中，美国向英国出口廉价的棉花，英国则向美国倾销工业制成品。

　　美国也意识到，自己名义上的确是独立了，然而在经济层面上，他们依然要依附于英国。美国开国元勋、第一任财政部部长汉密尔顿对此感到极为忧虑，他也因此而提出了"幼稚产业保护理论"，该理论指出：一个国家的新兴产业，当其还处在初创期时，可能经不起来自于全世界的强有力竞争，在这种情况下，有必要通过对该产业提供适当的保护政策，以提高自身的竞争力。待该产业发展到足够强大，并且具备比较优势以后，再放开保护。

　　英国在崛起为世界最强大的国家之前，曾经长期实行贸易保护主义，美国也学到了这一点，该国通过提高关税扶持自己的制造业。比如，在1816年，美国通过了《1816年关税法》，这部法案体现了当时该国的贸易保护主义思潮，其目的就是限制进口英国棉纺织品、保护美国制造业。

被误读的门罗主义

　　在理解美国早期的外交政策时，"门罗主义"常被当成与"孤立主义"相对的一个政策。1823年，美国第五任总统门罗发表国情咨文，提出美国不干涉欧洲事务，欧洲列强也不得干涉美洲事务，宣称"美洲是美洲人的美洲"。这种把拉美乃至西半球变成自己势力范围的主张，被称为"门罗主义"。

　　有学者把"门罗主义"当成了美国脱离"孤立主义"的例证，这和实际情况并不相符。"门罗主义"更多只是停留在了口号上，实际上，真正给拉丁美洲各个新独立国家提供支持的，是"日不落帝国"英国，而非美国。在这个时期，美国的总体实力依旧还很弱，在第二次英美战争中，英国甚至一度攻入美国首都，并且放火焚烧了美国国会大厦和总统官邸。这一事实足以说明当时英美两国之间的实力差距。

　　此前，拉丁美洲是西班牙、葡萄牙的殖民地，该区域曾经长期对英国进行市场封锁。受法国资产阶级革命和西班牙被法国占领的影响，拉丁美洲各国在 1810 年后掀起了独立运动浪潮，1821 年和 1822 年，墨西哥和巴西相继独立。在联合击败拿破仑之后，欧洲旧势力"神圣同盟"意图出兵干涉拉美的独立浪潮。英国支持拉美独立，并非出于对拉美人民的同情，而是认为维持拉美各国的独立状态，更加有利于英国维护自己与拉美各国的贸易关系。

西进运动和南北战争

尽管当时没有实力介入拉美独立运动，但是客观地说，美国依然是法国资产阶级革命、拉美独立运动的受益者。1803 年，连年的征战令法国财政陷入了困境，无奈之下，拿破仑把法国在北美的领地——面积达到 214 万平方千米的路易斯安那，作价 1500 万美元出售给了美国。这笔交易，使得美国的国土面积扩张了一倍有余，路易斯安那也成了美国重要的棉花产区。与此同时，美国的西进运动也蓬勃兴起。

1821 年，墨西哥取得独立，然而在独立之后，该国的政局不稳，国家发展长期停滞不前。到了 1836 年，当时属于墨西哥的得克萨斯宣布独立，随后申请加入美国。1837 年，美国宣布承认得克萨斯独立，8 年后得克萨斯成了美国的一个州。到了 1846 年，美墨战争爆发，两年之后美国取胜，作为战败国，墨西哥被迫割让新墨西哥和加利福尼亚。至此，美国终于将领土扩张到了太平洋沿岸。

就在墨西哥签订协议、将加利福尼亚割让给美国之后不久，旧金山（圣弗朗西斯科）就发现了储量惊人的金矿，美国也给西进运动赋予了"天定命运论"的色彩。但是，在加州是加入"自由州"还是加入"蓄奴州"的问题上，美国南北两方发生了严重分歧。由于北方人口越来越多，在以人口为选举基础的美国众议院，北方明显占据上风。至于参议院，由于当时美国有 15

个"自由州"和 15 个"蓄奴州"，每个州都有 2 个参议员名额，因此双方在参议院势均力敌，勉强维持着权力的平衡。最终加州加入了"自由州"，这激化了南北之间本就存在的矛盾。

除了对待奴隶制的不同态度之外，关税是导致美国南北分裂的另外一个争议点。当时，北方希望提高关税以保护美国国内产业，南方则希望降低关税以促进棉花的出口，双方在这个问题上剑拔弩张、互不相让。在那段时期，不同背景的总统，总是会推出不同的关税政策。比方说，1824 年美国颁布了《关税法》，这部法案提高了关税；1846 年，受英国从重商主义向自由贸易转变的影响，美国又大幅降低了关税；到了 1860 年，林肯成功当选总统，他通过了提高关税的《莫里尔关税法》。

简而言之，无论是在奴隶制还是在关税的问题上，美国南北双方都存在着难以调和的矛盾，最终双方走向了战争。1861—1865 年的美国内战，以北方取胜而告终。战争期间，美国南方的棉花贸易惨遭重创，其他国家的产棉区趁势抢占了相当一部分的英国市场。南北战争结束以后，美国更加积极地推进高关税和贸易保护主义政策。

关税保护与门户开放

美国内战结束后，美国进入了大规模工业化阶段，一批工业巨头快速成长了起来。石油产业链蓬勃发展，约翰·洛克菲勒成了人尽皆知的石油大亨。为了配合石油的运输，美国铁路需要更新迭代，钢铁产业迅速发展，安德鲁·卡耐基成了钢铁大王。工业产品也大量出现，雷明顿打字机在 1874 年面世，1880 年纽约百老汇点亮了布拉什发明的电弧灯，在那之后，美国更多的地方亮起了爱迪生的白炽灯……

著名作家马克·吐温将那段时期称为"镀金时代"，实际上，那也是美国贸易保护的高峰期。一方面，内战使得美国联邦政府背上了沉重的债务负担，政府需要通过高额关税来增加财政收入以偿付债务；另外一方面，与英国同类产品相比，美国的工业产品没有成本优势，因此更加需要保护。以钢铁为例，在19世纪50年代，美国还是英国生铁的最大进口国，仅1860年一年就进口了英国超过13.8万吨生铁，美国也因此而向英国征收高额的进口钢材关税。后来卡内基曾经坦率地承认，关税保护"对于美国制造业的发展起到了巨大作用"。

1860—1900年，美国对应税产品的平均关税高达40%~45%，这一时期美国虽然逐步将部分进口消费品列入免税清单，如茶叶和咖啡等，但是大部分与国内企业构成竞争关系的原材料和制成品，依然维持着较高的保护性关税。在公共债务的压力得到有效缓解的前提下，美国国会在1890年和1897年又先后通过了《麦金莱关税法》和《丁利关税法》，仍然继续大幅提高工业制成品的进口关税。

1897年当选美国总统、后来被特朗普大为赞赏的威廉·麦金莱曾这样说过："我们成为世界第一大农业国，我们成为世界第一大矿产国，我们也成为世界第一大工业生产国。这一切，都源于我们坚持了几十年的关税保护制度。"

到了19世纪末，美国一方面通过贸易保护政策刺激国内经济的恢复，另一方面则运用"互惠"原则为本国产品打开欧洲市场、扩大出口份额。1898年5月，法国与美国签订互惠协议，双方做出关税减让以相互促进出口。随后，美国与德国、葡萄牙和意大利等分别签订了互惠贸易协议，这些协议有效地降低了上述国家对美国产品征收的出口关税。

1899年，美国国务卿约翰·海伊向英、德、俄、法、日、意六国提出了"门户开放"的政策照会。彼时，美国的工业总产值以及经济总量都已经位列世界第一，该国开始着手加速海外的扩张。

威尔逊的全球主义初尝试

尽管已经足够强大，然而 19 世纪末、20 世纪初的美国，依然并不打算直接挑战英国的地位，其选择先向"软柿子"西班牙下手。1898 年美西战争爆发，在不到半年时间里，西班牙便节节败退，古巴、菲律宾、波多黎各、关岛等西属殖民地纷纷落入美国手中。在门罗主义的口号喊出了 75 年之后，美国终于在美洲建立起了霸权，并且以一个大国的姿态登上了国际舞台。

经济高速发展、本土远离战场的美国，吸引着全球各地饱受战乱之苦的人们，北美成了当时全世界最为理想的移民目的地之一。除了最早的英国移民之外，19 世纪四五十年代，美国涌入了大量的爱尔兰人和德国人。1900年，当年移民总人数接近 45 万。1905 年，单年份进入美国的移民人数更是首次超过了 100 万，其中最多的是意大利人。此外，来自于波兰、捷克斯洛伐克、匈牙利、俄国、立陶宛、拉脱维亚和乌克兰的人们，也纷纷移民美国。

英国由盛而衰之后，最先挑战其霸权地位的并非美国，而是德国。在德皇威廉二世提出的"世界政策"的指导下，德国在外交、殖民地扩张等各个方面表现得越来越激进，最终欧洲不可避免地走向了第一次世界大战。第一次世界大战开始后的头几年，美国一直保持中立——之所以并未第一时间参战，主要是因为该国长期以来始终秉承孤立主义传统。除此以外，美国国内拥有大量来自于欧洲各个国家的移民，这些移民分别支持各自的母国，这也导致美国在第一次世界大战前半段始终置身事外。直到 1917 年，美国方才宣布参战，并且加入了协约国，即英国和法国一方。

第一次世界大战结束之后，各国在法国巴黎的凡尔赛宫召开了巴黎和会。身为战胜国的领导人，美国总统伍德罗·威尔逊在巴黎和会上大力推销所谓的"十四点计划"，其中包括公开外交、公海航行自由、贸易自由、全面裁军、民族自决、建立国际联盟等在内的多项主张，成功掀起了"威尔逊主义"的旋风。"威尔逊主义"试图突破美国既有外交政策的桎梏，然而战后美国孤立主义回潮，在广大民众的强烈反对之下，美国甚至都没有加入自己提议建立的国际联盟，就连原先宽松的移民政策，也在20世纪20年代大幅度收紧了。

1929年，美国爆发了大规模的经济危机。为了应对危机，1930年美国国会通过了《斯穆特-霍利关税法》，该法案提高了900多种商品的关税，小麦、牛奶等农产品的关税也大幅提高，应税进口品的平均税率达到了53%，这是20世纪美国最高的关税水平之一。实际上，到了20世纪30年代，美国已经成为世界上最大的贸易国，该国进出口额占全球贸易总额的1/7左右，"山姆大叔"已经走到了自由贸易的门口。

与此同时，英国从自由贸易中获取的收益逐渐减少，外部经济环境日益恶化，国内新兴的重工业集团对贸易保护的呼声也不断增长。1932年，英国在渥太华帝国经济会议上建立起帝国特惠制——该国坚持了80多年的自由贸易政策发生了根本性的改变。1934年，应罗斯福总统的要求，美国国会颁布了《1934年互惠贸易协定法》，美国贸易政策转向，开启了贸易协定谈判和关税减让。

英式全球化由此落幕，美国开始接过全球化的大旗。

自由贸易和美式全球化确立

第二次世界大战即将结束的1944年，在美国新罕布什尔州的布雷顿森林，44个国家联合举行了一次国际货币基金会议，会议通过了《联合国货币金融会议最后决议书》，以及《国际货币基金组织协定》和《国际复兴开发银行协定》两个附件。与会各方共同约定，美元与黄金挂钩，其他国家的货币与美元挂钩，并实行可调整的固定汇率。该次会议通过的所有决议总称为《布雷顿森林协定》。1945 年 12 月，国际货币基金组织和国际复兴开发银行正式成立。

1947 年，美国等 23 个国家在瑞士日内瓦签订了《关税及贸易总协定》（简称《关贸总协定》，GATT），"山姆大叔"正式从老大哥英国手中接过了自由贸易的旗帜。英国主导的全球化，在经过了 30 多年的过渡期后，正式变成了由美国主导的全球化。全球贸易占全球 GDP 的比重，再次开始持续提升，到了 1979 年，这个比例达到了 14.9%，已经超过了 1913 年时创下的高点。

然而不可否认的是，当时的美式全球化依然存在诸多的局限。首先，以苏联为首的社会主义阵营被排挤在外，全球化实际上只有"半球化"。其次，在国际分工层面，发达国家从发展中国家进口廉价原材料、向它们出口工业制成品，发展中国家普遍处于明显不利的贸易地位。因此，当时"反对美式全球化""要求更加公平合理地进行国际贸易"的呼声非常大。

超级全球化兴起

从 20 世纪 80 年代中期开始，集装箱、计算机得到了广泛的使用，发达国家放开了投资和通信管制，东欧剧变、苏联解体也让西方世界获得了宽松的政治环境……在所有这些因素的共同作用下，世界进入了"超级全球化"阶段。值得一提的是，在美国西进运动中发挥了重要作用的"天定命运论"，也在这个阶段得到了升级，它变成了美国在全球推行民主、人权和自由贸易。1995 年，《关贸总协定》升级为世界贸易组织。美国国内的精英阶层认为，当自由贸易把各个国家紧密联系到一起之后，民主必将能够在更多国家生根发芽。

超级全球化催生了一大批跨国公司，它们成了最大的受益者。通过将生产转移到劳动力成本较低的国家，这些跨国公司极大地提升了利润率。但与此同时，发达国家本土的产业空心化现象愈加严重，美国的中西部地区逐渐形成了"铁锈地带"，民众对全球化带来的这些负面后果非常不满。

抓住超级全球化的机会，中国逐渐发展成为全球最大的贸易国。与此同时，美国开始放弃自由贸易的一些原则，逐渐走向保护主义。到了2018年，中美之间出现经贸摩擦，新一轮"逆全球化"逐渐抬头并愈演愈烈。2025年1月，特朗普开启了自己第二个总统任期，中美经贸摩擦也可能会继续升级。

美式全球化的经验和启示

回顾美国的发展历程，美式全球化与英式全球化之间既有许多相似之处，也有一些明显的不同。相似之处是，英国、美国在成为最强大的国家之前，都采取过贸易保护主义，都通过高关税保护本土产业。英国为了获得中国的种茶、制茶技术，不惜采取偷盗的方式；而美国为了获得英国的纺织技术，也曾在英伦三岛私下散发告示，承诺重奖赴美制造纺织机械的科技人员，此举最终成功吸引到了一批英国纺织从业人员，这其中就包括日后被誉为"美国制造业之父"的塞缪尔·斯莱特。此外，两国都依赖强大的军事力量来保障全球贸易网络的安全，并通过先进技术来推动全球化进程。

二者之间的差异也是显而易见的。英式全球化建立在英国国土狭小、资源有限的基础之上，因而它极度依赖全球市场，必须通过海外扩张、殖民地掠夺以及控制海上航道，来维持其全球霸权。简而言之，英国的全球化更加依赖商品贸易，特别是在19世纪工业革命之后，英国成了"世界工厂"，其工业制成品行销全球。

美式全球化则不同。美国本身幅员辽阔，拥有丰富的自然、矿产资源。

通过"西进运动"，美国获得了大量的土地和资源，这使得该国能够在较长一段时间内实现自给自足。换句话说，当时的美国并不依赖海外市场，内需就足够推动该国的经济发展，最终"山姆大叔"也在19世纪末发展成了世界第一大经济体。在那之后，美国通过"门户开放"政策，逐步开始向全球市场渗透。

第二次世界大战后，美国不仅在全球商品贸易上占据主导地位，还通过金融、文化等多维度增强其影响力。通过好莱坞电影、流行音乐、消费品牌等载体，以及后来在互联网领域建立起来的巨大优势，美国向全球输出了其文化、价值观以及生活方式。在过去相当长的一段时间里，美国的品牌、技术和文化产品，始终是全球消费市场的中流砥柱。这一切的一切，都推动了美式全球化的深化。

图1-5　2024年5月4日，作者在美国奥马哈参加巴菲特股东大会

▼ **拓展阅读**

特朗普重新上台后还能出海美国吗？

特朗普强势回归重新担任美国总统后，很多中国企业出海美国的信心受到严重打击。在特朗普的第二个任期，中国企业还能出海美国吗？要回答这个问题，首先要去理解特朗普的性格和行事方式，以及美国的政治经济体制。

可以用以下几个关键词来形容特朗普：要求绝对忠诚；喜欢完全胜利、不相信共赢；报复心极强、信奉以牙还牙；表演型性格、喜欢搞出大事情。所以第二次当选总统后，其内阁成员全部是以完全忠诚而非才华为选拔标准；加上共和党同时控制了参众两院，这使特朗普在第二个任期的权力明显更大。其对中国的施压大概率会比第一个任期更猛，而中国一旦针锋相对，特朗普会予以更大的反击。这意味着，在特朗普的第二个任期，中国企业出海美国将面临远比第一个任期更大的压力。但同时，特朗普属于表演型性格，为了争取利益往往会把事情的严重程度人为放大，而实际情况不会像是表现出来的那样。因此对于特朗普通过社交平台发出的"恐吓"，不能完全当真。做出海美国的生意，情绪稳定最为重要。

虽然特朗普在第二个任期权力更大了，也任命了特斯拉的 CEO 马斯克领导"政府效率部"（简称 DOGE）推进改革，但美国的联邦体制和三权分立的机制不可能改变，特朗普的权力远达不到可以为所欲为的地步。美国的法治和营商环境，也不至于太恶化。对于非敏感领域的出海企业，在合法合规的情况下，不用太担心会出现类似一些亚非拉国家突然 180 度政策转弯的情况。即便是遭遇打压，用美国的法律予以反击至少可以把战线拉长。

中美竞争并非特朗普的个人意志，而是美国两党的共识。所以，无论是原有的跨境电商 800 美元以下免关税，低价清关的漏洞，还是海外建厂"大闸蟹"式出口，基本上都会受到更严格的要求。但来自美国的高压对不同行业、不同类型的企业是不均匀的：本身毛利率不高的铺货型出海企业很容易被增加的关税给挤出，没有抓住美国终端客户或用户、仅为美国企业供货的企业也很容易被替换；而那些高毛利的品牌型出海企业，尤其在美国消费者心目中已经建立起美誉度的品牌，由于"劣币"被挤出，业务甚至有可能会更好。

特朗普想要制造业回归本土，一些有实力的中国制造业企业有可能会去美国投资设厂。但秉承鸡蛋不宜放在一个篮子里的原则，美国 GDP 占全球的比重约为 25%，中国出海企业应该推进收入多元化、不宜过于依赖美国市场业务。

特朗普是商人出身，喜欢谈钱，厌恶战争；我国也需要争取更长时间的和平，延续改革开放的伟大成就。国际关系专家的普遍看法是：中美的经济竞争会长期持续下去，但双方都会避免升级摩擦。

阅读书籍推荐:《特朗普传：激情创造梦想》(唐纳德·特朗普、比尔·赞克著)；《美国四百年：冒险、创新与财富塑造的历史》(布·斯里尼瓦桑著)。

06   日本的出海历程与经验教训

黑船事件｜明治维新｜日本制造｜神武景气｜三种神器｜JETRO｜十年内收入倍增｜索尼｜"日本第一"｜日美贸易战｜广场协议｜汇率升值｜出口｜海外法人｜失去三十年｜比萨型出海｜甜甜圈型出海｜终身雇佣制

20 世纪 50 年代，日本产品在全球市场上被贴上了"廉价低质"的标签。当时甚至流传着这样一个故事，说日本有个名叫"宇佐"（Usa）的城市，名字与美国的缩写相同，因此一些日本公司把工厂设在宇佐，以便产品能被标注为"Made in Usa"，这样一来，商品外销时可以被误认为是美国制造。这个段子真假难辨，但确实反映了当时日本商品在全球市场声誉较低的事实。就连后来享誉全球的索尼（Sony），早期也不愿让消费者知道自己"日本制造"的身份。索尼曾有意将"Made in Japan"（日本制造）的标识印得很小，以至于美国海关曾命令索尼重新标注产品。

如今，日本制造代表了质量和品位，在全球范围内都享有良好的口碑。作为新一代的"世界工厂"，中国商品和 Made in China（中国制造）在全球也面临过日本曾经的困境。1985 年以后日本企业加速出海，经过几十年时间的不懈发展，在海外"再造了一个日本"。这一事实，给此轮中国企业的新出海浪潮提供了非常有价值的参考。

明治维新：日本现代化进程开启

日本的现代化进程，可以追溯到 19 世纪中期的明治维新。1853 年，美国海军准将佩里率领"黑船"强行打开了日本国门，迫使其开放港口进行国际贸易。这一事件，终结了日本长达两个世纪的闭关锁国，为日本迈向现代化打开了大门。

1868 年，德川幕府倒台，年轻的明治天皇即位，随后他推行了一系列的改革，史称"明治维新"，这标志着日本从封建社会向现代国家转型。在这场变革中，日本以"富国强兵"为目标，全面学习西方的技术和制度；日本用了 20 年左右的时间，完成了从封建经济到现代经济起步阶段的转型。当时，日本改革的重点是"引进来"，在各类工业部门和农业领域积极引进国外先进技术，购买现代机器设备，并且雇用外国技术顾问。

"明治维新"搞了十年后，纺织品和轻工业产品逐渐取代了茶叶和丝绸，成了日本主要的出口商品。到第二次世界大战打响之前，纺织品和其他轻工业产品的出口贸易额，已经占到了日本出口总额的 2/3~3/4。

第二次世界大战后的复兴：日本贸易振兴机构的成立

作为第二次世界大战的战败国，日本在战后的经济发展不仅没有受到限制，反而因为军事上依赖美国，且又在 1950 年 6 月朝鲜战争爆发后成为美军的补给基地，在经济上得到了美国的大力援助。政治上，1951 年同盟国与日本在旧金山签订了《对日和平条约》，该条约于 1952 年 4 月生效后，盟军结束了对日本的占领。

1954 年年底，日本进入"神武景气"时期，依靠投资和消费促进经济增长，日本经济很快恢复并超越了战前的最高水平。1955 年 11 月，日本两大保守政党自由党与民主党合并组成自由民主党，该国在政治层面也趋于稳定。20 世纪 50 年代后半期，被称为"三种神器"的黑白电视机、洗衣机和电冰箱，在日本得到了普及。

在对外经济关系方面，日本在 1950 年颁布了《外资法》，该国将外资直接投资的出资比例限定在 50% 以下，并且规定"只批准有利于提高国民收入、增加就业、改善国际收支的投资"。在 1959 年召开的国际货币基金组织及关贸总协定会议上，各与会国家要求日本恢复货币自由兑换，并且开放国内市场。

1953 年，朝鲜战争结束，"朝鲜特需"也因此而成为历史。1953—1957年，日本出现了贸易赤字，也正是从那时开始，该国开始重视对外出口。1952 年 2 月，日本贸易振兴机构（JETRO）的前身就已经成立，1958 年重组更名为"日本贸易振兴会"。这个在全球超过 50 个国家设有办公室、员工规模超过 1700 人的机构，主要任务就是促进日本企业的对外出口。

"十年内收入倍增"：经济奇迹的实现

20 世纪 60 年代，时任日本首相的池田勇人提出了"十年内收入倍增计划"，现在看来，该计划无疑是战后日本创造经济奇迹的核心驱动政策之一。"十年内收入倍增计划"的核心目标，是通过工业化和技术进步，使日本的国民收入在十年内翻一番。在那段日子里，日本的经济增长率保持在一个极高的水平，名义 GDP 每五年翻一番。也正是"十年内收入倍增计划"，推动日本从一个战后重建国家，迅速发展为全球第二大经济体。

随着经济的高速发展，日本的产业结构也发生了巨大的改变，制造业和服务业迅速崛起，农业和林业所占的比例大幅下降。到了 1970 年，日本的城市化率已经超过 70%，该国已经成为一个高度工业化的国家。在那个时期，日本的出口也开始迅速增长，特别是在纺织品、钢铁和汽车等行业，日本逐渐成为全球生产大国。

日本重新崛起的一个标志性的事件，就是 1964 年东京奥运会的召开，当时全球已经关注到了该国的快速发展。这一时期，彩电、汽车和空调——取代了过去的"三种神器"，成为日本消费领域的全新增长点。经济的高速发展催生了一大批伟大的日本企业，除了受到政府扶持的企业如三菱、三井、丰田、松下之外，以索尼、本田为代表的战后新生企业也蓬勃发展了起来。

值得注意的是，日本的"收入倍增计划"不仅推动了国内经济的增长，也为该国企业出海提供了强大的物质基础：在那个时期，京瓷、索尼等日本企业已经开始探索国际化。20 世纪 60 年代，日本的出口总量剧增，但出口贸易额在 GDP 中的占比并不算太高，始终维持在 15% 以内。1963 年，日本加入了关贸总协定，由此实现了商品的贸易自由化。

日美贸易战：从冲突到合作

1971 年，美国总统尼克松宣布美元与黄金脱钩、实行浮动汇率制度，在那之后，日元也由固定汇率调整为浮动汇率。1971 年年底，日元兑美元的汇率，由 360：1 变成了 308：1。1972 年尼克松访华，中美关系破冰。1973 年第四次中东战争爆发，为了打击以色列，以及那些支持以色列的国家，阿拉伯国家主导的石油输出国组织（OPEC）宣布石油禁运，这直接导致原油价格应声跳涨，西方国家也因此而陷入经济动荡之中。

在这种历史背景下，日本经济从 1973 年开始进入了降速期。然而没用多久，日本就成了西方世界中第一个走出 70 年代经济危机的国家，这在很大程度上与该国的国家主导型经济体制有关。除此以外，日本企业的终生雇佣制和年功序列制也发挥了相当重要的作用。到 1980 年前后，"日本第一"的声音开始出现。

1980 年，日本汽车产量超过美国。从产品特点上来分析，日本汽车的油耗更低，而美国汽车的油耗则高得多。在当时，日美在汽车行业地位逆转的直接原因，是石油危机导致全球汽油价格暴涨，全世界都更加青睐燃油经济性更高的日本汽车。除汽车之外，日本的半导体产业也取得了飞速发展，并一举超越美国、成为世界上最大的 DRAM（动态随机存取存储器）生产国。即便是在个人电脑这个领域，美国的 IBM 也未能占据日本市场，日本本土的 NEC、富士通等公司拥有更多的市场份额。

1979 年，美国学者傅高义（Ezra Feivel Vogel）出版了《日本第一：对美国的启示》一书，该部作品成了传诵一时的畅销书。在 19 世纪 80 年代日本经济腾飞的同时，美国经济则呈现出了明显的衰退迹象。当时很多美国人号召"山姆大叔"向日本学习。富有的日本人出现在了全球各个知名景点，受日本企业公费委派的赴欧、赴美留学生人数大幅度增长，同时也有不少国家的人才选择前往日本留学深造。

日本逐步崛起，和美国的贸易战也逐渐升温。在 50 年代的纺织品贸易争端、70 年代的钢铁贸易战之后，日美两国在 80 年代将贸易摩擦的范围，扩大到了彩色电视机、录像机、汽车等多个领域。日美贸易战的典型流程是：美国发现日本某类产品对美出口快速增长，进而威胁到了美国本土企业的生存；随后美国要求日本做出改变；收到投诉后，日本方面配合整改，直到收到下一次投诉。甚至只要美国政府发出暗示，日本就自愿实施相应行业的出口限制。美国方面不仅限制日本商品的对美出口，甚至还要求日本方面增加进口美国商品的份额，以此作为纠正贸易失衡的解决方法。客观地说，由于没有真正意义上的主权，因此在日美贸易战中，日本长期处于被动局面。

广场协议：日本企业掀起出海浪潮

为应对贸易战，日本企业不得不选择出海。早在 1960 年，索尼就已经组建了美国分公司，并且在 1971 年成为第一家在美国上市的日本公司。1979 年，索尼推出了风靡全球的 Walkman，当时它已经是一家真正意义上的全球化公司了。但绝大多数日本企业都没有索尼这样的远见卓识，它们大多是在 19 世纪七八十年代受到贸易战的负面影响之后，才被迫选择出海。1979 年，本田在美国俄亥俄州建厂，之后日产在田纳西州落地，丰田和通用汽车共同组建的合资公司也在加利福尼亚州建立了工厂。

1985 年，为了缓解来自美国的压力，时任日本首相的中曾根康弘发出倡议，他希望每个日本公民都购买价值 100 美元的进口商品。中曾根康弘率先垂范，他去市场公开购买了一条进口领带和一瓶进口葡萄酒。此外，日本政府还在东京市中心分发传单，鼓励日本公民购买进口商品。1985 年 9 月《广场协议》的签订，成了日本企业出海的关键变量。《广场协议》签订前，日元汇率是 235 日元兑 1 美元；协议签订后日元大幅升值，到了 1986 年 7 月，日元汇率达到了 150 日元兑 1 美元，1987 年又升至 120 日元兑 1 美元。到 1995 年 4 月，日元汇率最高冲到了 79.8 日元兑 1 美元。

日元的大幅升值，给日本经济带来了几个重要影响：首先，日本商品出口的价格优势丧失殆尽，该国企业被迫把生产环节转移到海外；其次，本币升值使得日元对外投资的价值大涨，日本从"贸易立国"开始转向"投资立国"；再次，日元升值后，日本陷入了盲目乐观，该国的房地产市场和证券市场的泡沫越来越大，这为"失去的 30 年"埋下了祸根。

《广场协议》开启了日本企业的出海浪潮。到了 20 世纪 90 年代，日本经济泡沫终于破裂，当时出海甚至成了各个企业的救命稻草。数据显示，日本制造业的海外生产率，由 1993 年的 18.3% 迅速上升至了 1997 年的 31.2%。由于海外业务的开拓，日本企业的整体营业利润率有所改善，从 1993 年的 2.2% 上升到了 1997 年的 2.3%。

1989 年，日本外贸出口规模是海外现地法人（海外公司）销售规模的 1.7 倍；到了 1996 年，日本海外现地法人的销售额已经超过了国内的出口额。2016 年，日本海外现地法人销售额甚至已经达到了日本国内出口额的 1.8 倍。截止到 2021 年，日本制造业和非制造业海外子公司的销售收入占比，分别从 1992 年的 6.3%、5.8% 左右提升至了 26.3%、15% 左右。到了 2023 年年底，日本政府、企业和个人投资者所持有的海外净资产额约为 471.3 万亿日元（约合 22 万亿元人民币），比 2022 年增加 12.2%。

日本企业的出海，相当于在海外再造了一个本国体量的经济体，成果卓著。

日本企业出海可借鉴的经验

日本企业的出海经验，对于身处全球化进程中的中国企业来说，具有很大的借鉴意义。

首先，日本企业在海外的分散布局值得我们认真学习。20 世纪 80 年代末，尽管全球经济发展迅速，然而美国依然是日本企业最为重视的市场。不论是作为出口贸易的主要目的地，还是作为日本企业在海外设立分公司的首选，美国的存在，对于日本企业来说都具有无与伦比的重要性。当时，超四成日本海外企业的经营活动，都与美国市场息息相关。然而，到了 90 年代中期以后，随着中国经济的飞速崛起，日本企业对美出口的依赖程度逐渐降低；与此同时，中国的重要性不断上升。

数据显示，1997 年，日本对中国的出口额为 5.9 万亿日元，而对美国的出口额为 14.2 万亿日元。到了十年后的 2007 年，日本对中国的出口量首次超过了对美出口，换句话说，那一年中国成了日本的第一大出口市场。而在中国设立的日本法人企业的销售额也呈现出了相同的变化趋势：从 1997 年的 1.9 万亿日元，迅速增长到了 2009 年的 19 万亿日元，这个数字已经与美国市场持平。

除了中美两国之外，东盟国家一直以来也是日本企业重要的出海目的地。尽管东盟国家在日本全球布局中的排名位居中美之后，但该地区的战略重要性却丝毫不低于中美。在 1997 年时，东盟国家不仅是日本主要的出口市场，同时也是日本企业设立海外子公司进而攻城略地的重要地区。目前，日本企业在全球市场的布局，逐渐形成了中、美、东盟"三足鼎立"的局面。

与美国的"甜甜圈"式出海模式不同，日本企业采取的是"比萨型"出海模式，这一点尤其值得中国企业借鉴。所谓"甜甜圈"出海模式，指的是企业将本土的生产业务转移到海外后，本土产业链出现"空洞化"，即中间部分空缺，国内经济也因此失去了有力的支撑。美国制造业企业出海，就导致美国不少地方出现了"铁锈地带"。

"比萨型"出海模式旨在避免这种空洞化现象的出现，确保国内产业能够得到持续发展。通过这一模式，日本企业将部分生产线转移至海外，但海外生产基地仍旧依赖日本国内供应的零部件、设备和原材料。这种方式，不仅保证了国内产业链的稳定，还在一定程度上扩大了国内的生产能力。数据显示，2016年日本国内企业的出口贸易中，有69%的出口额是向其海外子公司提供的零部件、原材料和设备。

这一模式的优势在于，通过加强国内产业链与海外子公司之间的生产协作，日本企业在实现了全球化扩张的同时，还保持住了国内经济的活力。在"比萨型"经营模式下，日本国内核心产业链不仅没有空洞，反而成了最具竞争力的环节。通过这种分工和协作，日本企业在全球市场中的竞争力得到了极大的提升，而该国国内经济也从中受益匪浅。

其次，日本企业在海外市场上表现出来的稳健风格也非常值得我们学习。无论是在美国、东南亚，还是在中国，日本企业普遍都享有良好的声誉，这首先得益于日本企业严谨的管理制度和重视企业文化的传承。日本企业的员工普遍秉持和善、友好的态度，这种文化氛围，不仅帮助企业在其所在地树立了良好的形象，还赢得了市场的认可。此外，日本企业在海外市场普遍注重树立ESG（环境、社会、治理）形象，积极参与当地的社会公益活动，与当地政府和企业建立了良好的关系网络。这种深耕市场的策略，使得日本企业在海外市场能够稳步发展，并逐渐获得当地市场的信任和依赖。

最后，日本企业在出海的过程中，还非常重视商业情报的价值。日本贸易振兴机构不仅为企业提供丰富的市场情报，还建立起了庞大的数据支持系统，为日本企业尤其是中小企业的出海提供了有力的帮助。除了日本贸易振兴机构之外，日本的大型商社也在竞争情报的收集和应用方面达到了极高的水准。日本六大商社每年投入巨额预算，通过其庞大的网络体系，获取全球范围内的市场情报。这种强大的情报支持体系，甚至成了日本企业在全球化竞争中的一大优势，部分商社的情报部门，后来甚至独立发展并成了专业的咨询公司。

日本企业出海的不足

首先，日本文化整体上较为保守，企业的国际化发展更多是迫于外界压力而进行的，主动出海的企业相对较少。像索尼这样具有国际眼光、积极主动布局海外的企业，在日本并不多见。其次，日本国内的全球化人才储备不足，导致企业在全球化进程中经常面临人才短缺的问题。相比之下，美国和欧洲国家在这方面的优势更加明显，尤其是在人才流动性较高的行业，日本企业的"终身雇佣制"使得其在全球化竞争中缺乏必要的灵活性。

2016 年，日本对外直接投资总额占国内生产总值的比率为 28.4%，而同期的美国为 34.3%，德国为 39.3%，处在发展阶段的中国也达到了 24.3%。尽管日本的海外投资还有很大的增长空间，但与其他国家相比，日本企业的全球化脚步相对谨慎，甚至是略显保守。

总的来说，日本企业的出海策略值得中国企业学习。与日本出海的背景类似，中国也面临经贸摩擦，但二者之间最大的不同之处是，中国作为完全独立自主的国家，更能抵挡住美国的压力，按照自己的方式来调整策略。同时，较之保守的日本企业，中国企业在接受新鲜事物方面更加积极，在出海方面也更加主动。因此，中国企业的出海，很有可能走出一条与日本企业不同的道路。

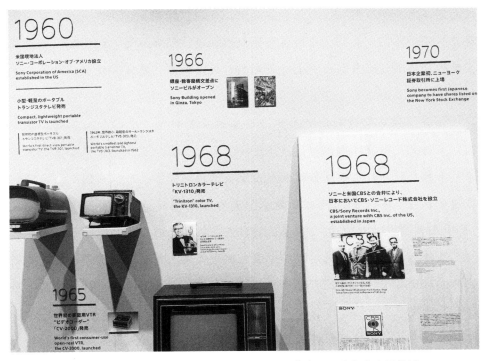

图 1-6　索尼发展历程，2023 年 6 月 27 日作者于日本东京索尼总部

拓展阅读

中日两国表面像，骨子里却不一样

中国与日本，作为东亚最重要的两个国家，经历了数千年的发展与交流，两国文化在很多方面展现出惊人的相似性，如相似的长相、建筑、文字，甚至在某些思维方式上也颇为相近。然而，正如中国人民大学历史学院研究员张宏杰在其著作《简明日本史》中所指出的，中日之间的根本性差异也非常明显，这些差异深刻影响着两国人民的行为模式和社会结构。

文化的表面相似与深层差异。从表面上看，两国人民都注重形象思维和直觉感悟，为人处世讲究含蓄，说话习惯拐弯抹角，都重视集体主义，倾向于压抑个性。然而，深入挖掘后可以发现，两国文化在许多基本观念上存在显著的不同。例如，中国自周代便确立了"同姓不婚"的传统以避免近亲结婚的危害，而日本历史上却长期盛行近亲结婚，甚至兄妹通婚成为皇室的传统。

社会结构与家族制度的差异。日本的家族制度与中国相当不同。在中国，家族文化中血缘意识极强，能生一定要自己生，收养通常不会选择无血缘关系的人。而日本则盛行收养无血缘关系的养子。此外，中国人分家时一般诸子均分，长子和其他孩子的地位没有本质差别，而日本传统家庭实行"长子继承制"，长子与其他孩子的地位差异极大。

性禁忌与死亡观念的对比。中国文化中性禁忌产生得非常早，男女之别甚严，而日本人却一直没有培养起贞操意识，长期男女混浴为社会常态。同样，中日两国对于死亡的态度也截然不同。

民族自尊与国际视角的差异。中日两国人民都有强烈的民族自尊心和自豪感，但表现形式不同。中国的文明是原生的，历史上长期较为发达，具有强大的辐射力，这种文化自信植根于深厚的历史和文化积淀中。而日本人在自尊心中融入了"强者崇拜"的元素，展现出独特的国民性。

研究中国企业出海，业内最喜欢比较的对象就是日本。基于以上的中日差异分析，我们大体预测中国企业出海很可能会走出一条不同于日本企业出海的道路。日本企业的高度集体主义使其在内部协作、精细化运营层面非常强，但同时限制了其抓住颠覆式创新机会的能力。所以，日本企业虽然在90年代后成功出海，但却没有抓住互联网的机遇。

日本是"强者崇拜"的跟随型国家，而中国历史上长期是强者心态和引领型国家，这一点中国和美国更像。和日本通过财团组织、实行终身雇佣制等方式抑制竞争相比，中国建立起了更充分的市场竞争机制。在中国企业出海的同时，中国也大力发展新质生产力，两者将相互促进。我们可以乐观地期待，中国企业此轮新出海浪潮，不仅会给自身带来"量升"，也会达成"质变"。

伴随着中国回归世界舞台中心，中国也将出现大量世界冠军级的全球化企业。

阅读书籍推荐:《简明日本史》(张宏杰著);《日本激荡三十年：平成企业1989—2019》(伊丹敬之著);《战后日本经济史》(野口悠纪雄著)。

第二章　出海世界观

01　平视世界，对中国出海企业尤为重要

平视世界｜甜蜜期｜深水区｜利玛窦｜鸦片战争｜百年羞辱史｜

仰视世界｜林则徐｜魏源｜李鸿章｜甲午战争｜富起来｜达利欧｜降

维打击｜时光机理论｜卖方市场｜买方市场｜全球化 4.0

在欧美国家留过学的中国人，大多有过这样的感受：很多欧美人从未到过中国，仅凭网络上的只言片语，或者二三十年前的过时信息，就对中国做出极度不客观的评价。我们很难理解，为何欧美国家对于中国所取得的巨大成就，总是视而不见呢？

在关注新出海方向以后，我认识了很多做出海业务的中国人。我发现，在谈论海外，尤其是谈论亚非拉国家或市场时，大多数同胞都会给出负面评价，同时还拥有一种居高临下的优越感。比方说，谈起印度、巴西、墨西哥、尼日利亚，不少国人就自然联想到这些国家的各种负面资讯，他们甚至非常抗拒前往这些国家。实际上，上述国家也在近年来取得了不错的经济发展成果，它们

的国民也会感到疑惑：为什么中国对我们所取得的成就视而不见呢？

2022 年，中国企业开启了新一轮的出海浪潮，到目前为止，依然处于早期阶段。具体来说，基于中国的供应链优势、工程师红利、数字化能力，我们的企业即便采取"简单粗暴"的打法，也会得到一段出海"甜蜜期"。但不可否认的是，在海外市场选择、落地实践、日常运营等方面，中国出海企业普遍还没有章法。2025 年，中国企业出海将进入"深水区"，我们需要在出海的各个环节做出升级。

尤为重要的一点是，我们需要去改进、完善自己看待世界的方式，尽可能地做到平视世界。我在本科、硕士阶段的专业都是国际关系，随后又赴美读 MBA。作为一个出海从业者，我先后前往数十个国家进行实地考察。我必须先承认，我也有很多不自觉的偏见。可以肯定的是，当我们谈论平视世界的重要性时，我们并未做到这一点。

"溥天之下，莫非王土；率土之滨，莫非王臣"，出自《诗经·小雅》的这句话，充分体现了中国周朝时的天下观、世界观，并且给后世带来了极为深远的影响。如果我们将公元前 138 年张骞出使西域，当成是中国了解西方国家的重要起始年份的话，那么一直到鸦片战争爆发的 1840 年，在这中间的约 2000 年的漫长岁月中，中国整体上始终处于俯视世界的阶段，历朝历代无不以天朝上国、世界中心自居，仅仅通过朝贡制度与外部世界打交道。

有这样一个典型案例：明末清初，葡萄牙人利玛窦来到中国，他所著的《坤舆万国全图》遭到了中国士大夫的攻击与嘲笑。士大夫们认为，中国在地图上所占比例太小，位置又不在正中间，这怎么可能是正确的世界地图呢？为了安全和传教，利玛窦按照中国人的习惯修改地图，他抹去了位于福岛（今加纳利群岛）的子午线，在地图两边各留一道边，恰好使中国出现在正中央。随后抵达中国的传教士，都从利玛窦那里汲取了教训，当他们为大清康熙皇帝做参谋、画地图的时候，中国始终处于世界的中心。

直到 1840 年鸦片战争爆发，中国进入了"百年羞辱史"，部分有识之士才开始"睁开眼睛看世界"，其中的典型代表人物是林则徐和魏源。林则徐把在广州禁烟期间整理的《四洲志》托付给了魏源，后者增补了大量资料后，以《海国图志》的书名出版，该书提出了"师夷长技以制夷"的主张。鸦片战争之后，中国人开始仰视西方。

以奕䜣、李鸿章为代表的清朝洋务派，一度基于"中学为体、西学为用"取得了一定成绩，但天朝上国的心态，在 1894—1895 年的中日甲午战争中被彻底击碎。1896 年，李鸿章访问了欧美八国，其中在美国访问期间，纽约的高楼大厦和机器设备让他感到震惊。李鸿章深切地感受到了清王朝已经落后于世界几个时代、再难挽救，回国后，他干脆对在欧美的所见所闻避而不谈。

20 世纪的中国先是错过了第二次工业革命，尔后又没赶上第三次工业革命。直到 1978 年改革开放以后，中国才走上了快速发展的道路。李鸿章访问欧美八国 100 年后的 1996 年，一部名为《中国可以说不》的著作横空出世，它点燃了被压抑许久的民族情绪。该书非常热销，号称正版书就卖出了 300 万册。但 1996 年时，中国的 GDP 只有美国的 1/10，"说不"谈何容易。2009 年，另外一本名为《中国不高兴》的书籍同样引发了全国上下的热议，当时中国 GDP 已经是美国的 1/3，排名世界第三。尽管如此，类似的声音依然不是主流，中国和美国的差距依旧巨大。

改革开放后，中国长期向西方学习，绝大多数国人在成长过程中，都受到了各种欧美品牌和文化的影响和冲击，心理上普遍很难平视美国。所以我们看到，1987 年，肯德基在中国的第一家门店在北京前门火爆开业；1994 年，好莱坞第一部被引进中国的电影《亡命天涯》在中国一票难求；1999 年，星巴克第一家门店在北京国贸开业后，国贸很快成了地标……

其实，美国同样有过类似的经历。1894 年，美国的 GDP 总量就已经超过英国，"山姆大叔"当时就已经成了世界第一。但是直到1945年，绝大多数美国人方才真正在内心认为，自己的国家已经超过了英国。按平价购买力来计算，中国的GDP总量在2014年就已经首次超过美国；如果参考美国当年超过英国的情况，我们很可能也需要一段时间，才能在心理层面上做到平视美国。

美国桥水基金的创始人达利欧曾这样对比中美两国：中国的实力已经足够强大了，但是该国民众尚未形成大国心态；而美国实力在衰落，但民众心态还停留在超级大国的虚妄当中。平视世界很难，当下中国处在一个微妙的过渡期，有一部分人过于高估美国、低估中国，也有一部分人过于高估中国、低估美国。能够客观地看到中国和美国的差距，同时也能意识到中国优势之所在的群体，目前仍是少数。当然，总的来说，对美国"祛魅"的中国精英已经越来越多，过去几年，一部分盲目乐观分子也变得更加理性。

在中国企业纷纷出海的时代背景之下，俯视亚非拉国家要比仰视美国带来的危害更大。如前文所述，中国古代曾长期抱有俯视整个世界的心态。随着中国国力越来越强，如果不加以警惕，我们会很容易回到过去的传统。

明清两朝，中国逐步走上了闭关锁国的政策。当时的统治者之所以会做出这样的选择，沿海不靖确实是一个重要的原因，明清两朝都希望通过海禁来彻底解决这个问题。更加重要的原因是，当时的统治者认为除中国之外皆"蛮夷"，天朝上国与外界接触的意义不大。统治者带着俯视的心态看待世界，整个国家错过历史发展的重大机遇，也就不难理解了。

对于现如今的中国企业来说，俯视亚非拉国家很容易让我们在经济利益上受损。遥想当年，在中国改革开放以后，很多欧美企业都瞧不起中国市场，它们也都因此而付出了巨大的代价。即便是有些进入中国的欧美品牌，由于未能深入理解中国甚至在广告中冒犯中国，因而受到了中国市场的惩罚。2003年，日本丰田公司曾打出石狮子向丰田霸道致敬的广告，这让中国消费者联想到 1937 年的卢沟桥事变，当时丰田在国内的口碑暴跌。此外，杜嘉班纳曾打出一个亚裔女性用筷子吃比萨的广告，疑似影射亚洲女性缺乏常识。无论是丰田还是杜嘉班纳，都为它们的傲慢付出了代价。

处在新出海起步阶段的中国公司，对于海外的偏见，大概率与当年欧美日的同行一致。带着俯视的心态，认为中国企业出海是"降维打击"，公开抱怨海外国家员工的职业素养差……目前，这类声音不小。带着这样的心态，当我们的企业在亚非拉国家做生意或者考察时，普遍不太愿意和当地人接触，也不会去积极主动地学习当地文化。这么做，自然很难获得当地人的好感和尊重。

要平视世界，首先是要多出去看看世界。2024 年 7 月底至 8 月初，我在伊朗、孟加拉国考察时，正好碰到哈马斯领导人在伊朗被炸身亡、孟加拉国总理被赶下台。我收到很多朋友的问候，看到各种自媒体解读这两个国家时充满负面情绪。但是，我自己身在德黑兰、达卡的大街小巷，亲身感受到的，是这两个国家的民众非常温和，并且向往和平。

我个人经常提醒自己，对于多数人觉得非常完美的国家，需要把重点放在对其"祛魅"上；对于多数人觉得不好的国家，要把重点放在发现其美好的一面上。我们要善用两分法，任何国家都有好的一面，也都有不足的一面。比如，在谈及自由贸易时，我们需要知道，英国、美国在成为世界上最强大的国家之前，是保护主义程度最高的国家之一。又比如，在谈及中国悠久的历史时，我们需要知道，世界上有一些地区与中国同样历史悠久甚至更加悠久。中华文明只是人类文明的一部分，当我们希望别人理解中华文明的同时，我们也应该去理解别人的文明。平视世界要不卑不亢，尤其要重视"不亢"；平视世界是求同存异，要更加重视"求同"。

虽然我们应该平视世界，但是客观地说，我们不可能每个国家都去走一遍，因此"时光机理论"是一个不错的补充视角。"时光机理论"不仅是一种理解世界的视角，也可以根据不同国家或不同行业之间发展的先后，利用先发国家或行业的发展经验，开发后发国家的市场机会。在我上一本书《新出海浪潮》里，我曾经简单地提过，之前中国的科技互联网行业借鉴美国的经验，出现了百度、京东、滴滴等成功的公司。

"时光机理论"有局限性，不能教条式地去使用。但是随着走访的海外国家越来越多，我发现"时光机理论"为我们看待外部世界和市场机会提供了一个不错的框架。毕竟，我们对发生在中国的事情更加清楚，审视过去几十年中国的发展历程，以及外国企业、外国人出海到中国的经历，可以为我们提供有益的参考。

在 1978 年改革开放之前，中国非常封闭，民众的消费能力很弱。我们回忆一下历史就可以知道，当年在中国有"四大件"的说法，指的是收音机、自行车、手表和缝纫机，它们是当时非常受人民群众欢迎的四种商品，甚至成了年轻男女结婚的前置条件。目前，一些亚非拉国家的发展阶段，与中国改革开放前非常类似，这些国家是不是也有属于它们的"四大件"？

进入 20 世纪 80 年代以后，"八大件"成了"四大件"的"接班人"。"八大件"指的是彩电、冰箱、高保真音响、照相机、摩托车、电风扇、洗衣机以及套装家具，这些商品成了中国老百姓的新追求。到了 90 年代中期，中国一些地方的农村家庭，至少拥有"八大件"中的五至六件。用现在的话来说，"八大件"是一次典型的消费升级。目前，经济发展水平与 20 世纪 90 年代的中国相仿的国家有不少。所以我们看到中国的家电、家具公司，这几年靠海外市场实现了不错的业绩增长。

20 世纪末至本世纪初，中国进入了房地产时代，钢铁、水泥、机械设备、家装、家电、家具等行业飞速发展。除了房地产，互联网行业也是国内的一个风口，从门户网站到游戏、社交平台，再到移动支付和电子商务……互联网的变现方式层出不穷。以电子商务为例，我们先后出现了 B2B、C2C、

B2C 等电商模式，书籍、3C 数码、化妆品、家电甚至是家具都可以在网上购买，总体上来看，遵循了"从标准化到不标准""从低客单价到高客单价""从实物商品到服务"的发展规律。目前，东南亚的印度尼西亚、南亚的印度、中亚的乌兹别克斯坦、非洲的肯尼亚等国家，房地产、电商也进入了快速发展阶段。

在 2008 年前，中国整体上处于"卖方市场"阶段、各类商品供不应求。很多人都有这样的印象，20 世纪 90 年代的中国整体上还很穷，当时家用汽车是绝对的奢侈品，价格高得离谱。但当时想要买到一辆汽车可不是一件容易的事情，除了准备好足够的购车款，还要托人找关系才能提车。当时很多东西都稀缺，因此排队甚至额外加价是常有的事情。2008 年后，中国开始进入到了"买方市场"阶段，能够得到消费者青睐的商品，才能卖得出去。也是在同一年，中国的网购总额突破 1000 亿元，进入爆发式增长阶段。

全球范围内，目前还有很多国家处于"卖方市场"阶段，各类商品都供不应求。当然，这些国家中的相当一部分人口较少、经济增长率不高，因而商业机会远没有 2008 年前的中国那么诱人。但是，如果只是追求做一个赚钱的生意，那么亚非拉还是有很多国家具备"卖方市场"的机会的。至于网络购物，在全球范围内，想要找到一个像中国这样同时满足供应链、人口规模、经济增速、网络基础设施等条件的国家，几乎不太可能，因此，海外各国的商业机会，普遍是以线下为主。

21 世纪的第二个十年，中国商业领域最大的变化是国产品牌的大量崛起，并且伴随互联网和移动互联网的发展而产生溢出效应。在互联网、新能源汽车、智能硬件、日用消费品等赛道上，都出现了一大批知名的国产品牌。这十年，是供给侧改革期叠加消费升级的十年，在各种积极因素的合力推动下，中国的民族自信心在 2018 年前后达到了一个全新的高度。现在看来，类似于印度尼西亚、印度这样的国家，它们的发展阶段类似于中国 2007

年之后的情形，这些国家的民族自信心也开始提升。

　　今天中国企业出海，经常吐槽海外员工的各类问题。透过"时光机"，我们也知道：20世纪90年代外资企业抢滩中国时，也曾经吐槽中国的工人职业素养不高。当时，中国大陆缺乏合格的管理者，所以各大外资企业从中国香港、中国台湾或新加坡雇佣管理人才到中国大陆。今天的中国是世界上最安全的国家之一，但是如果回到2000年左右，深圳、东莞、广州等城市，也像今天海外一些城市那样让人觉得混乱不堪。仓廪实而知礼节，很多发展中国家的各种问题背后，最根本的原因还是经济落后。实际上，虽然很多亚非拉国家的经济发展程度不高，但对应的社会稳定性其实并不算差。

　　当然，平视世界不只是对国家的平等看待，还包括对市场、对消费者、对员工的尊重。在全球化4.0时代，企业不仅仅是将国内产品销售到国外，

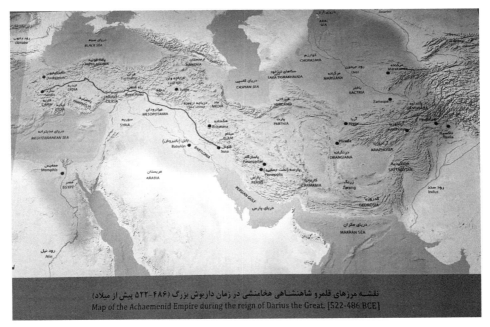

图2-1　波斯帝国大流士大帝时的领土，2024年7月29日作者拍摄于德黑兰伊朗国家博物馆

也要参与到全球创新、全球生产和全球资源共享之中。更加重要的是，中国企业不仅需要商品和资本的输出，也需要思维和文化的输出，而这一切的根基在于对外部世界的客观理解。平视世界，对中国出海企业尤为重要。

拓展阅读

国家兴衰与民众心理周期变化

桥水基金的创始人达利欧在其畅销书《原则：应对变化中的世界秩序》中提到多代人心理周期的话题。他认为由于经历不同，每代人都有不同的想法、不同的决策方式，从而影响他们和后代的命运。在国家兴衰的不同阶段，民众会经历几个心理周期。

第一阶段是民众和他们的国家都很贫困，他们也认为自己贫困。在这个阶段，大多数人的收入水平很低，只能勉强糊口。他们很看重钱，所以不乱花钱。没有人愿意贷款给他们，所以他们没有债务。在这个阶段，国家的发展速度取决于民众的文化水平和能力，处在这个阶段的国家称为"早期新兴国家"。在那些取得进步的国家，人们通常努力工作，逐步攒下比生存所需更多的钱，他们因担心将来没有足够的钱而做好储蓄。

第二阶段是民众和他们的国家都富裕了，但他们仍然认为自己贫困。在成长过程中没有财务安全感的人们通常在财务方面仍然小心谨慎。在这个阶段，人们仍然努力工作，国家出口大量商品，实行固定汇率，人们大量储蓄，并有效地投资于房地产、黄金、本国银行存款等实物资产，以及储备一定的债券。这个阶段出现现代化的新城市、高储蓄率、迅速增长的收入，通常还有不断增加的外汇储备，处在这个阶段的国家称为"后期新兴国家"。

第三阶段是民众和他们的国家都富有，他们也认为自己富有。在这个阶段，人们的收入很高，所以劳动力变得更昂贵。人们从强调努力工作和储蓄以免受困难时期的影响，转为享受生活中更精美的东西。新一代人没有经历过困难时期，他们的人口占比不断加大，从而强化了主流心理的这些变化。这个阶段的国家，在全球获取市场机会和自然资源，处在这个阶段的国家称为"健康高峰国家"。

第四阶段是民众和他们的国家变贫困了，但他们仍然认为自己富有。在这个阶段，债务相对于收入上升。因为经历过前两个阶段的人占比较小，而那些有影响力的人则习惯于优越的生活，不担心钱不够。尽管资产负债表开始恶化，但他们继续大量消费，仍然显得富有。在这个阶段，城市和基础设施变得陈旧和低效。国家越来越依赖自己的声誉（而不是竞争力）来为赤字融资，处在这个阶段的国家称为"早期衰落国家"。

第五阶段是民众和他们的国家都贫困，他们也认为自己贫困。这时人们充分意识到现实的窘境。处在这个阶段的国家越来越需要与处于早期发展阶段的低成本国家展开竞争。随着经济和金融趋势的延伸，这个阶段的国家在世界上的影响力进一步下降，处在这个阶段的国家称为"明显衰落国家"。

2021年年底该书出版时，达利欧认为中国正在进入第三阶段的过程中。美国又处在哪个阶段？达利欧认为已经到了第四阶段。

阅读书籍推荐:《原则：应对变化中的世界秩序》（达利欧著）;《李光耀观天下》（李光耀著）。

02　寻找风靡世界的全球化商品

古三样 | 丝绸 | 瓷器 | 茶叶 | 超级三样 | 香料 | 糖 | 咖啡 | 工业
革命 | 棉纺织品 | 汽车 | 手机 | 稀缺性 | 社交属性 | 刚需 | 成瘾 | 头
部国家引领

过去两年，我曾经先后走访了 40 多个国家和地区，专门考察了中国品
牌如大疆、华为、小米、比亚迪、霸王茶姬、蜜雪冰城、名创优品等在全球
市场上的表现，它们所取得的成绩给我留下了极为深刻的印象。中国品牌在
国际市场上的成功，背后的原因值得深思：为何它们能在国际市场上迅速崭
露头角？是什么原因使某些品类和中国品牌能够率先在海外打开局面？除了
管理团队、全球化战略和运营策略，是否还有其他因素在发挥作用？

2001 年年底中国"入世"后，产自中国的商品行销全世界，从"老三
样"到"新三样"层出不穷。在世界 500 强企业名单中，中国企业的数量已
经超越美国，但在"世界品牌 500 强"的榜单上，中国品牌数量仍远远落后
于美国，大体上与法国、日本处于同一层次。那么，畅销世界的"全球化商
品"与享誉全球的"世界级品牌"之间到底有什么关系？在未来，我们可
以期待哪些行业诞生更多来自中国的世界级品牌？我们可以从历史中寻找
线索。

中国的"古三样"畅销世界

在古代，中国出口最多且在海外影响力最大的商品是丝绸、瓷器和茶
叶，它们可以被称为"古三样"。这几类商品，不仅在历史上推动了中国的
对外贸易，也深深影响了东西方的文化交流。

　　丝绸是中国最早的全球化商品。早在公元前 1 世纪，古罗马的凯撒大帝就曾经穿着中国丝袍出现在剧院，当时他光彩照人，引起了全场的惊羡。丝绸一夜之间风靡罗马，成了贵族之间比价黄金的奢侈品。实际上，在丝绸传入罗马之前，中亚和中东地区的上流社会已经接触到了这种来自中国的奢侈品。当时虽然没有"丝绸之路"这个概念，然而连接中国与西方的那条商路，成了古代东西方之间经济和文化交流的代名词，各国商人穿越千万里运送丝绸、瓷器和其他各类商品，带动了长达几个世纪的全球贸易。

　　当时在罗马，每磅丝绸的价格最高的时候约合十二两黄金，随后其价格逐渐下降，并最终进入了平民市场，普及于全社会的各阶层。随着丝绸需求的增加，养蚕制丝的技术也成了中国的"核心科技"，并且被严密保密。在公元 6 世纪，于阗（和田）向中原王室求亲，嫁过去的公主把养蚕技术带到了西域，之后又辗转传到了中亚和中东地区，从而打破了中国对丝绸生产的垄断。到了 10 世纪，中亚的梅尔夫一度取代了中国，成了向西方供应丝绸的主要出口地。

　　在丝绸之后，瓷器逐渐成了中国对外贸易的主力商品。瓷器质脆、易碎，主要通过海上运输进行贸易。8 世纪以后，陆上丝绸之路受战乱和地理阻隔的影响逐渐式微，中国的出口贸易开始转向海路，并且开辟了"海上丝绸之路"。尽管名称中有"丝绸"二字，但中国通过海上输出的主要商品实际上是瓷器。

　　到宋元时期，景德镇的外销瓷器经过水路运送到广州、宁波、泉州和漳州，再从这些港口出口到全球。意大利探险家马可·波罗曾经在自己的游记中写道："元朝瓷器远销全世界。"有这样一种说法，西方之所以将中国称为"China"，便是因为瓷器（china）在全世界的广泛传播。这样看来，在宋元时期，"海上丝绸之路"也可以称为"海上陶瓷之路"。

　　在瓷器传播过程中，阿拉伯商人起到了重要的中介作用。唐宋元时期的广州、泉州和扬州等地，聚集了大量阿拉伯商人。在非洲东岸的坦桑尼亚、西亚叙利亚的哈马城、中亚的巴米扬、印尼东爪哇与苏门答腊等地，也都发现了中国瓷器，这些地区都曾经是阿拉伯商人的聚集地。中国瓷器因光滑的质感和精美的图案，成为欧洲市场的抢手货。

中国茶叶也对世界贸易产生了巨大影响。17世纪中叶，英国开始从中国进口茶叶，茶叶在英国逐渐成为贵族阶层的饮品，甚至得到了凯瑟琳王后的青睐。18世纪初，东印度公司便垄断了中国茶叶的对外销售，并且成功地在英国掀起了一股饮茶风尚。随着英国在全球建立殖民地，茶文化也逐渐传播到各个大洲。

茶业的流行，使欧洲各国每年流出大量的白银，尤其是英国，对华存在巨大的贸易逆差。为了扭转这一局面，英国一方面在印度种植鸦片输往中国，另一方面从中国偷盗茶树，吸引中国茶农前往印度、斯里兰卡等英属殖民地种植茶叶。英国对从中国进口的茶叶征收高额关税，而对印度产茶叶免关税，这使印度茶迅速占领了英国市场。在技术层面，英国人在1872年和1877年先后发明了揉茶机和焙炒机，这两项发明也给整个行业带来了巨大的改变。经过数十年的发展，印度茶逐渐取代了中国茶，占据了全球市场。至19世纪末，印度茶叶出口数量全面超越中国，成了世界上茶叶的主要供应地。

全球"超级三样"：香料、糖与咖啡

除了中国的"古三样"，在全球范围内具有广泛影响的商品还包括香料、糖和咖啡，这是世界的"超级三样"。这些商品在推动世界贸易、经济发展以及文化交流方面，均发挥出了极为重要的作用。

香料在古代就具有极高的经济价值，具体品种包括来自阿拉伯地区的乳香、没药以及印度、印尼等地的肉桂、胡椒、丁香、豆蔻等。与丝绸、瓷器不同，香料主要用于饮食和防腐，它是西方饮食文化的重要组成部分。早期的"香料之路"贯穿亚洲至欧洲，阿拉伯商人在香料贸易中扮演了核心角色。

15 世纪末，葡萄牙和西班牙开启了大航海时代，当时"伊比利亚双雄"的主要目的，就是寻找新的香料产地，以打破阿拉伯人对这种商品的垄断。香料贸易带动了全球范围的物资流通和文化交流，它是名副其实的"全球商品"。

大航海时代开启后，辣椒这种原产于美洲的香料，于明朝万历年间传入中国。最开始，中国人将辣椒作为观赏花卉，后来才逐渐用在饮食中，并且在湖南、贵州、四川等地流行开来。时至今日，川菜、湘菜在中国越来越受欢迎，也是中餐出海的主力之一。

2013 年，中国政府基于古代"丝绸之路"提出了"一带一路"倡议之后，印度也在 2023 年基于"香料之路"的历史提出了"印度 – 中东 – 欧洲经济走廊"。丝绸和香料，这两种古代东西方贸易中的重要商品，在今天被赋予了另外的特殊意义。

糖同样具有全球影响力，甘蔗是世界糖业的主要原材料。甘蔗种植最早在新几内亚和印度尼西亚等地兴起，后传至中国和印度。阿拉伯人将甘蔗带到了北非和欧洲，再由西班牙、葡萄牙殖民者引入美洲，他们推动了世界糖业的发展。

17 世纪以后，伴随着美洲甘蔗种植园的兴起，糖成为世界范围内的必需品。全球糖业网络逐渐形成，欧洲的需求刺激了美洲的种植园经济。糖的普及不仅丰富了饮食，还对全球经济产生了深远影响。中国人喝得最多的茶是绿茶，英国人更喜欢喝红茶；而喝红茶时，一般都会加糖平衡茶的苦味。英国人把喝茶习惯带到全球，茶＋糖成了标配。

可可原产于美洲热带地区，玛雅人与阿兹特克人将磨碎的可可豆和各种香料混在一起制成巧克力，这是当地权贵阶级享用的食品。到了 19 世纪，巧克力逐渐走向了平民大众。19 世纪 70 年代，非洲开始种植可可树，西非逐渐取代拉丁美洲，成为 20 世纪全球最重要的可可生产中心。再到后来，可可不仅变成了儿童的早餐饮料，巧克力糖也成为中产阶级用来表达情意的礼物。世界知名巧克力品牌瑞士莲成立于 1845 年，世界上最著名的"糖水饮料"品牌可口可乐则成立于 1886 年。值得一提的是，可口可乐的主要成分除了糖之外，还有咖啡因。

咖啡是全球化程度最高的饮品，它发源于埃塞俄比亚高地。早在 15 世纪，咖啡便已经在阿拉伯世界流行开来，至于其风行欧洲，那已经是 17 世纪后半叶的事情了，当时咖啡馆逐渐成为思想交流和文化活动的中心场所，它在一定程度上也推动了社会的发展和文化的传播。欧洲咖啡消耗量在 18 世纪大幅增长，从 900 余吨增加到了将近 5.5 万吨。

西方殖民者把咖啡引入不同地区种植，时至今日，美洲是全世界最主要的咖啡生产地，非洲撒哈拉沙漠以外的地区、南亚、东南亚，以及科纳咖啡（Kona Coffee）的原产地夏威夷，也都是咖啡的重要产区。在全世界范围内，咖啡之所以比茶更受欢迎，其核心原因是每毫克咖啡的成本低于其他含咖啡因饮料，而这是建立在咖啡在全球广泛种植的基础上的。现如今，咖啡已经不仅仅是一种饮品，它更代表了一种全球化的生活方式。

现代全球化商品：棉纺织品、汽车与手机

近现代的几次工业革命，使得棉纺织品、汽车和手机先后成为全球化的商品，它们既是科技进步的产物，也是全球化浪潮中的重要推动力。

棉纺织品的普及始于英国工业革命。蒸汽机的应用，使纺纱、织布效率大幅提高，英国凭借技术优势占领了全球棉纺织市场。1800—1860 年，棉产品占英国出口总额的 40%~50%。1860 年左右，棉产品占全球所有商品出

口价值的近 60%。19 世纪，英国人建立了世界上第一个真正意义上的全球经济体，而棉花和棉纺织品在其中发挥出了极为关键的作用。

英国之后，几乎所有国家的工业化，都是从纺织行业起步的。美国独立后发展工业化，最初的举措就是吸引英国纺织工匠赴美建厂。举例来说，从英国去美国开纺织厂的塞缪尔·斯莱特，后来就被称为"美国制造业之父"。日本明治维新，最初也是发展纺织业，到第二次世界大战前，纺织品出口已经成为该国出口规模最大的产品。

中国改革开放后，在珠三角一带最常见的工厂就是服装厂。到现在，越南、孟加拉国、埃塞俄比亚等国家，也正在享受纺织业带给它们的巨大好处。Zara、H&M、优衣库、无印良品、SHEIN……一批又一批服饰品牌或平台崛起，"衣食住行"中的"衣"，是绝对意义上的刚需。

汽车是"衣食住行"中"行"的代表，它也成为继棉纺织品之后，最为重要的全球化工业品之一。19 世纪末至 20 世纪初，汽车产业逐步崛起，德国和美国成为两个汽车生产的核心国家。美国的福特公司通过流水线生产，大幅度降低了汽车的制造成本，使其从奢侈品逐渐转变为普通消费者可以负担的交通工具。20 世纪 20 年代，美国成为"车轮上的国家"，汽车的快速普及彻底改变了人们的生活方式。

美国有福特，德国有卡尔·本茨和戈特利布·戴姆勒。在卡尔·本茨的努力下，1886 年，世界上第一台汽车正式诞生；同一年，戴姆勒把这种发动机安装在了马车上，制造出了第一辆戴姆勒汽车。到第一次世界大战前，德国汽车工业已基本形成了一个独立的工业部门，汽车相关产业工人有 5 万多人，年产量达 2 万辆，这个数字仅次于美国。1926 年 6 月，戴姆勒公司和奔驰公司合并，成立了在世界汽车史上举足轻重的戴姆勒—奔驰公司（Daimler — Benz）。

日本汽车产业萌芽自 20 世纪初，该国最开始的发展思路就是引进和模仿。第二次世界大战以后，日本的丰田、本田等汽车公司不断模仿和改进最先进的造车技术，并且取得了长足的进步。1973年的第一次石油危机之后，以燃油经济性著称的日本汽车在国际市场上大放异彩，日本也在80年代超过美国，成为全球最大的汽车生产国。

1984年，德国大众汽车成为第一家在中国投资建厂的外资汽车企业。2009年，中国汽车产量超过1000万辆，跃居世界第一；到了2023年，这个数字突破了3000万辆。值得一提的是，2024年，中国的新能源汽车产销量约为1300万辆，占全球总量的六成以上。

中国的新能源汽车产能，已经不仅能够满足国内的需求，还能大量出口到欧洲和东南亚等地区。汽车作为一种集多项工业技术于一体的复杂商品，推动了全球的供应链整合，使全球范围内的零部件制造和组装实现了协同合作。

毫无疑问，进入21世纪以后，手机是最具代表性的全球化商品之一。1973年，摩托罗拉发明了世界上第一台商用手机，奠定了移动通信设备的基础。20世纪90年代，诺基亚在GSM时代成为全球最大的手机制造商。

2000年后，三星以令人眼花缭乱的速度，不断向市场推出各种手机新产品，到了2007年，这家韩国企业在手机领域的全球市场份额，已经跻身到了第二位，成为最著名的手机品牌之一。2007年1月9日，在旧金山市中心的Mac World大会上，乔布斯发布了第一代iPhone，他所在的公司，也由之前的"苹果电脑公司"更名为"苹果公司"。苹果手机引领了手机行业的变革，也开启了全球移动互联的新时代。

中国的手机产业始自于深圳的华强北。20世纪90年代末，华强北的手机产业，从之前的倒卖、翻新，进入了仿造的阶段。那段时间，科健、波导、熊猫、夏新等一批手机生产企业应运而生。2010年，苹果划时代的手机产品iPhone 4上市当年，中国山寨手机出货量约2.3亿部，同期竟有1.5亿部山寨手机出口到海外。

也是在 2010 年，小米手机成立，在智能手机时代，中国开始走上了正确的道路。小米、华为、OPPO、vivo、传音等手机品牌先后崛起，截止到 2024 年，它们都已经成了全球手机市场上的重要参与者。不少发展中国家，直接从 PC 互联网时代跨越到移动互联网时代，来自于中国的手机产品是最重要的推动力。

全球每年手机销量超 10 亿台，保有量超过 50 亿台；手机是全球覆盖人数最多的电子消费品，是名副其实的全球化商品。从零部件数量角度看，手机远不及汽车；但手机作为互联网、移动互联网的载体，成了新全球化时代最重要的产品。

什么样的商品具有全球化属性？

通过梳理以上商品的全球化历程，我们可以总结出具有全球化属性的商品的几个关键因素。

稀缺性：在全球化初期，商品的稀缺性是其能否最终实现全球化的重要因素之一。例如，早期的丝绸和香料，由于技术和产地的限制，这些商品在全球范围内需求旺盛，形成了独特的贸易价值。稀缺性吸引了贸易商穿越崇山峻岭和茫茫大海，将这些商品带到遥远的市场。

社交属性：具有社交属性的商品，往往更加容易实现全球化，这些商品不仅满足人们的日常需求，还是某种社会地位和身份的象征。例如，中国的瓷器和欧洲的香料，在特定历史时期都被视为上层社会的奢侈品，因而获得了广泛关注。汽车、手机更是如此，它们不仅是生活消费品，更逐渐发展为社交场合的必要元素，带有明显的社交属性。

刚需属性：全球化商品通常具有广泛的刚需属性，这意味着它们能够跨越种族、跨越文化、跨越收入水平。棉纺织品就是一个很好的例子，它作为一种基础的穿戴材料，无论在欧洲、亚洲还是非洲，都被广泛接受。汽车也同样具有刚需属性，随着交通需求的增长，全球市场对汽车的需求持续增加。这样的商品在进入市场后，能够迅速得到各类人群的认可，从而推动了其全球化的进程。

成瘾性与消费习惯：某些商品，会因其具有成瘾性或特定的消费习惯，而具有持久的全球化潜力。咖啡、茶叶和糖等商品在全球广受欢迎，不仅因为它们的口味，也因为其成瘾性和既有的饮食文化。成瘾性的特质，让消费者持续需要这一类商品，这无疑能够推动相关产品的全球消费增长。例如，茶叶在英国迅速普及，咖啡馆在欧洲的风靡，都推动了这些商品的全球化。

头部国家的引领作用：发达国家和经济大国对某种商品的接受程度，通常都会影响到该商品的全球化进程。当某种商品在这些"头部"市场中获得成功后，其他国家大概率会跟风。例如，作为世界上最早的"汽车国家"，美国将其汽车文化传播到了全球各地，引领了全球的汽车消费潮流。类似的，智能手机最初在欧美市场崛起，继而影响全球，带动了世界各国的手机消费。

总而言之，全球化商品的出现，是多重因素叠加作用的共同结果。历史上，中国的丝绸、瓷器和茶叶等商品，以稀缺性和文化价值获得了全球化的机遇。而到了现代，汽车、手机等工业产品，则因刚需、功能性和技术价值被全球接受。

随着全球市场的进一步开放以及供应链的日趋成熟，未来的全球化商品将更加注重技术创新、文化融合和本地化适应。我们有责任推动中国品牌在国际市场上进一步走向高端和品牌化的成功之路。回到最开始的问题，你觉得大疆、华为、比亚迪、小米、蜜雪冰城、霸王茶姬、名创优品、茅台，谁更有机会成为世界级品牌？

咖啡在中国流行起来的出海启示

历史记载，鸦片战争前的 1836 年，丹麦人在当时中国唯一的通商口岸广州开出了大陆第一家咖啡馆，这家咖啡馆只服务"洋人"。中国是饮茶大国，当时每年向欧洲出口大量茶叶。半个世纪后，成为新通商口岸的上海出现了一家虹口咖啡馆，向航海人员供应咖啡和啤酒。但直到 1920 年后，咖啡在上海才流行起来，当时的消费者是受欧美影响的归国人士、文艺人士和长居上海的"洋人"。

1949 年后，咖啡生意在中国进入了低谷期。直到 20 世纪 80 年代后，咖啡才重新进入中国消费者的视野。1988 年，雀巢公司在中国云南投资了速溶咖啡厂、后又在东莞设厂，很多中国消费者第一次接触的咖啡就是雀巢速溶咖啡。雀巢通过大量电视广告、车厢广告等"教育"中国消费者，为咖啡这种饮料在中国普及做出了贡献。

1997 年，上岛咖啡在海口开出第一家门店；同年，雕刻时光咖啡在北京开出第一家门店。但整个 90 年代，无论是雀巢速溶咖啡还是线下咖啡门店，都只有极少的中国消费者。转折点出现在 1999 年，当年星巴克在北京开出了中国大陆第一家门店。

和现在星巴克在中国广为流行不同，1999 年时星巴克并不自信，对中国这个喝茶的国度能否热爱上咖啡持保守态度，所以星巴克在中国大陆的第一家门店采取了授权模式而非持股方式。进入上海市场时，星巴克与台湾的统一公司成立合资公司；进入华南市场时，星巴克与美心食品成立合资公司。而在合资公司里面，星巴克占股不多。

当时中国即将"入世"，对于引进欧美电影、电视剧持越来越开放的态度；尤其是当时风靡全球的美剧《老友记》（又名《六人行》），在中国年轻一代中产生了广泛影响，剧中的一个主场景就是 Central Park 咖啡馆，让中国观众印象深刻。欧美电影、电视剧大量被中国人接触，喝咖啡成为现代生活方式的象征。

星巴克的创始人霍华德·舒尔茨都没料到星巴克在中国的受追捧程度，2002 年星巴克上海的收入就超过 1 亿元。在北京、上海等城市，喝星巴克成了中国日益崛起的中产阶级的生活方式。2003 年，星巴克花大价钱增加对合资公司的持股，由原先的 5% 提升至 50%。2006 年，星巴克才在青岛开出了大陆第一家独资直营店。星巴克取得巨大成功后，Costa Coffee、太平洋咖啡等连锁咖啡店也大量出现，中国咖啡市场在 21 世纪第一个 10 年进入了爆发式增长。

2014 年后中国进入移动互联网时代后，生活服务 O2O 爆发，连咖啡、瑞幸咖啡等品牌快速兴起，也出现了很多类似 Manner 咖啡一样的平价精品咖啡品牌。各个玩家通过大幅降低价格，使咖啡消费者群体大幅扩展。类似咖啡这样的精神刺激饮品一旦商家积极促销、降低价格，就会深受大众欢迎，如果这些人养成了依赖的习惯，这类商品就更所向披靡了。

到 2021 年时，上海有超过 6000 家咖啡馆，成为全球咖啡馆最多的城市。2024 年，中国咖啡产业市场规模超过 3000 亿元。中国的咖啡品牌也开始大规模出海到其他国家。

咖啡作为"舶来品"，能在中国打开局面，和龙头企业坚持不懈"教育"用户，以及咖啡价格大幅下降有关。更重要的原因是，喝咖啡通过欧美电影、电视剧被描绘为一种新的生活方式。对于其他品类的中国出海企业来说，除突出商品的物理属性外，更要在构建故事和生活方式上下功夫，这样才能突破品类限制。

比如，中国新式茶饮企业出海，相比打价格战，更要去塑造喝新式茶饮是一种全新的生活方式，否则很难像星巴克一样取得成功。又比如，类似扫地机器人、便携式储能产品等智能产品出海，需要通过电影、电视剧把它们塑造为现代生活的标配，否则品类天花板很明显。商品＋生活方式或文化，才能逃离内卷、破除天花板。

阅读书籍推荐：《上瘾五百年：烟、酒、咖啡和鸦片的历史》（戴维·考特莱特著）；《左手咖啡，右手世界：一部咖啡的商业史》（马克·彭德格拉斯特著）。

03　得科技，得全球化的主导权

世界人工智能大会｜阿尔法狗｜电冰箱｜驯化马匹｜轮子｜帆船｜文字｜纸｜货币｜印刷术｜罗盘｜蒸汽船｜电报｜冷藏技术｜电影｜电视｜集装箱｜计算机｜互联网｜电子商务｜人工智能｜3D 打印｜ChatGPT

2024 年 7 月，在上海举办的世界人工智能大会期间，我与一位致力于出海方向的创业者见面，自然而然地聊到了火爆的人工智能行业。自 2023 年以来，出海和人工智能成为中国创业领域最热门的两个方向。这位创业者分享了他的看法："人工智能的未来充满潜力，但这波浪潮很可能像 2016 年'阿尔法狗'事件那样，经历热潮后会沉寂一段时间。"他认为，人们倾向于夸大当前的感受，而忽略了历史带给我们的经验。

"技术的发展是一个累积的过程。从技术发明到真正改变生活，中间往往会经历反复波折。实际上，今天很多人工智能的应用，放在历史长河中，其影响力可能还不如电冰箱的发明。"确实，电冰箱是当时先进技术的成功应用，推动了全球零售业的变革，极大地改变了人类的日常生活。然而，现如今我们每天都在使用电冰箱，因而已经意识不到它曾经的伟大。

过去几年，我一直在关注"出海"和"全球化"的话题。我曾经不止一次地问自己：自"新月沃地"（即两河流域和黎凡特地区）诞生人类文明以来的全球化过程中，有哪些重要的科技推动了人类的连接与贸易？站在今天的时间点上，我们又能看到哪些科技将塑造接下来的全球化格局呢？

驯化动物：全球化的最早推动力

如果提到全球化的起点，许多人可能会想到大航海时代或工业革命，但事实上，全球化的雏形早在驯化动物时就已萌芽。成功驯化马匹，对于人类的发展具有划时代的意义。在地球漫长的历史中，人类并不是最强壮或速度最快的物种。与一些强大的掠食者相比，人类没有任何优势。然而，人类具有独特的智慧，尤其是在与其他物种合作方面的天赋。驯化马匹，就是人类这一天赋的直接例证。

目前学界普遍认为，大约在距今五六千年以前，生活在今天哈萨克斯坦、乌克兰地区的人们成功地驯化了马，这一伟大成就，为人类扩展生存空间提供了可能。最初，马像猪、牛、羊一样被视作食物来源，但很快，人们发现了马在运输和战争中的巨大价值。作为交通工具，马让人类的活动范围迅速扩大，进而提升了人与人交流的频率。相比之下，在同一时期驯化的骆驼或羊驼，虽然在特定环境下同样重要，但它们对全球化的影响远远不及马匹。

马与后来发明的"轮子"相结合，为全球化打下了坚实的基础。距今约5000年前的苏美尔人发明了轮子，这一科技创新使人类的流动性大大增强。波斯第一帝国时期的官员，乘坐带轮子的马车，能够巡视千里之外的领土。通过这种方式，波斯帝国成功地将疆域内的各个民族、各种文化紧密联系在一起，成为当时横跨亚欧的贸易大国。

马与轮子的科技组合，推动了亚欧大陆各地区的融合，也为早期贸易奠定了基础。与苏美尔人同时期的腓尼基人发明了早期的帆船，并且成了世界上最早的海上贸易民族之一。腓尼基人驾驶简陋的帆船，勇敢地穿越整个地中海，建立了东西横跨地中海的贸易网络。腓尼基人的船只不仅运载货物，还传播文化和技术，他们促进了不同地区之间的联系。在这些早期文明的推动下，全球化的雏形开始显现。

文字、纸与货币：全球化的"基础设施"

马匹与轮子固然提升了人与人之间的接触频率，然而真正让人类实现跨越时空交流和传递信息的是文字、纸和货币。

文字被誉为文明的象征，它记录了历史，传递了知识，更加重要的是，它成为不同群体、不同文化之间交流的工具。人类已知最早的文字——楔形文字——出现在约5000年前"新月沃地"苏美尔地区。最初，楔形文字的主要用途是记账和记录法律，这些信息被刻在泥土板上，成为早期经济活动和行政管理的基础。

然而，文字的使用效率很快受限于书写材料的不足。苏美尔人使用的泥板非常笨重，非常难以携带和传播。为了提升效率，古埃及人发明了纸莎草纸。中国在汉朝之前最常使用竹简来记录信息；直到东汉时期，蔡伦改进了造纸术，大幅降低了纸张的生产成本，至此，书写效率得到了飞跃式的提升。纸和文字的结合，极大地促进了文化的传播和思想的交流。公元751年，唐朝在怛罗斯战役中败于阿拉伯帝国，战败被俘的唐朝工匠将造纸术带入了阿拉伯世界，随后又传入欧洲，造纸术成了全球文化传播的催化剂。

文字和纸的发明解决了信息的传播问题，而货币则为贸易提供了便利。最早的货币是贵重金属制成的硬币。距今2500年前，中东的吕底亚王国（位于今天的土耳其）铸造了世界上已知最早的金币。当时，金币不仅是财富的象征，也促进了贸易的发展。吕底亚王国通过货币体系，建立了广泛的贸易网络，将货物从一个地区运送到另一个地区。

中国汉朝时期，官方开始使用白银作为货币。白银在国际贸易中的地位一直延续到了近代。货币的发明和使用，解决了跨区域交易中的价值衡量问题，使得不同文明之间的贸易往来更加频繁和高效。公元前 138 年，汉武帝时期的张骞出使西域后，连接东西方的"丝绸之路"逐渐开通，全球化的早期版本出现。直到今天，文字、纸和货币依然是国际贸易中最重要的"基础设施"，而全球化历史进程中最重要的一条发展线，就是围绕信息如何传递、交易如何进行所展开的。

印刷术与罗盘：全球化的加速器

随着文字和纸的普及，知识和思想的传承得以实现，但大规模的传播仍然受限于手工抄写的低下效率。印刷术的发明彻底改变了这一局面。公元七世纪左右，唐朝发明了雕版印刷术，唐朝中后期该技术已经得到了广泛使用。400 年后的北宋时期，毕昇因为发明了活字印刷术而在中国科技史上留名，但活字印刷术并没有人们想象的那么"灵活"，并且成本异常高昂。

直到 15 世纪，德国的古登堡发明了铅活字印刷机，印刷术才真正实现了跨越式突破。古登堡的发明，不仅使书籍的大规模印刷成为可能，还改变了知识的传播方式。印刷术打破了教会对知识的垄断，使得更多的普通人能够接触到书籍，这推动了欧洲的文艺复兴和宗教改革。在商业领域，印刷术则为账簿、合同和票据的标准化提供了技术支持，它的问世，极大地促进了全球贸易的规范化，同时大幅度提升了贸易效率。

与印刷术一样推动全球化进程的，还有罗盘。在茫茫大海中航行时，早期的商人和探险家们极易迷失方向。罗盘的发明解决了这一问题。早在中国的战国时期，人们就已经发明了"司南"，这是罗盘的前身。到了唐代，水罗盘开始广泛用于航海。北宋时期，罗盘进一步完善，并在航海领域得到广泛应用。罗盘的使用，使得航海家们能够更自信地穿越大海，从事洲际贸易。

在大航海时代到来之前，阿拉伯商人的船队就已经在广泛使用罗盘了，他们驾驶帆船穿梭于中国、东南亚、印度、波斯湾和红海之间，建立起了繁荣的海上贸易网络。阿拉伯商人不仅是商品的搬运者，同时也是知识的传播者，他们将来自于中国的丝绸、瓷器，与来自于印度的香料、宝石运往欧洲，也将伊斯兰教传播到了印度尼西亚、马来西亚等地。罗盘的使用，极大地促进了"海上丝绸之路"的形成，使得世界各地的商品、技术和文化得以广泛传播。阿拉伯商人通过罗盘和帆船，不仅推动了洲际的物质交换，也将不同文化、宗教和思想带到了世界各地，进一步深化了全球化的进程。

蒸汽机、电报与冷藏技术：全球化起飞

早期的全球化高度依赖于自然能量，如风力、马力和水力，但真正使全球化进入快车道的，是工业革命中蒸汽机的发明和应用。蒸汽机的发明，尤其是其在交通运输领域的应用，使得远距离贸易和交流不再只能依赖自然条件。蒸汽动力船和火车的出现，不仅使运输速度显著提升，还大大缩短了人与人之间的空间距离。

18世纪末，英国工程师詹姆斯·瓦特改进了蒸汽机，使其成为推动工业化的关键动力。到了19世纪初，蒸汽动力船开始应用于商业航运。1807年，美国工程师罗伯特·富尔顿改造的蒸汽动力船"克莱蒙特号"完成了历史性的航行，这标志着蒸汽动力在航运中的首次成功应用。不久之后，蒸汽动力船开始在大西洋上定期航行，这种新型交通工具将英国和美国连接在了一起。到了19世纪中期，蒸汽动力船彻底改变了远洋运输，它使全球贸易真正

107

成为可能。

与蒸汽船同时改变世界的，还有电报。1837 年，塞缪尔·莫尔斯发明了电报机，并在 1844 年发送了首条电报信息。电报技术的突破，将信息传递所需的时间，从以往的数周、数月缩短到了几分钟。1866 年，第一条横跨大西洋的电报电缆铺设成功，自那以后，美洲和欧洲的即时通信成为现实。全球电报网络的建立，彻底改变了商业、外交和战争的运作方式，也使全球化的速度再次加快。

蒸汽动力船和电报这两项技术的结合，不仅提升了物流和信息流的效率，还为全球金融体系的建立打下了基础。19 世纪 70 年代，主要贸易国纷纷将本国货币与黄金挂钩，推动了"金本位"制度的形成。这一制度使得跨国交易变得更加稳定和可预测，进一步推动了全球贸易的繁荣。

全球化不仅体现在工业和信息领域，也影响到了农业和食品贸易。19 世纪末，冷藏技术的出现，使全球农业贸易进入到一个全新的时代。在此之前，农业产品，尤其是易腐的肉类和奶制品，只能在非常小的范围内销售。冷藏船的发明，使得农业产品的远距离运输成为可能。

1873 年，第一艘使用冰制冷技术的冷藏船问世，这艘船能够将南美洲的牛肉、羊肉以及乳制品运送到遥远的欧洲市场。阿根廷和乌拉圭等国家借助冷藏技术，成为全球重要的畜牧业出口国。与此同时，澳大利亚和新西兰也凭借丰富的牧草资源，迅速崛起为全球主要的肉类和羊毛出口地。冷藏技术不仅改变了农业贸易的格局，还打破了以往地域对食品供应的限制，进一步推动了全球化的发展。

电影、电视：全球化品牌的诞生

进入 20 世纪，全球化进入了一个全新的阶段，电影和电视的出现，使全球化不仅停留在物质层面，也反映在了文化和思想层面。1895 年，卢米埃尔兄弟在巴黎首次播放了他们的短片《火车到站》和《水浇园丁》等，标志着电影时代的开启。电影作为一种新兴的传播媒介，很快风靡全球。1927年，有声电影问世，这进一步增强了电影的影响力。

与电影几乎同时发展起来的，还有电视。1925年，英国工程师约翰·贝尔德发明了世界上第一台电视机。虽然早期电视的图像质量和传输效果还很有限，但随着技术的进步，电视在20世纪中叶成为全球主要的传播媒介之一。电视不仅为大众提供了娱乐，也成为广告和品牌传播的重要通道。全球化品牌的诞生，正是得益于电影和电视的广泛传播。

在电影和电视的帮助下，企业可以通过广告将自己的品牌推向全球。1929年，美国动画片《大力水手》中出现了世界上最早的植入广告；而在1933年的影片《晚宴》中，米高梅也与可口可乐进行了合作。到了20世纪50年代，电视广告成为品牌传播的重要手段，可口可乐、福特、宝路华借此迅速成长为全球家喻户晓的品牌。

电视和电影不仅促进了品牌的全球化传播，还在无形中塑造了全球消费文化。好莱坞电影和美国电视节目所展示出的生活方式，成了许多国家民众脑海中"现代生活"的理想蓝本。在英国主导的全球化时代，商品在全球流通，但并没有出现什么源自英国的知名品牌。而在第二次世界大战后，全球化改由美国主导，各行各业都出现了很多世界级品牌。

全球化不仅体现在物质层面，也深深植根于人们的文化认同之中。好莱坞的电影、美国的电视节目所展现的美式生活方式，极大地影响了其他国家的民众。客观地说，美国文化的输出，既是美式全球化重要的组成部分，又是重要的驱动力之一。

集装箱、计算机与互联网：开启超级全球化

如果说电影和电视开启了文化全球化的浪潮，那么集装箱、计算机和互

联网则进一步加速了全球经济的紧密联系。1956年，集装箱运输技术的普及，彻底改变了全球物流体系。标准化的集装箱使货物在全球范围内的运输更加便捷和高效，极大地降低了贸易成本。1965年，国际标准化组织（ISO）颁布了集装箱的全球标准规格，全球化的物流体系由此成型。

1946年，在美国宾夕法尼亚大学，世界上第一台电子数字计算机ENIAC问世，该计算机由美国军方定制，其诞生标志着人类进入了一个崭新的信息革命时代。到了20世纪70年代，计算机在工业和商业领域得到了广泛的应用，随后它还进入了寻常百姓家。自1981年起，以IBM、苹果为代表的美国计算机公司大力普及个人电脑，相比用电报、电话做信息传递，这无疑是一个革命性的提升。也是在1981年，在充分意识到全球对于金融及时信息的需求之后，企业家迈克尔·布隆伯格（Michael Bloomberg）创立了彭博社。

然而，真正彻底改变全球化格局的，是互联网的诞生。1990年，英国科学家蒂姆·伯纳斯·李发明了万维网（World Wide Web），这为互联网的商业化应用奠定了基础。互联网的出现，使得信息不再受到时间和空间的限制，全球的商业和社会活动因此发生了翻天覆地的变化。从门户网站、搜索、网络游戏，再到电子商务、个人社交等，互联网使世界变"平"。

集装箱、计算机和互联网这三大科技的结合，推动了"超级全球化"的到来。在这一阶段，全球商品、资本和信息的流动，达到了前所未有的规模和速度。改革开放以后，中国也及时赶上了这波超级全球化的浪潮，我们先是抓住了全球产业转移的机会逐步发展为"世界工厂"，而后又在互联网时代跟随世界前进的脚步，并最终在移动互联网时代成为领导者之一。

新科技正在定义新全球化

站在2024年，我们可以看到，全球化的进程正在被一波新兴科技所重塑。人工智能、3D 打印、新能源和区块链等新技术，正在改变全球供应链、生产方式和能源结构。人工智能的应用，使生产和管理流程更加智能化和高效；3D 打印技术的进步，使制造业的地理分布更加分散和灵活；新能源革命，则正在颠覆传统的能源贸易格局。

与以往的科技创新相比，新一轮科技革命的特点在于其"综合性"——多种新技术相互叠加，共同推动全球化进入了一个前所未有的新时代。人工智能并不仅仅停留在技术层面，它正在重构人类社会的各个领域。虚拟现实、区块链等技术，也为人类连接提供了更多可能性，让思想、文化和商业的互动变得更加紧密。

在这一过程中，中国正在扮演着越来越重要的角色。2013 年，中国提出了"一带一路"倡议，我们希望通过基础设施建设和经贸合作，重塑全球贸易路线。与此同时，华为、大疆、比亚迪等中国企业，也在全球市场上展现出了强劲的竞争力。中国的新一轮出海浪潮，具有典型的电商、数字化供应链和人工智能等特征，这让我们在全球化的新阶段占据了重要地位。

得科技，得全球化的主导权

从驯化马匹到人工智能的崛起，科技始终是推动全球化的核心动力。历史证明，率先掌握并应用新科技的国家，往往能够在全球化浪潮中脱颖而出。ChatGPT 虽然源自美国，但中国企业基于对它的广泛使用，已经在建立全球化品牌层面迅速拉近了和欧美同行的差距。

我们也可以从历史中看到同样的情况：凭借帆船和航海技术，古代腓尼基人掌控了地中海沿岸的贸易；工业革命时期，英国依靠蒸汽机的强大优势建立起日不落帝国；在美国主导的互联网时代，"山姆大叔"通过高新技术引领全球的商业变革和思想传播。

科技的脚步不会停歇，全球化的进程也不会止步。正如历史上无数次变革一样，每一次新科技的崛起，都预示着全球秩序的重塑。下一个科技的奇点，将再次推动全球化迈向一个全新的高度，而我们，正站在这一历史转折点上，将见证并参与其中。科技的进步，正在重新塑造我们的世界，未来属于那些能够迅速掌握新科技，并推动全球化进程的国家和企业。

图 2-2　2024 年 8 月 16 日作者参加出海 AI 营销生产力峰会，提出了
"人工智能是中国品牌出海破局关键"的观点

拓展阅读

人工智能是中国品牌出海破局的关键

在人类历史的长河中，每一次技术革命都无疑重塑了我们的生活方式和社会结构。今天，我们站在另一个巨变的前夜——人工智能的崛起。当前，像 ChatGPT、Sora、GPT Store、Apple Intelligence 和 DeepSeek 这样的产品

或服务正引领一场交互层的革命，这场革命在规模和深度上都可与移动互联网相提并论。

业内普遍认为，到了2040—2050年，我们可能会迈入通用人工智能（AGI）的新纪元，这一进步将是人类历史上的一次巨大飞跃，堪比人类走出非洲大陆。即使强人工智能的全面实现还有待观察，弱人工智能（ANI）在未来十年内达到成熟阶段几乎是无可争议的。这一进展预示着人工智能将成为继蒸汽机和电力之后，推动全球新一轮科技革命的重要驱动力。

在这场全球技术革命中，美国以其在技术创新方面的实力领先全球；而人工智能在全球的落地应用，这是中国公司的机会所在。在各行各业把出海当成第二增长曲线的今天，出海将是各人工智能企业拓展商业应用场景的最重要方向。哪家人工智能公司能服务好各行各业的出海企业，就能在商业化上相比同行取得先机。对中国品牌出海来说，用好人工智能也是破局的关键之一。

中国品牌出海，不可能完全走欧美公司全球化的老路。欧美公司的全球化，建立在其拥有强势文化和教育、占据产业链核心环节、事实上依然维持的经济殖民网络的基础上，所以整体属于降维出海。中国目前处在全球产业链的中间环节，品牌出海往欧美走需要升维，往亚非拉一些国家走又属于降维，情况更复杂。

建立在各方面优势的基础上，欧美公司搞全球化时可以很容易地在全球范围招募和使用精英人才。比如，在中国，10年前美国企业在中国的北上广深可以用2000美元的月薪轻松招到中国的名校应届生，也可以从欧美留学和工作的中国人才里面选出合适的人回到中国担任负责人。所以，如果只采取类似欧美公司搞全球化的做法，如搞海外市场的线下问卷调研、一个国家一个国家地开公司、做本地化、搞多样化，中国品牌基本上没有超越欧美公司的可能。

　　人工智能是中国品牌打掉欧美公司优势的利器。几年前，有的中国企业连基本的英文都写不好，在海外做品牌时非常难；现在，因为人工智能的快速发展，中国企业的各种外语宣传物料，以及在海外社交平台账号发的内容，在语言方面已经和欧美大品牌没什么两样，做全球化品牌的难度大幅下降。

　　比如，中国出海第一城深圳，正在成为全球越来越重要的创新中心，过去几年出现了非常多全球知名的智能品牌，如大疆、影石、拓竹等。在人工智能时代，深圳肯定会诞生更多更加智能的全球知名品牌。

　　另外，在嫁接和应用人工智能技术，如数字化智能化的供应链、物流系统、团队管理、门店管理等方面，中国企业可以扬长避短，在出海全球化方向比当年欧美公司的扩张速度更快、效率更高。在数字化时代，我们已经看到了蜜雪冰城前五年的海外扩张速度比星巴克更快，拼多多的出海业务Temu比亚马逊早期的海外扩张更为高效。借助数字化技术和人工智能，中国品牌正在重新定义出海全球化。

　　对于面临增长压力的中国企业而言，全球市场提供了寻找增长新动力的舞台；而对于已经在国际舞台上展开竞争的中国品牌来说，人工智能技术提供了重启竞争的新机会。在这个由人工智能推动的新时代，谁能更好地利用这一技术，谁就能在激烈的全球竞争中抢占先机，确立竞争优势。

　　阅读书籍推荐：《未来呼啸而来》（彼得·戴曼迪斯、史蒂芬·科特勒著）；《5000天后的世界》（凯文·凯利著）；《失序：机器人时代与全球大变革》（理查德·鲍德温著）。

04　中国企业出海，先要理解地缘政治

美国大选｜特朗普｜超级全球化｜逆全球化｜诺曼·安吉尔｜
地缘政治化｜中国｜美国｜高水平对外开放｜单边开放｜东南亚｜欧
洲｜友岸出海

2020 年美国大选前，我在深圳见到了一个出海圈头部企业的创始人，他
满脸焦虑地问我："你觉得特朗普会连任吗？"按照这位创始人的说法，他
的公司已经开过几次董事会，会议议题就是如何应对特朗普连任后的极端
情况。

那个时候，我刚从"疫区"美国纽约回来，亲身感受到了美国政府的抗
疫不力，所以认定特朗普会因疫情败选。当时我安慰对方："特朗普应该选不
上，拜登上台后不会像特朗普那样极端，中美关系会'中场休息'，有望缓
和几年……"

现在看来，当时我猜对了美国大选的结果，但猜错了拜登当选后对待中
国的态度。几年下来，经济全球化越来越让位于地缘政治化。而到了 2024
年，特朗普重新赢得美国大选，再次入主了白宫。

另外一家出海圈更有名的公司，估值千亿美元的 SHEIN，在过去几年更
受挫和无奈。SHEIN 说自己是一家时尚公司，想跳出地缘政治的影响；结果
是中国这边数字化产业升级，美国那边继续对它穷追不舍；截至 2024 年年
底，SHEIN 准备 IPO 好几年了，虽然业绩很好但目前仍没能如愿。SHEIN 的
沉浮足以证明，再有实力的企业，在地缘政治化的大背景下，命运都如"浮
萍雨打沉"。

超级全球化结束了

过去几年，中国企业听到很多这样的声音：东南亚市场不容错过；中东"钱多"速来；非洲迎来了历史性发展机遇；出海墨西哥正当时……实际上，这些言论和观点，背后都是"生意"。

我所在的 EqualOcean 也是一家商业机构，当然也要做生意。然而 EqualOcean 并不专注于某个特定的海外区域，我们是站在全球视角做全方位的对比分析。可以先看下面这组数据：

20 世纪 90 年代，超级全球化全面开启。到了 2007 年，全球贸易额占全球国内生产总值（GDP）的比重（即贸易依存度）达到了历史峰值 61%，之后这个数字呈下降趋势。到新冠疫情暴发的 2020 年，贸易依存度下滑到了 51% 的低点，2022 年、2023 年有所反弹，维持在 54% 附近，但恐怕很难再回到 2007 年时的峰值了。

数据显示，超级全球化已经停下来了。究竟什么是超级全球化（Hyper-globalization）呢？超级全球化指的是全球化在某一阶段达到空前强度的现象，具体表现为跨国贸易、投资、资本流动、技术传播和文化交流的极度活跃和紧密融合。在超级全球化阶段，全球经济联系极为紧密，商品、资本、劳动力和信息的跨国流动空前高效，各国经济和企业的相互依赖达到顶峰。

回想一下，20 世纪 90 年代后外资企业纷纷进入中国，2001 年中国"入世"后迅速成为世界工厂，2008 年北京奥运会美国总统小布什出席开幕式……这一切都是超级全球化时期的记忆，是很多人心目中的"美好旧时光"。

现在看来，超级全球化在 2008 年就已经开始退潮了，在 2016 年英国的脱欧公投、2018 年中美经贸摩擦之后，我们才切身感受到了"逆全球化"的到来。而 2020 年由新冠疫情引发的全球供应链危机，以及 2022 年俄乌冲突的爆发，让大多数人都意识到，超级全球化已经结束。

尽管如此，依然还有一部分人没能充分意识到，超级全球化已经结束、

"逆全球化"可能出现的极端情况。上一个"逆全球化"周期是在 1913 — 1945 年，期间英国作为全球化的主导者逐步让位于美国，后者建立了"美式全球化"。虽然英美两国并未发生战争，但那 30 多年间，全球爆发了两次世界大战，以及一次有史以来规模最大的全球经济危机。

1909 年，英国著名作家诺曼·安吉尔在其著作《大幻想》中提出，由于欧洲国家之间在投资和贸易上相互高度依存，所以欧洲内部不可能爆发战争。此外，他还假定，一旦欧洲内部爆发战争，随之而来的经济崩溃会将欧洲彻底摧毁。正因如此，欧洲不会有战争之虞。

事实证明，诺曼·安吉尔错了。第一次世界大战的爆发，让欧洲国家由相互依存变成了相互伤害。《大幻想》的观点在战后引发广泛讨论，对 20 世纪 20 年代的世界和平运动产生了深远影响。诺曼·安吉尔因积极支持国际联盟、致力于宣传国际和平理念并投身国际和平运动，在 1933 年获得了诺贝尔和平奖。可惜的是，第二次世界大战的爆发再一次让诺曼·安吉尔失望了。

中国以及中国的企业家、创业者们，都是超级全球化的受益者。因此，当"逆全球化"愈演愈烈后，很多人心态上调整不过来，把怨气归咎于大洋彼岸的某个人或某项政策。同时被忽略的是，多数人把全球化等同于经济全球化，而对政治、文化、社会的全球化却视而不见。

如果"逆全球化"愈演愈烈，那么我为何还继续看好中国企业的出海全球化呢？我的理由是，"逆全球化"形成的同时，也在孕育着新一轮的全球化，尽管这个过程会很痛苦，但在新全球化到来时，中国和中国企业所处的位置大概率会更好。

经济全球化让位于地缘政治化

"超级全球化已经结束"已经成为各方的共识，但经济全球化是否已经让位于地缘政治化，还有很大的争论。

经济全球化的逻辑是比较优势、追求共赢，即便 A 国比 B 国获益更多，B 国也会欣然与 A 国做生意。地缘政治化则是意识形态、政治优先，损失经济利益也在所不辞，杀敌一千自损八百都是可以接受的。

比如俄乌冲突爆发后，欧美国家冻结俄罗斯央行的资产，没收俄罗斯富豪的海外资产，如知名英超球队切尔西的老板阿布拉莫维奇，就被迫让出了俱乐部的控制权。与之相应的，欧美跨国公司为了"政治正确"，纷纷放弃了俄罗斯业务，比如，英国石油公司放弃了其在俄罗斯石油公司价值 250 亿美元的股份，壳牌也放弃了几百亿美元。

传统的地缘政治，关注地理区位、资源、人口、气候等自然和人文地理条件在国际政治中的作用；而现代的地缘政治冲突，并不限于传统的边界争夺，而是扩展到了全球范围的战略竞争。

现代地缘政治冲突表现在很多方面：在经济层面，主要是对贸易、投资、供应链和技术主导权的争夺；在军事层面，主要表现为军备竞赛和战略威慑；在政治与意识形态层面，则是国际规则、外交阵营和治理模式竞争。

中国和美国之间虽然隔着太平洋，但两国之间的确存在竞争；中国和欧盟相隔万里，也存在类似的竞争关系。中国的崛起，在韩国、日本眼中意味着地缘政治威胁，因此它们寻求用美国来平衡中国的影响力。而欧美大力扶持印度，在它们看来就是去风险。

2024 年，某位中国知名经济学家在一次演讲中"抱怨"说："这不是经济学家的时代，而是政治家的时代。"实际上，历史上国与国之间的关系，基本上都是政治为先、经济为辅。哪怕是到了近代，"日不落帝国"英国在 19 世纪 40 年代前，也是高举贸易保护主义的大旗；至于美国，更是直到 20 世纪 30 年代，才开始真正采取自由贸易政策。

经济学家从理想化的角度考虑问题，政治家则需要考虑更多的现实情况。近年来，美国政治学家弗朗西斯·福山因为《历史的终结与最后的人》一书没有少遭到嘲讽，而约翰·米尔斯海默则因为《大国政治的悲剧》一书而在中国备受追捧。

地缘政治化是当下的一种全球现象。近年来，美国在中国周边塑造出了多个"多边机制"：美日菲三边峰会、美日韩三边联盟（JAROKUS）、美英澳三边安全伙伴关系（AUKUS）、美日印澳四方安全对话（QUAD）、五眼联盟（美英澳加新）、美越印三边联盟……这些是"山姆大叔"用地缘政治手段遏制中国崛起的证明。

在意识形态上，美国试图把中国从"全球南方"（Global South）阵营里剔除，去塑造一个"全球东方"（Global East）的概念。为此，2021年美国举办了一次所谓的"民主峰会"，邀请100多个国家出席了该次会议。在经贸上，即便不利于自身，美国也在力图促成"一个世界、两个市场"的局面，并且抛出了"中国经济顶峰论""中国资产泡沫论"，甚至逼迫资本在中美之间做出"二选一"。

特朗普二次上台，很多人认为，这充分反映了美国内部的极右势力已经成为主流。相比美国左翼的国际主义色彩，该国极右翼势力必将进一步破坏现有的国际规则和制度。

地缘政治化所产生的负面影响才露出冰山一角。

中国将如何应对？

地缘政治化虽然经常高举意识形态和政治制度的大旗，但无论是第一次世界大战还是第二次世界大战，最初的交战双方都同属于一个文化圈，双方拥有几乎相同的政治体制和经济制度。而到了二战后，随着日本在经济上崛起，作为盟友的美国也对其发起了激烈的贸易战。

中美关系当前正处于困难的时期，对中国来说，特朗普再次上台，中美的直接经贸关系大概率会进一步遭受冲击，间接经贸关系（如通过墨西哥、越南等地进行的贸易）也可能遭遇更多阻力。

在这样的背景之下，中国选择进一步扩大高水平对外开放。2024 年，中国已经出台了多项单边开放政策，并给予越来越多国家的国民以免签待遇。可以预见的是，2025 年及以后类似的举措将会更加频繁、力度更大。美国越是"断链"，中国越需要建立更多链接，以对冲潜在的风险。从数据上来看，2018 年至 2023 年，美国在中国对外贸易总额中的所占比重持续下降，然而同期中国整体对外贸易额却保持了良好的增长态势。

美国"退群"，中国将以"加群"甚至主动"建群"作为回应，我们不仅通过推动 RCEP（区域全面经济伙伴关系协定）进一步深化区域合作，还可能与更多中亚、中东、非洲和拉美国家签署自由贸易协定。

从地缘政治角度来看，东南亚和欧洲对中国尤为重要。经过过去十多年的努力，中国与东南亚在政治、经济和文化层面，已经建立了深厚的合作。

在未来的中美关系问题上，欧洲是否能够保持中立，这对中国的全球战略至关重要。可以预见，在特朗普的第二个任期内，中国将把欧洲作为对外关系的重点区域之一。陆上的中欧班列将进一步加强，而目前处于冻结状态的中欧全面投资协定（CAI），或许也能够迎来重启之日。

保持对外开放、优先发展经济，将是中国在面对地缘政治挑战时的坚定选择。无论国际局势如何演变，中国都会保持战略定力。

中国出海企业怎么办？

在地缘政治化的大背景下，中国企业需要认识到：在国内要懂政治，出海更要讲政治。

一是明确立场、融入大局。出海企业首先需要明确立场，站在看好中国的立场上行动。美国企业在全球化过程中，始终强调价值观的重要性，中国企业在出海过程中也应如此。

对于出海美国市场的中国企业，需要对美国"去中国化"的意图保持清醒的认知，尽可能不要把所有资源都放在美国市场这一个篮子里。

二是加强政治敏感度。中国企业决定出海全球市场，应更加注重中国与目标国的关系，并主动与我国政府保持一致。这也就意味着，一定体量的出海企业，可以考虑设立类似于首席地缘政治官（CGO）的角色，专门关注全球政治动态和政策调整。美国提出"友岸外包"，中国支持"友岸出海"，这些都是大势所趋。外交是政治的延伸，中国企业出海也是中国外交的体现之一。

三是深耕本地化、塑造美誉度。近年来，中国经济、外交能力显著提升，然而这并不意味着，每一家出海企业都能在海外获得充分的尊重和保护。因此，企业需要增强风险意识，同时加强本地化建设，与当地客户和用户建立起深厚的互信关系。这绝不仅仅是产品和服务的本地化，更包括企业品牌故事的讲述和美誉度的提升。与中国需要"讲好中国故事"一样，中国企业也需要"讲好中国企业故事"。

四是国内与海外互为助力。中国企业出海，要注意与国内市场形成互补关系。一是通过海外市场扩大利润，同时助推总部的核心能力提升；二是推动"比萨型"出海模式，让海外业务反哺国内产业发展；三是基于海外网络，反向吸引更多外资和外国人才入华。

在未来，中国企业出海注定不会一帆风顺，然而这也并不意味着，我们比当年英国、美国企业全球化时所面临的形势更严峻。实际上，相比于2000年左右的中国出海先行者，现在各方面的条件可以说更好了。再退一步讲，明清时期，中国人"下南洋"都取得了不错的成绩，那么现如今的中国企业，有什么理由无法在全球市场收获更大的成功呢？

拓展阅读

历史上 16 个权力转移案例，哪 4 个是和平的方式？

哈佛大学教授格雷厄姆·艾利森在哈佛大学领导了一个修昔底德陷阱的研究项目，回顾过去 500 年的人类历史，总结了 16 个大国崛起并威胁取代现有守成国的案例，其中有 12 次导致了战争。其中包括 17 世纪到 18 世纪，英国和荷兰为了争夺海上贸易主导权发生了四次"英荷战争"；17 世纪到 19 世纪初，英法先后在西班牙王位继承战、奥地利帝位继承战和七年战争中大打出手。最残酷的一个例子是，第二次工业革命后快速崛起的德国挑战世界秩序，最终导致了第一次世界大战和第二次世界大战。

幸免于战争的有 4 个案例，是因为挑战者和被挑战者都在行动和态度上做出了巨大且痛苦的调整，这四个案例分别是：15 世纪末，葡萄牙和西班牙没有发生战争；20 世纪初，崛起的美国和英国走向"和解"；冷战期间，苏联和美国避免了世界大战；20 世纪 90 年代以来，统一后的德国没有用战争方式挑战英国和法国在欧洲的地位。

第一个案例是 15 世纪末葡萄牙和西班牙就瓜分殖民地达成妥协。15 世纪葡萄牙率先进入大航海时代，在非洲、亚洲、美洲等地建立了广泛的商业利益，率先实现了崛起。1492 年，斐迪南和伊莎贝拉完成了对西班牙的整合后也踏上了扩张的征程。葡萄牙担心西班牙把战争扩展到北非、影响到自己的利益；在海外殖民地上两国也产生了冲突，典型的如哥伦布最终为西班牙王室效力，关于哥伦布发现的美洲领土的归属权两国发生争议，一度传出战争的声音。1494 年，两个天主教国家在教皇亚历山大六世的仲裁下签订了《托尔德西里亚斯条约》，同意在佛得角以西 370 公里处划界，史称"教皇子午线"；线东新"发现"的土地属于葡萄牙，线西划归西班牙。当时两国王室的合法性需要获得教皇的认可，这是当时能达成妥协的重要原因。

　　第二个案例是 20 世纪初美国和英国走向"和解"。美国独立战争、第二次美英战争中两国结下了深仇大恨，美国南北战争后美国为发展自己的工业，长期实行和英国自由贸易相反的关税保护政策。19 世纪末，美国的经济体量超过了英国，在西半球越来越自信，坚持要求仲裁欧洲和拉丁美洲国家之间的争端。1895 年年底，担心美国介入英国和委内瑞拉之间的领土争端可能导致英美战争，纽约证券交易所出现恐慌。1896 年 1 月，英国首相索尔兹伯里表示，"与美国的战争，不是今年，但在不久的将来——已经成为一种超过可能性的事情。"1900—1910 年，美国的海军吨位几乎增加了三倍，也挑战了英国海军的"两强标准"（该标准要求英国保持的战舰数量等于其接下来两个最大竞争对手的总和）。由于美国崛起速度太快，加上英国面临来自德国更严重的威胁，英国在加拿大和拉丁美洲的领土争议、渔业权利以及未来巴拿马运河的控制权等方面对美国做出较大让步，默认了美国在西半球的霸权。

　　第三个案例是冷战期间美苏避免了大战。第二次世界大战之后美国成为超级大国，其领导的资本主义阵营和苏联领导的社会主义阵营针锋相对，形成了一个世界、两个系统。1949 年，苏联成功打破了美国的核垄断；八年后，苏联发射了人造卫星"斯普特尼克"，引发了美苏太空竞争。美苏两国也有几次濒临战争的时刻（如古巴导弹危机），也打了几场代理人战争，但两国军队之间的公开冲突还是被避免了。为什么冷战从未升级为热战？大多数人归因于核毁灭的相互威慑，也有一些人强调美苏之间的地理距离，或是增长的侦察计划减少了危险误解的可能性。还有一个使两国避免战争的因素是围绕核武器发展起来的合作文化，始于 1972 年的战略武器限制谈判（SALT 条约）减少了核事故的风险、建立了信任的基础。美国通过经济战，消耗了苏联，使其在 1991 年崩溃，两国冲突以无血的方式结束。

第四个案例是20世纪90年代统一后的德国没有挑战法国和英国。冷战后，欧洲一度对重新统一后的德国是否会重拾霸权野心充满担忧。英国和法国的焦虑很容易理解：重新统一的德国将成为西欧人口最多的国家和第一经济强国；德国确实能够利用其经济实力成为欧洲最强大的政治声音，填补苏联解体留下的权力真空。为了应对这一威胁，英国首相撒切尔夫人和法国总统弗朗索瓦·密特朗讨论加强英法联盟。例如，密特朗考虑"与英国进行双边军事甚至核合作以作为平衡"。德国采取了和平崛起的策略，通过公开的诚意姿态和寻求与前敌人的相互依赖来减轻欧洲的疑虑，德国领导人有意识地选择不重新发展与国家经济力量相称的军事存在。通过开放性、与前敌对国家的一体化，以及放弃更传统的力量展示，德国成功地避免了修昔底德陷阱。

阅读书籍推荐：《注定一战：中美能避免修昔底德陷阱吗？》（格雷厄姆·艾利森著）；《即将到来的地缘战争》（罗伯特·D.卡普兰著）。

Chapter Three

第三章 国别选择

01 中亚，中国企业出海的下一个"东南亚"？

丝绸之路｜改革开放｜米尔济约耶夫｜乌兹别克斯坦｜托卡耶夫｜哈萨克斯坦｜"一带一路"｜知识中心｜西部大开发｜哈尔福德·麦金德｜世界岛｜中欧班列

2024 年 6 月，我以嘉宾身份受邀在"2024 华为云出海峰会"上发言。在现场交流中我发现，华为云把中东与中亚作为一个整体市场来进行管理，当时我的第一反应是：中东与中亚，这不是两个完全不同的区域吗？

活动结束的一个月以后，我造访了哈萨克斯坦和乌兹别克斯坦。经过实地考察之后我发现，华为云将中东与中亚放一起，确实有其合理之处。此前我认为，中亚曾经是苏联的一部分，中东则是以阿拉伯国家为主，它们之间没什么关系。然而实际上，中亚与中东的联系，比我曾经的认知要紧密得多。在沙俄和苏联控制中亚之前，中亚作为"丝绸之路"上的中转站，拥有近 2000 年的漫长历史，而中东的宗教和文化，在这个区域刻下了无法磨灭的印记。

同样出乎我意料的是，在过去六七年的时间里，中亚掀起了"改革开放"的热潮，其动作之大丝毫不逊于 1978 年后的中国。如果站在中亚的历史角度来看，这一波"改革开放"应该属于"百年之变"的级别。它将引领中亚走向何方？目前谁也不敢断言。但是开放的中亚，曾经在公元前 138 年张骞出使西域、开通"丝绸之路"以后步入商业繁荣，也在 8 世纪被阿拉伯帝国征服后一度成为重要的世界知识中心。

对于身处"百年未有之大变局"历史背景下的中国而言，中亚的战略价值再怎么强调都不为过。而对于中国出海企业来说，中亚或许就是"下一个东南亚"。

"改革开放"春风吹进中亚

2016 年年初，哪怕是最乐观的观察者也不会预料到，在接下来几年的时间里，中亚会迎来一次历史的大转折。中亚上一次巨变，是 1991 年苏联解体之后的中亚五国先后独立，但在独立以后的很长一段时间里，中亚各国都是由苏联官员继续掌权，甚至也采取和苏联差不多的政治体制。当时的中亚五国封闭保守，国内计划经济特征明显，个人崇拜盛行。

在长达 70 年的苏联时期，中亚的主要角色是农副产品和自然资源的供应地。作为工业不发达的地区，这里曾经是"人民公敌"的流放场所，陀思妥耶夫斯基、托洛茨基都曾被流放至此。此外，地广人稀的中亚也成了苏联的军事和科研基地，著名的拜科努尔航天中心就设立在这里，苏联也在塞米巴拉金斯克进行过 450 多次原子弹、氢弹的爆炸测试。

苏联解体以后，中亚五国先后掀起了"去俄化"，今天多数中亚人民，总体上对于长达 70 年的苏联统治时代持负面评价。70 年期间少有的几次反抗，成了各个年轻国家独立后塑造国家和民族认同感的珍贵素材。不过，中亚地区有其特殊性，该区域历史上盛行部落文化，一个个大小政权快速登场和谢幕，你方唱罢我登场。因此，中亚各国很难说清楚自己的连续历史。客观地说，尽管方式略显简单粗暴，苏联依然深刻地改变了中亚这个区域。实际上，五个"斯坦"所拥有的国家和民族的概念，也是在苏联时期才开始形成的。

2016年以后，中亚"改革开放"浪潮的直接导火索，是国家领导人的更替。2016年9月，担任乌兹别克斯坦总统一职长达25年的卡里莫夫去世，随后米尔济约耶夫成了该国的新任总统。作为卡里莫夫信任的"亲密战友"，米尔济约耶夫在掌权后的自我定位是"乌兹别克斯坦的小平同志"，他在中亚人口第一大国快速推行对外开放和市场化改革，动作之快、幅度之大令世界瞩目。

2019年3月，比卡里莫夫执政时间还要更长的哈萨克斯坦总统纳扎尔巴耶夫辞职，托卡耶夫宣誓成为新任总统。在用了三年时间理顺了内部关系之后，托卡耶夫领导下的中亚第一经济大国哈萨克斯坦走出了政治体制改革的道路。和乌兹别克斯坦米尔济约耶夫的自我定位类似，托卡耶夫号称是哈萨克斯坦的"改革总设计师"。

中亚的第一人口大国、第一大经济体所掀起的"改革开放"之风，也影响到了其他三个"斯坦"。土库曼斯坦能源资源丰富，该国前任总统库尔班古力·别尔德穆哈梅多夫在掌权15年后，于2022年3月将总统位置传给了他"80后"的儿子谢尔达尔·别尔德穆哈梅多夫，这位此前主管土库曼斯坦数字化和创新的"二代"，被认为是有新思维的领导者。同样，塔吉克斯坦总统埃莫马利·拉赫蒙已经将自己"85后"的儿子鲁斯塔姆·埃莫马利培养成了该国的二号人物。至于号称中亚民主程度最高的吉尔吉斯斯坦，其政坛于2020年发生戏剧性变化：短短一个月的时间里，扎帕罗夫从阶下囚直接成了总统。

中亚五国的"改革开放"到底能够取得怎样的成果，归根结底还是要取决于新任领导人所推行的实际举措。整体而言，在过去七八年的时间里，中亚五国相互之间的关系、对外开放程度、投资与企业发展环境，都得到了大幅提升，以经济建设为中心已经成为各国的共识。

寄望"丝绸之路"重新带来繁荣

2013 年，中国领导人在哈萨克斯坦访问期间提出了共建"丝绸之路经济带"的倡议，这后来演化为我们熟知的"一带一路"倡议。实际上，早在1997 年，中国、吉尔吉斯斯坦、乌兹别克斯坦就已经签署了连接三国铁路的合作备忘录，然而该项目直到 15 年后的 2022 年，才重新启动谈判。

2023 年 5 月，首届"中国－中亚峰会"在西安盛大召开；同年，中亚五国的第一大贸易伙伴已经全部变为了中国。2024 年 6 月，《关于中吉乌铁路项目三国政府间协定》终于签署，这条"中欧班列"的南线，与古代的"陆上丝绸之路"遥相呼应。

"陆上丝绸之路"以西安为起点，途径新疆到中亚、伊朗和地中海沿岸各国。在过去相当长的时间里，这条贸易通道始终是全球最重要的商贸大动脉，也是全球化的"早期版本"。古代"陆上丝绸之路"畅通时，中亚曾有过多段辉煌的历史时期。

老普林尼（Pliny the Elder）是古罗马历史学家和博物学家，在公元 1 世纪，他将一个叫作"梅尔夫"的区域（今属土库曼斯坦），描述为全亚洲最为富饶的地方。实际上，梅尔夫之所以富饶，最根本的原因就是其位于中西方交汇处、极具地理优势。梅尔夫最先属于波斯第一帝国阿契美尼德王朝，而后亚历山大大帝东征又为该地区带来了希腊文化。丝绸之路的开通，又让梅尔夫成为东西方之间贸易和文化交流的关键中转站。10 世纪时，梅尔夫甚至超过了中国，成为面向西方的最大丝绸出口地；到了 12 世纪，梅尔夫的居民超过 20 万，是当时世界上最大的城市之一。

8 世纪以后，阿拉伯帝国实际控制中亚，除了贸易之外，该地区也成了世界重要的知识中心。穆罕默德·伊本·穆萨是历史上最著名的数学家之一，公元 900 年前后，他就生活在花剌子模（今乌兹别克斯坦和土库曼斯坦境内）。穆罕默德·伊本·穆萨的数学著作，是历史上是第一部代数学的著述，直到 16 世纪该书依然是欧洲大学使用的主要教材。中亚之所以能够成为世界知识中心，也和"丝绸之路"直接相关，由中国人发明的纸传入中亚后，当地工匠用棉花纤维制造了质地更优良、价格更便宜的纸，并大量出口到西方。众所周知，纸是知识的载体，作为造纸中心的中亚出现了大量的手抄书，这一事实促进了该地区知识的繁荣。

伊本·西拿是一位哲学家、自然科学家和医学家，公元 1000 年前后，他生活在中亚布哈拉城附近（今乌兹别克斯坦境内）。伊本·西拿的医学巨著《医典》，代表了当时阿拉伯帝国医学的最高成就，该书于 15 世纪和 16 世纪曾经被多次出版，长期被阿拉伯语国家和欧洲医学院校用作教材。还是在公元 1000 年前后，阿布·雷汗·比鲁尼出生于中亚花剌子模，他被后世誉为"百科全书式的学者"。阿布·雷汗·比鲁尼与伊本·西拿一道被誉为伊斯兰文明黄金时代最杰出的科学家之一。

1221 年，成吉思汗麾下的蒙古骑兵入侵梅尔夫，并且将该座城市夷为平地，中亚其他地区也遭到了毁灭性破坏。100 多年以后，中亚一度重返辉煌，帖木儿以撒马尔罕（今乌兹别克斯坦境内）为中心建立起了强大的帖木儿帝国，疆域一度覆盖从印度德里到小亚细亚、美索不达米亚的广阔区域。从 14 世纪中叶到 15 世纪末的 100 多年时间里，作为帝国的中心，撒马尔罕是伊斯兰世界最为繁荣的城市之一。

15 世纪以后，陆上丝绸之路受阻，中亚也随即衰落，这一变化是多个因素共同造成的结果。首先，丝绸之路的最重要源头、东边的中国开始走上了封闭道路；其次，在大航海时代到来之后，西方国家找到了直通东方的海上之路；再次，帖木儿帝国分崩离析，各部落开始对贸易征收高额税金，同时商贸团队的安全也无法得到保障。

中国的西部大开发

明朝以后，中国走上了"闭关锁国"的道路。到了清朝康乾时期，清军打败了准噶尔，清王朝对于新疆的控制得到了巩固和维护。当时，清朝政府甚至设立了"伊犁将军府"，该机构曾经控制和管辖部分中亚区域，其驻地距离今天的霍尔果斯口岸不过几十公里之遥。但是不可否认的是，当时的清王朝，已经没有动力也没有能力重新打通陆上丝绸之路了。

到了 19 世纪，沙俄和英国进行利益博弈，中亚和中国新疆成了它们争夺和私下交易的势力范围。清朝末年，朝廷财政捉襟见肘，以李鸿章和左宗棠为代表的双方，就"海防"还是"塞防"发生过激烈争执。李鸿章主张放弃新疆，而作为"塞防"派的代表人物，左宗棠则立场坚定地主张保住新疆。1876 年，左宗棠抬棺出征，最终击退沙俄、收复了新疆。1949 年，王震将军率部挺进新疆，1954 年新疆生产建设兵团成立，开发新疆的新历史正式开启。

现如今，很多人都关注到了中欧班列，这些列车从中国各个城市出发，途径中国新疆、中亚再到欧洲各国。近年来，中欧班列在促进中外贸易方面发挥出了巨大的作用，其"丝绸之路现代版"的模样，已经初步得到广泛的认同。实际上，早在 2010 年，中央就已经批准建立了喀什经济特区，并且对其赋予了重大的战略意义。在未来，中巴经济走廊和中吉乌铁路将在喀什交汇。毫无疑问，新疆将成为我国对外开放的一个重要的桥头堡。

数据显示：2024 年前 10 个月，新疆外贸进出口总值 3628 亿元人民币，同比增长了 28%。其中出口 3083 亿元，同比增长高达 29%。值得关注的是，

2024年新疆粮食大丰收，全年粮食产量超2200万吨，单产全国第一。还有一个事实，恐怕会超出绝大多数人的认知——新疆养殖的海鲜大获丰收，甚至供应到了全国各地老百姓的餐桌上。

可以确定的是，新疆的未来，远远不止现在已经呈现出来的模样。与之相应的，中国对中亚的战略考量，也绝对不仅仅限于中欧班列。我们可以做出以下的合理推断：三五年后的新疆，出口额将冲进全国前十。新疆必将变得越来越开放，与中亚的互联互通也将变得更加紧密。

下一个"东南亚"？

2024年4月，新加坡一智库发布了一份调研，其中有这样一个问题：如果面临在中美之间只能选择一个时，东南亚各国民众该选择谁？最终，有超过50%的被调查者选择中国。实际上，在政治关系、商界关系、民间关系三个层面上，东南亚与中国之间都已经达到了一个较为理想的状态，这在全球范围内都不多见。之所以在东南亚能够出现如此积极的局面，与过去六七年中国企业纷纷出海到该地区直接相关。目前，东南亚已经成为中国企业出海的最佳目的地之一，那么，世界上的哪些区域，能够成为中国企业出海的下一个"东南亚"呢？

目前来看，有两个区域很有潜力：一是中东，二是墨西哥及其辐射的北美。中东从2022年年底开始走热，去那里淘金成了新时尚。墨西哥的情况更加复杂一些，但由于该国能够在一定程度上覆盖美国市场，因此也颇为令人心动。当然，目前我们还很难做出最终的判断，毕竟二者也都存在一些明显的不足。无论是地理距离还是文化距离，历史上中东都与中国非常遥远，该地区的政治局势也是波谲云诡、难以把握。在民间关系层面，中国和中东国家之间的联系也远谈不上紧密。至于墨西哥，美国长期视加勒比地区为自己的后花园，墨西哥毕竟距离美国本土太近、受影响太大，该国很多事务都要受"山姆大叔"的左右，在中美未来大概率将进行激烈竞争的情况下，中资企业在墨西哥能否保证安全，值得怀疑。

现在看来，中亚是一个相当不错的选项。与中东、墨西哥不同的是，中亚和东南亚同在中国周边，历史上曾经有过频繁的往来。近年来，中国一直是促进中亚繁荣的积极力量，这一点也与东南亚的情形颇为类似。现阶段，中亚各国从政府到民间，整体上都对中国持积极评价，这对我们来说非常有利。

即便抛开战略层面不谈，实际上中亚地区的基本面也非常不错。2024年，中亚五国总人口超过8000万，平均年龄仅为27.6岁；中亚地区每年新增100万人口，预计在2045年前后，该地区的人口总数将会达到1亿大关。如果按照平价购买力来计算，2024年中亚五国的GDP总量超过了1.3万亿美元，人均GDP与印度尼西亚处在同一水平。更加重要的是，在过去20年的时间里，中亚的平均经济增速为6.2%，远远高于世界平均水平。

作为亚欧大陆的心脏地带，中亚的北方是广袤的俄罗斯，西面是欧洲，南面与中东和南亚相邻，该地区所能辐射到的区域非常广阔。客观地说，中国与欧洲、中东的互联互通，陆路运输是比海路运输更快捷、更安全的方式。具体来说，从中国到欧洲，海运需要约30天，而中欧班列则仅需18天左右。待到中吉乌铁路顺利完工，未来从中国到南欧的时间，必将进一步被缩短。

出海中亚的商业机会在哪里？

对中国出海企业而言，一个海外市场是否值得投资，主要有以下几个评判标准：一是作为产业转移地，是否存在劳动力红利；二是作为商品销售市场，是否有足够强大的消费能力；三是作为自然资源供应地，是否拥有足够可供利用的能源、原材料。

中亚地区的总人口看似不算太多，但是实际上，中亚五国的年轻人去俄罗斯、土耳其务工的情况相当普遍，侨汇是该地区人民最重要的收入来源之一。这一客观事实足以证明，中亚五国目前依然拥有相当大的劳动力红利，区域内第一人口大国乌兹别克斯坦的劳动力成本，较之东南亚更具优势。而作为商品销售市场来说，中亚的人均购买力与印度尼西亚处在同一水平，但最为难能可贵的是，该地区依然还是一个并不太"卷"的、带有一定"卖方市场"特征的区域。在自然资源方面，哈萨克斯坦的石油储量排在全球第十位左右，土库曼斯坦的天然气储量全球排名第四，乌兹别克斯坦的棉花产量全球排名前六。至于境内多山地的吉尔吉斯斯坦和塔吉克斯坦，也都拥有极为丰富的矿产资源。

更加重要的是，目前中亚各国正在释放"改革开放"的红利。在"改革开放"过程中，必然会进行利益的重新分配。一个市场再大，如果没有足够大的变量，外来企业依然很难得到发展机会。目前中亚各国的共识是，借鉴中国经验、重点依靠中国出海企业的力量，去重新塑造本国的经济。如果将目前中亚五国的情形与中国改革开放各个阶段进行类比的话，那么目前哈萨克斯坦类似于2010年后的中国，乌兹别克斯坦更像是20世纪90年代的中国，而土库曼斯坦则依然处于中国改革开放初期阶段。

基础设施建设无疑是一个巨大的机会，除了我国央国企承建的大型项目，围绕房地产、建筑业及其相关产业（如建材、家居、装修等）的机会，在中亚五国已经出现。乌兹别克斯坦的人力资源极为丰富，该国适合开设诸如纺织、农副产品的工厂。值得一提的是，目前乌兹别克斯坦也在积极申请加入世界贸易组织，未来具备出口税收优势后，该国可以作为更多行业的制造业基地。围绕着自然资源，中亚各国都很有动力提升自己的制造、加工能力，它们显然更加希望出口附加值更高的半成品，而不是只像现在这样贱卖资源。作为一个消费市场，中亚地区依然存在相当程度的供给稀缺，新能源汽车、中西式快餐、咖啡茶饮在中亚国家的行业前景都相当不错。

2022年以后，中国企业对中亚五国的投资越来越多，这让该地区的人才需求迅速增大。目前，专门针对当地人才的汉语培训、基础 IT 培训的机会已经出现。此外，相关配套设施以及所谓的"卖水机会"，如酒店民宿、财税、选址、商业考察等，也有了比之前更大的需求。

参考历史，中亚的复兴必然需要发挥其作为中西方贸易中转站的优势。所以，除了目前已经开通的"中欧班列"北线，以及正在建设的"中欧班列"南线，中亚未来大概率还会加大公路建设，进而打造属于该地区的航空枢纽。一旦中亚地区真的重新成了东西方之间的枢纽地带，那么属于仓储物流行业的机会，也必将会到来。

挑战在哪里？

对于出海的定义，必须跳出"海"的思维定式。目前对于很多中国企业而言，中亚地区是一个存在感甚至还不如非洲的市场。我们的企业对中亚五国普遍缺少了解，这是中国企业出海中亚的最大困难。

中亚五国并非一个统一的市场。1924 年，中亚分成为了五个共和国，苏联采用"分而治之"的整体战略。中亚地区有多达 130 个民族，令人惊讶的是，有将近一半的土库曼人居然生活在土库曼斯坦之外；而在阿富汗生活的塔吉克人，比塔吉克斯坦本国还要更多。在乌兹别克斯坦的撒马尔罕和布哈拉，主要语言是塔吉克语；而在吉尔吉斯斯坦和塔吉克斯坦两国的总人口中，分别有超过 15%、20% 的比例都是乌兹别克人。如此复杂的现实情况，使得中亚各国之间，甚至是各国内部都冲突不断。

出海中亚，如果不理解中亚地区的民族问题，最终有可能成为可悲的买单者。此外，中亚各国的政治经济，依然具有很强的"部落"传统特性，简而言之，少数人长期把持核心资源。作为外来者，如果摸不清楚投资目标国内部的关系，非常容易吃亏。从各种机构的评分来看，目前中亚几个国家在透明度、清廉度、营商环境等指标上的得分都很低。在过去几年里，中亚国家掀起的"改革开放"，未必能够像中国过去几十年那样一帆风顺。

更加现实的情况是，中亚地区的自然生态环境非常一般，更加糟糕的是，该地区的生态仍然在不断恶化。咸海位于哈萨克斯坦和乌兹别克斯坦的边境，它曾经是世界第四大湖泊。然而现如今，曾经烟波浩渺的咸海，面积已经不及原始面积的 10%。如果说出海是"一把手工程"，那么可以断言，极少会有企业的一把手愿意常驻中亚。虽然今天的中亚早已不是流放目的地，该地区的现代化气息也越来越浓，然而不可否认的是，中亚地区夏季过于炎热、冬天超级寒冷，这样的气候条件，难免会让派驻该地区的员工生出"被发配"的心理感受。坦率地说，出海中亚，需要有张骞出使西域的使命感，才能真正收获成功。

当然，也正是因为条件艰苦，所以时至今日，真正出海中亚的中国企业依然不多，这也就意味着，那里的机会非常多。对于出海中亚，我的建议是，可以先去看看。

图 3-1　2024 年 7 月 25 日，作者在乌兹别克斯坦首都塔什干的大巴扎

◤ **拓展阅读**

为何韩国企业在中亚做得很不错？

中国有"一带一路"倡议，其中在陆上的部分叫"丝绸之路经济带"，目标首先是加强和中亚国家的联系。韩国在 2017 年提出了"新北方政策"，旨在加强韩国与亚洲大陆北部地区，特别是俄罗斯和中亚国家之间的合作关系，以此扩大其经济和外交的影响力。2024 年，时任韩国总统尹锡悦访问了中亚，提出进一步在中亚推进韩国版"K–丝绸之路"的构想。

很多国人嘲笑韩国抄袭中国，但我在中亚国家如哈萨克斯坦、乌兹别克斯坦走访时，发现韩国企业确实做得很不错：哈萨克斯坦大街上跑得最多的汽车是现代和起亚；乌兹别克斯坦最多的是美国品牌雪佛兰，其最初也是通过韩国大宇的网络才进入的中亚。无论是在阿斯塔纳还是塔什干的市中心，三星、LG 的大标识都占据了好地段，最高端的商场里面有琳琅满目的韩国美妆品牌。

韩国想加强和中亚国家的联系背后有历史渊源，中亚地区现在生活着数十万的朝鲜族后裔。第二次世界大战期间，苏联将约 20 万名朝鲜族人从他们远东的居住地，特别是从符拉迪沃斯托克（海参崴）和萨哈林岛（库页岛），强行迁徙到中亚的乌兹别克斯坦、哈萨克斯坦和吉尔吉斯斯坦等地区。

这些被迁徙的朝鲜族人在中亚的新家园一开始面临了语言障碍、气候适应以及经济困难等问题，但他们逐渐在当地社会扎根，保持和发展了自己的语言、文化和传统。随着时间的推移，这些朝鲜族后裔逐渐融入了当地社会，成了中亚社会的一部分，他们在教育、科学、文化等多个领域做出了贡献。另外在商业和政治领域，朝鲜族后裔表现突出，比如，哈萨克斯坦排名第三富有的 Vladimir Kim 就是朝鲜族后裔，另外的 Vyacheslav Kim 为哈萨克斯坦首家在纳斯达克上市公司 Kaspi 的联合创始人。在乌兹别克斯坦，朝鲜族后裔担任过部长级高官的有好几位。

这些在商业和政治上取得成功的朝鲜族后裔，和韩国在情感上有连接。中亚各国随着苏联解体独立后，韩国企业就积极出海中亚，利用先发优势建立起了不错的护城河。另外，韩国企业出海中亚时，以正规军的大企业为主，加上韩国政府配合，效率和效果都不错。此外韩国也积极吸引中亚的学生去留学，加上韩国流行文化在全球有影响力，这对韩国品牌落地中亚也有很大帮助。

客观来说，虽然目前中国是中亚各国最大的贸易伙伴，但中国企业在中亚的影响力和美誉度整体还比不上韩国企业。当然随着越来越多的中国企业出海中亚、通过本地化加强和当地民众的联系，中国企业在中亚超过韩国企业不会太难。

阅读书籍推荐:《失落的卫星：深入中亚大陆的旅程》(刘子超著);《中亚行纪》(埃丽卡·法特兰著)。

02　出海中东热，能持续多久?

迪拜 | 利雅得 | 2030 愿景 | 萨勒曼王储 | 劳伦斯 | 中东战争 | 强人政治 | 萨达姆 | 纳赛尔 | 埃尔多安 | 文明摇篮 | 资源诅咒 | 石油 | 王子 | 风险

2024 年 8 月的第一天，我在迪拜短暂停留时，去拜访了一个专门为中国企业出海中东提供咨询服务的朋友。当时我们选在了 Dubai Mall 的一个咖啡馆里见面，一边聊天，一边看着购物中心里熙熙攘攘的游客和穿着传统长袍的阿拉伯人。朋友跟我分享了一个"段子"：某位潜在客户咨询了他们很久关于中东市场的情况，准备去沙特实地考察，结果这位客户到达迪拜后，才发现原来迪拜并不属于沙特。和这位朋友一样，我和我所在的机构EqualOcean，也经常收到各种关于中东市场的咨询，有时也会遇到类似"原来迪拜不属于沙特"的情况。

这个真实的段子引起了我的思索：当前，中国企业掀起的出海中东热潮，到底有多大的泡沫成分？现如今，的确有很多在中东市场闯荡的中国企业负责人，然而如果将时间回溯到2021年，那时他们极有可能还从未踏上过这片土地。客观地说，自从2021年以来，中东并未发生什么翻天覆地的变化，被出海人时常挂在嘴边的沙特"2030愿景"，实际上早在2016年就已经发布，这几年间，中东各国的经济增长率也并没有多么的惊人。如果非要说有什么重要因素的话，那无非就是2022年12月，我国领导人对沙特进行了一次访问，这激发了许多企业的信心和兴趣。

我曾经问过很多已经在中东市场扎根的朋友们一个问题：你们会担心发生"中东战争"，并最终影响中国企业在中东的前景吗？他们几乎都不假思索地回答："不担心，没影响。""那海湾六国人口不多，市场规模有限怎么办？"他们反驳道："没关系，海湾国家很有钱。"我又问："你真的相信沙特的'改革开放'会成功吗？"他们说："当然，王储萨勒曼年轻有为，有足够的时间。"我进一步追问："如果某一天，中东一些国家的对华政策变得不再友好呢？"他们满怀信心地说："不可能！"

中东：一个比东南亚更加分裂的市场

与服务中国企业出海东南亚的朋友聊天，他们总是会描绘出这样一幅图景：东盟拥有超过6.5亿的人口，经济增速快，各国对中国都持友好态度，未来印度尼西亚的GDP甚至有望跻身全球前五……而出海中东的朋友们的故事，听起来也很相似：中东、北非人口将近 5 亿，经济水平比东南亚更高，海湾六国特别有钱，尤其是沙特，该国正在推进"2030 愿景"，商机巨大……

然而，东南亚市场的复杂性已经被我们所熟知。东盟的经济一体化进程不算差，但东盟十国在历史、文化、宗教和经济发展水平上，依然存在着巨大的差异。这就导致，当一家企业从一个国家扩展到另外一个国家时，几乎要从零开始。更加重要的是，东盟国家之间的国际关系扑朔迷离、时好时坏，有些与中国的关系也很微妙。如果用东南亚的标准来衡量，那么中东市场会显得更加复杂。

整个海湾六国的总人口仅有 6000 万左右，真正有消费能力的精英阶层更少。而在海湾以外的三个大国中，伊朗和土耳其的语言、文化均与阿拉伯国家不同。自从 20 世纪 70 年代以来，埃及已经无力重塑昔日中东领导地位的荣光，今天的阿盟（阿拉伯国家联盟）实质影响力非常有限。

2015 年 12 月，在与时任美国国务卿克里会谈时，彼时还不是王储的穆罕默德·本·萨勒曼轻描淡写地表达了他对埃及的轻视："如果我想让埃及总统塞西下台，他就得下台。"沙特方面这种对阿拉伯兄弟国家的不屑，充分显示了阿拉伯世界内部的复杂。

事实上，阿拉伯人的部落特性，一直是其社会结构的基石。20 世纪 70 年代之前，开罗、贝鲁特、大马士革和巴格达是中东的大都会，阿拉伯人普遍瞧不起当时还贫穷落后的海湾"乡下封建王国"。但海湾国家凭借石油发家之后，反而对这些昔日的文化中心城市不屑一顾。阿拉伯世界内部的竞争在历史上曾经多次上演，并且一直延续至今。现如今，阿拉伯国家普遍缺乏现代化的国家治理结构，强大的家族和部落体系，依然是影响中东各国政治经济的决定性因素。

以第一次世界大战为背景的电影《阿拉伯的劳伦斯》中，有一幕给我留下了极为深刻的印象：主人公劳伦斯在寻找费萨尔王子的路上，自己的阿拉伯向导因为喝了不属于他的部落的井水而被枪杀。100 年过去了，阿拉伯世界的部落特性依然如故。在这里，宗教、民族和政治利益交织在一起，任何一个微小的事件，都可能引起出人意料的连锁反应。

堆满火药桶的中东：没有国家能独善其身

截至 2024 年 10 月，新一轮的巴以冲突已经持续了一整年，并且已经导致超过 4 万人丧生，数百万人成为难民。这场冲突，其严重程度远超前几次。然而，新一轮巴以冲突并未影响中国企业出海中东的热情，很多人安慰自己："海湾国家未来不会受到战争波及。"但这很有可能只是一厢情愿的想法。

实际上，1948 年第一次中东战争，沙特就曾经参战，当时该国加入了埃及领导的阿拉伯联军。在此后相当长的一段时间里，沙特始终避免直接卷入地区冲突，因为该国极度依赖美国提供的安全保障。2015 年，沙特在也门发动军事行动，尽管战事不利，然而这依然标志着，沙特已经摆脱了过去"韬光养晦"的策略，开始主动参与地区事务。

沙特之所以改弦更张，背后的原因非常复杂：首先，沙特怀有一个"复兴梦"，萨勒曼王储的偶像是亚历山大大帝——这位征服者因赫赫战功而被世人所铭记，是扑克牌中的"梅花 K"。实际上，在中东漫长的历史长河中，没有任何一个"伟大领袖"是靠和平建立威望的。其次是阿拉伯"大哥"的责任感，沙特在接过阿拉伯世界"大哥"的旗帜以后，不得不在地区事务中表现得更加主动，更加强硬。

2024 年 9 月，萨勒曼王储在沙特协商会议上明确表示，巴勒斯坦在东耶路撒冷建国前，沙特不会与以色列建交。然而八年以前，萨勒曼王储曾经与美国代表信誓旦旦地表示："以色列不是沙特的敌人。"沙特方面对于以色列所持态度的巨大转变，源于该国如今所扮演的角色：作为阿拉伯和伊斯兰世界的"大哥"，它绝对不能继续和以色列暧昧下去了。

伊斯兰教各个派系之间的分歧虽然巨大，但是在"反对以色列"这个问题上，各方的立场却出奇的一致。萨勒曼王储还没有实际动作，土耳其的埃尔多安便已经蠢蠢欲动。毕竟，埃尔多安所在的"正发党"，就是伊斯兰教背景的政党，而土耳其也是 1996 年成立的"穆斯林发展中八国集团"（D8）的发起者。

未来沙特只有两种"可能"：要么发展不顺，被迫让出阿拉伯和伊斯兰世界"大哥"的宝座，由其他国家去带头挑战以色列；如果继续发展壮大，就必然会与以色列发生正面冲突，这只是时间问题。那么，作为阿拉伯世界的"大哥"，沙特有没有可能与以色列和平相处？有，但是风险极大。

押注萨勒曼王储的沙特复兴梦：值得吗？

老国王萨勒曼年事已高，萨勒曼王储的身份预计很快就将"转正"。这个从小就喜欢玩《帝国时代》游戏的王储，定下了沙特进入全球经济前七的宏伟目标。自 2016 年提出"2030 愿景"以来，沙特一直在谋求转型。然而，许多人质疑沙特到底能否摆脱对于石油的依赖，并最终实现真正的现代化。一位沙特朋友告诉我：到 2024 年，沙特已经实现了"2030 愿景"70% 的目标，对于这种观点，我持不认可的态度。

回看中东的历史，我们很难对沙特感到乐观。在沙特之前，曾经辉煌一时的埃及、伊拉克、伊朗，甚至土耳其，都先后提出过类似的"复兴计划"，然而最终无一例外地全部失败。

20 世纪 70 年代，伊拉克总统萨达姆雄心勃勃，当时该国凭借石油收入迅速变得富有起来。1980 年，伊拉克的人均 GDP 接近 4000 美元，位居中东之首。萨达姆因此而膨胀了，他在 1980 年悍然发动了对伊朗的入侵，最终让自己的国家在长达八年的时间里深陷战争泥潭。20 世纪 90 年代初，萨达姆治下的伊拉克又入侵科威特，最终他遭到了美国的制裁并被推翻。至此，伊拉克和萨达姆的复兴之梦彻底破灭。

同样陷入困境的还有伊朗。在 1979 年以前，伊朗是中东地区最为繁荣、现代化程度最高的国家之一，该国不仅拥有储量丰富的石油资源，还有强大的工业基础和受过良好教育的民众。但是，伊朗在与美国决裂之后长期遭到国际社会的孤立和制裁。伊朗这个昔日的中东巨头，也逐渐失去了光芒。

20 世纪 50 年代和 60 年代，凭借由纳赛尔领导的"阿拉伯社会主义运动"，埃及成为中东的霸主，首都开罗更是被视为阿拉伯世界的政治和文化中心，阿拉伯国家联盟总部也设在这里。当时，纳赛尔大搞工业化，推行土地改革，他一度试图将整个阿拉伯世界团结在自己的旗帜之下。然而在 1967 年的第三次中东战争中，埃及遭遇惨败，该国甚至失去了西奈半岛。纳赛尔梦碎之后，他的继任者萨达特曾经试图通过与以色列和解来恢复埃及的国际地位。然而命途多舛的萨达特却"师出未捷身先死"，他于 1981 年被极端分子刺杀。

埃尔多安领导下的土耳其，是在沙特之前最后一个试图领导中东，并最终在国际社会拥有举足轻重地位的中东国家。2003 年埃尔多安上台，他试图推动土耳其成为全球前十大经济体。在埃尔多安上任后的前 10 年时间里，土耳其经济年均增长率超过 5%，人均收入几乎翻了三倍。然而，近年来土耳其陷入了经济危机，该国货币大幅贬值，埃尔多安提出的"土耳其世纪"愿景，正在逐渐化为泡影。埃尔多安长期执政的盲目自信，以及该国在内政外交各个方面的频频失误，最终使今天的土耳其酿成了苦果。

那么，沙特能够为中东地区带来改变吗？我的那位沙特朋友认为："沙特和这些国家不同，我们靠的是年轻的人口和经济改革，而不是军事实力来实现复兴。"这话听起来似乎很有道理，但仔细想想，沙特的资源和地缘政治条件并不比伊朗、土耳其、伊拉克或者埃及更好。伊朗与沙特一样拥有丰富的石油和天然气资源，土耳其和埃及的地理位置、旅游资源更为优越。与这些国家相比，沙特的优势是什么呢？更多的石油收入？还是更强的对外开放决心？

要避免重蹈覆辙，沙特必须处理好以下几个问题：一是要避免与超级大国关系恶化，因为一旦被制裁，经济可能立刻崩溃；二是不要卷入战争，尤其不要与其他国家发生正面冲突；三是要防范宗教极端分子，避免意识形态主导经济；四是要认清自己的真实实力，不要打肿脸充胖子。

萨勒曼能够被选为王储，其中一个重要原因是他从小生活在沙特、热爱沙特，极具传统阿拉伯半岛土著贝都因人的气质。萨勒曼同父异母的兄弟们，几乎都在国外留学和生活，沙特其他 25000 名的王子公主大多也是如此。即便在红海边上建起了 NEOM 新城，THE LINE 也不会比伦敦、巴黎、上海、纽约更吸引人。

赌萨勒曼的伟大复兴能够取得成功？还是赌萨勒曼为实现伟大复兴而大手大脚地花钱如流水？这决定了出海沙特的不同打法。

文明摇篮与资源的双重诅咒

学界公认，人类起源于东非，而人类文明则起源于中东的"新月沃地"（两河流域和黎凡特）。约公元前 3700 年，新月沃地出现了最早的国家形态，生活在那里的苏美尔人，更是发明了人类已知最为古老的文字——楔形文字。此外，新月沃地还最早驯化了牛羊，并且最先开始种植大麦小麦，这些成就为农业文明奠定了物质基础。在随后数千年的时间里，犹太教、基督教、伊斯兰教先后起源于中东。

新月沃地的面积并不算大，在历史上随着气候变化更是逐渐缩小。今天再去两河流域和黎凡特地区，一般人很难想象到，人类曾经在这片看起来条件一般的区域里创造出了灿烂的文明。从新月沃地开始，文明向西传播到地中海、希腊、罗马，向东则传播到了波斯、印度。公元前4世纪马其顿国王亚历山大大帝向东征服了中东；后来，罗马也曾经征服过中东。而来自于东方的波斯、蒙古、突厥，都曾经先后占领过中东的大部分地区。由伊斯兰教先知穆罕默德创建的阿拉伯帝国持续了700多年，鼎盛时期其领土一度横跨亚非欧。阿拉伯人拥有经商传统，他们将自己的影响力先后扩张到了北非、南亚和东南亚。现如今，印度尼西亚、马来西亚、孟加拉国都是信奉伊斯兰教的人口大国。然而，从奥斯曼帝国1516年灭掉埃及马穆鲁克王朝开始算起，中东的衰退期已经延续了数百年。

近代以来，西班牙、法国、英国、德国、美国等西方国家先后兴起，东边的日本、"亚洲四小龙"、中国大陆也迎头赶上。哪怕是在今天，中东的发展潜力和吸引力也不及东南亚和印度。殖民时代，英国、法国看重的是中东的农产品以及苏伊士运河。第二次世界大战之后，美国、苏联在中东分别扶持各自的势力，进行代理人战争。冷战结束后，各国之所以看重中东，根本原因还是这个区域的石油储量极为丰富，而石油意味着财富。

中东作为人类文明的摇篮，饱经文明与宗教的冲突；中东丰富的石油、天然气资源，又成了产业发展的诅咒——中东的复杂程度让大多数人都难以应对。从20世纪70年代开始，中东的石油财富迅速累积，然而到了将近半个世纪之后的今天，该地区依然没有几个产油国实现了现代化，遑论发展其他产业。

萨勒曼王储出生于1985年，就算再有50年的时间，他真的能够带领沙特阿拉伯发展成为真正意义上的现代化的国家吗？对此我个人表示怀疑。在我看来，更有可能的一个结果是，随着新能源的普及和页岩革命的推进，未来石油资源的稀缺性和重要性极有可能逐步降低，留给中东几个产油国积累石油财富的日子，应该是越来越少。

中国企业的"蜜月期"还能持续多久？

历史上，中国与中东的直接关系可以追溯到东汉时期，当时，名将班超曾派遣甘英出使罗马（大秦）。尽管未能到达目的地，然而甘英依然成了第一个到达波斯湾的中国使者。到了唐朝，海上丝绸之路逐渐取代了陆上丝绸之路的地位，中国商人与来自于中东的阿拉伯商人、波斯商人展开了繁忙的贸易往来。当时的广州、扬州等地，都曾有大批阿拉伯、波斯商人定居，他们甚至成了当地社会的重要组成部分。

今天，中国企业与中东的关系才刚刚建立不久。尽管在迪拜、利雅得等城市的街头，已经能够看到越来越多的中国企业广告，但是，这并不意味着中国企业对中东市场已经建立起了足够深刻的理解。大多数中国企业，仍然只看到了中东市场的繁荣表象：沙特和阿联酋的巨额基础设施投资，卡塔尔和科威特的庞大主权基金，迪拜和阿布扎比的奢华生活方式，等等。

然而，中东不仅有王子、石油和巨富，这个区域还有深刻的宗教、社会和文化矛盾。中国企业目前享受的"蜜月期"，随时都有可能随着中东政治环境的变化而终结。一旦中国企业在某些行业中占据主导地位，它们将不可避免地卷入矛盾的漩涡。

一言以蔽之，中东市场的复杂程度，远超中国企业的想象。在那里，文化和宗教是决定性的因素。与在东南亚、非洲或拉美市场所面临的商业竞争不同，中东市场的竞争，绝不仅仅是企业之间的博弈，更多问题来自于文化、宗教和历史层面。

中国版"阿拉伯的劳伦斯"在哪里？

出海中东，不仅需要商业智慧，还需要深入了解当地社会的"文化中介"。在电影《阿拉伯的劳伦斯》中，主人公劳伦斯便是这样的一位文化中介，他能在各个部落之间游走，并且凭借深厚的语言和文化背景，在阿拉伯世界各派系间游刃有余地生存。劳伦斯不仅是一名英国军官，他还是一个能够理解阿拉伯人心态的"半个阿拉伯人"。正因如此，劳伦斯才能够短暂地将本不相干的部落整合在一起，为英国的利益服务。

劳伦斯这样的人物百年难遇，而今天中国企业出海中东，更需要一批具备"文化中介"作用的中国版"阿拉伯的劳伦斯"。当前，大部分中国企业缺乏对中东文化的深刻理解。在中东街头，许多中国企业的广告，以中文或英文来呈现内容，这一事实足以证明，我们的企业缺乏对当地宗教、文化的理解。在宣传、推广过程中，一些中国企业完全照搬国内的策略和逻辑，这种做法甚至造成了很多尴尬。

中东各国有着不同的宗教规范和社会习俗。例如，沙特对女性的着装要求极为严格，而在阿联酋，女性的着装则相对自由。同样的产品或广告，在沙特可能被视为"失礼"，在迪拜却被认为正常，甚至是非常时尚。因此，中国企业在进入中东市场时，必须首先对当地社会有深刻的了解，才能避免文化上的"水土不服"。

一位沙特朋友曾经问过我这样一个问题："为什么很多中国企业的广告上，连阿拉伯文都没有呢？"很多中国企业在进入中东市场时，依然抱有"外来者"心态——我们花钱、我们有技术，你们就应该欢迎我们。但是在中东，文化尊重远比商业逻辑显得更为重要。缺乏对文化的尊重，很容易导致商业上的失败。如何使用阿拉伯人的语言、习俗和文化，去讲述中国品牌的故事，这是每一个出海中东的企业都需要深思的问题。

此外，在中东市场的经营中，企业还必须面对复杂的人际关系。中东社会的本质，依然是一个"人情社会"，家族关系、部落情感、宗教身份都是构成社会关系网络的重要元素。与中东企业打交道，仅仅依靠商业合同是远远不够的，我们还需要与当地人建立深厚的个人关系。我们只有理解并且融入这种独特的人际关系网，才能在中东真正站稳脚跟。

截至目前，还没有中国版"阿拉伯的劳伦斯"。

再思考：中国企业在中东能走多远？

未来中国企业在中东究竟能够走多远，取决于以下几个关键问题：第一，中国企业能否彻底摆脱"外来者"的心态，真正融入当地社会？第二，中国企业能否与当地人在文化和宗教层面上建立起互信的桥梁？第三，中国企业能否在不稳定的地缘政治局势中保持灵活性？

在中东地区，"外来者"身份是很多跨国公司都曾经遇到过的普遍问题。即便是已经扎根中东多年的西方企业，也难以彻底摆脱这种身份的不认同感。至于中国企业，由于我们进入中东市场的时间相对较晚，因而更加容易被视为"投机者"。一些企业为了快速打开局面，采取了高调的营销策略，但是在中东，这种方式往往适得其反。

相较之下，西方企业在中东的经验值得借鉴。例如，很多欧美企业在进入中东时，都会招聘大量熟悉本地文化的阿拉伯籍管理人员，并以"阿拉伯面孔"进行品牌宣传。与此同时，他们也会长期资助本地的教育和文化项目，以此来赢得中东社会的信任和认同。这种"润物细无声"式的宣传、推广模式，比直接铺天盖地的广告攻势更加有效。

中国企业是否能够做到这一点呢？这会是一个巨大的挑战。中国企业擅长的是"速度"，而中东市场讲究的是"耐心"。中国企业喜欢"大手笔"投资，而中东市场则更看重"细水长流"。这种文化上的差异，决定了中国企业在中东的"蜜月期"，可能比在其他市场来得更加短暂。

接下来再谈谈文化和宗教互信的建立。中东是一个宗教主导的社会，宗教的影响深入到社会的各个层面。任何一个看似无关紧要的商业决定，都可能引发巨大的宗教或文化反弹。

最后是在地缘政治局势中保持灵活性。中东的政治局势瞬息万变。一个国家的政策，今天可能对中国企业极其友好，但明天就有可能因为外部压力或内部变化而发生逆转。中国企业如果希望在中东长期立足，就必须学会快速调整自己的战略。比如，当两个国家的关系恶化时，我们应该如何在两者之间保持平衡？又该如何处理自己在两国的业务？

中东的文化和政治复杂度，在世界范围首屈一指。

未来：中东市场究竟有多大的吸引力？

最终，中国企业需要问自己一个根本性的问题：如果中东没有了石油，没有了这些庞大的主权财富基金，你和你的企业还愿意去那里吗？

中东之所以能吸引全球的目光，石油和天然气无疑是最重要的因素。如我前文所提到的，这片土地，同时承载着文明摇篮与资源诅咒的双重重担。萨勒曼王储所推动的沙特"2030愿景"，试图用几十年时间打破该国经济对于石油产业的严重依赖，从而让沙特从一个资源依赖型国家，转型成为一个现代化经济体。然而，其他中东国家的失败经验表明，要在这片土地上实现"脱油"转型，需要的不仅仅是金钱和决心，还需要社会结构层面上的深刻变革。

沙特改革势必将碰到这样一个难题：本身已经生活优渥的沙特本地人，很难找到变革的动力；而至于外籍劳工，再折腾也难以实现阶级跨越。2017年11月，萨勒曼王储在利雅得的丽思卡尔顿酒店搞了一次"反腐"，成果极为显著。但是，沙特有多达25000名王子公主，盘踞在他们周围的各大家族之间利益错综复杂，现在看来，沙特恐怕还需要再多搞几次"反腐"，才有可能真正形成改革的共识。

　　对于中国企业来说，当前趁着沙特"改革开放"的风口大量投资，这应该不是一件坏事。但我们必须清醒地意识到，沙特的发展绝不可能是一条坦途。今天的蜜月期，未来可能变成极为严苛的考验。与其说中国企业在中东追逐的是现有的经济利益，还不如说是在赌萨勒曼王储的改革梦想能否实现。如果萨勒曼王储成功，中国企业将成为中东市场的重要参与者；如果他失败了，那么这股抢滩中东的热潮，很可能会以"大撤退"而告终。

　　我不敢盲目乐观。

图 3-2　2024 年 7 月 27 日，作者在迪拜组织出海中东私聊局

阿拉伯的劳伦斯和《智慧的七大支柱》

托马斯·爱德华·劳伦斯，更广为人知的称呼是"阿拉伯的劳伦斯"。劳伦斯是英国的考古学家、军事官员、外交顾问和作家，生于1888年，卒于1935年；他因在第一次世界大战期间支持阿拉伯人反抗奥斯曼帝国的统治而闻名。

劳伦斯出生于英国威尔士的特里马顿，并在牛津大学耶稣学院学习历史。在大学期间，他对中东地区产生了浓厚的兴趣，并去中东进行了多次考古调查。他的早期经历使他对阿拉伯文化和语言有了深入的了解，这在后来的军事和政治活动中发挥了重要作用。

第一次世界大战爆发后，劳伦斯被派往中东地区，并很快参与了支持阿拉伯人反抗奥斯曼帝国的行动。1916年，他参与了希赛因·本·阿里发起的阿拉伯起义，成为起义领袖费萨尔王子的亲密顾问和助手。劳伦斯不仅提供军事策略，还协助组织供应和增强阿拉伯部队的凝聚力。劳伦斯对游击战术的运用极具影响力，他领导的阿拉伯部队频繁地对奥斯曼帝国的铁路和通信设施发动袭击，极大地削弱了敌军的战斗力。他的战术强调灵活机动，重视心理战和意外袭击，对现代不对称战争有着深远的影响。

战争结束后，劳伦斯参加了巴黎和会，试图为阿拉伯人争取更多的政治自主权，但他对和会的结果感到失望，感觉到大国为了政治而牺牲了阿拉伯人的利益。战后，劳伦斯回到英国，重新加入皇家空军，以逃避公众关注。他还写了《智慧的七大支柱》，这本书详细记录了他在中东的经历和思考。

在《智慧的七大支柱》中，劳伦斯提到了自己如何开始穿着阿拉伯传统服装，并尝试模仿阿拉伯人的行为和语言习惯。这不仅是为了融入当地社会，也是为了赢得阿拉伯人的信任和尊重。他认识到，表面上的适应可以促进更深层次的对话和合作。劳伦斯在书中还讲述了他如何学习并尊重阿拉伯的社会习俗和宗教传统。他了解到，真正的合作需要对合作伙伴的文化背景有深刻的理解和尊重。这种文化敏感性使他能够更有效地与阿拉伯领导者沟通，并协助规划和执行起义行动。

劳伦斯是一个复杂的人物，既有争议也备受赞誉。他在阿拉伯半岛的活动不仅影响了当地的政治格局，也对西方对中东地区的理解和政策产生了深远的影响。劳伦斯的生活和工作被许多书籍、文章和电影描绘，其中最著名的是 1962 年的电影《阿拉伯的劳伦斯》，由彼得·奥图尔主演。这部电影让劳伦斯的形象深入人心，使他成为 20 世纪最具传奇色彩的历史人物之一。该剧是美国前总统奥巴马最喜欢的电影之一，劳伦斯在阿拉伯世界的经历凸显了跨文化理解和合作的重要性，奥巴马在任期内也特别强调文化外交和国际合作的价值。

今天英国在中东的影响力早已不如第一次世界大战时，但中东的精英阶层大量在英国接受教育，和英国维持着千丝万缕的联系。第一次世界大战期间，英国外交大臣贝尔福代表英国国王以通知的形式致函犹太复国主义联盟，宣布支持在巴勒斯坦建立一个"犹太民族之家"。《贝尔福宣言》为犹太复国主义者在巴勒斯坦建立犹太国提供了依据，也埋下了犹太复国主义者和阿拉伯人之间的纠纷和冲突的祸根。

阅读书籍推荐:《智慧的七大支柱》(托马斯·爱德华·劳伦斯著);《征服与革命中的阿拉伯人：1516 年至今》(尤金·罗根著)。

03 重新审视出海印度的机会

孟加拉国｜哈西娜｜印度｜第三｜法显｜玄奘｜莫迪｜PN3｜印度制造｜出海印度｜亚洲世纪｜亚洲价值观

2024 年 8 月 4 日，孟加拉国首都达卡的街头混乱不堪，学生们发起的抗议浪潮愈演愈烈，他们高呼口号，要求执政多年的孟加拉国总理哈西娜下台。整个达卡充满了紧张的气氛，我当时正在达卡北部的 Gulshan 区域，距离美国大使馆不到一公里。在一家小小的咖啡馆里，我和一位在孟加拉国工作了 15 年的老出海人坐下来，聊起了这个国家的商业机遇与挑战。

"你知道吗？最大的挑战，其实不是来自孟加拉国内部，而是来自印度。"他突然话锋一转，语气中透出几分谨慎。"长期以来，孟加拉国都受到印度的深刻影响。1975 年，哈西娜的父亲、孟加拉国的首任总统遇刺身亡，当时哈西娜是由印度收留并且保护起来的。直到今天，哈西娜的政府内部还有不少亲印度的高官。中国企业出海孟加拉国，和本土企业竞争倒还好，但你不太可能竞争得过印度企业。"

第二天，哈西娜总理迫于抗议的压力宣布辞职，并且迅速逃离达卡、再次飞往她熟悉的印度。我没想到，自己居然在孟加拉国切身感受到了印度的"实力"。

不是"阿三"，而是"第三"

2018 年我第一次去印度考察，那时该国的 GDP 排名世界第七。五年后的 2023 年，印度 GDP 已经上升到了全球第五位。印度的发展目标，是在 2028 年或最迟 2029 年成为全球第三大经济体。以印度当前的发展势头来看，很有希望实现这一目标。

对于一些中国人来说，印度的总理纳伦德拉·莫迪不是一个讨喜的人。在莫迪的领导下，中印关系经历了几十年来的低谷。然而不可否认的是，莫迪凭借强有力的领导风格，连续赢得三次大选，他在印度国内拥有广泛的支持者。从2014年起至今，莫迪政府推出了一系列激进的改革，包括税制、银行体系和制造业政策的调整，这一系列举动推动了印度经济的持续增长，莫迪深刻改变了这个古老的国度。

不少国人称印度为"阿三"。有一种说法，"阿三"这个称呼，源自民国时期上海英租界的印度巡捕，当年上海人便以"阿三"称呼他们，这多少带有歧视的意味。另外一个说法，是印度独立后自认为是美国、苏联之外的第三强国，因此我们以"阿三"调侃印度的自不量力。

真正踏上过印度土地的中国人，大多会被该国破烂的基础设施、庞大的人口以及恶劣的卫生条件所震撼。实际上，很多外国人曾经都会调侃印度的自不量力。中国与印度互为邻邦，两国之间曾经发生过几次"意外"和"摩擦"，因此不少中国人对印度的评价尤其差。2018年我在印度时，得知这样一条消息：中国某公司在印度的分部，都无法吸引到足够的国内人才。数据显示，2018年中国有28.2万人前往印度，而印度赴华的游客人数则接近100万人。

抛开偏见，一个大概率成立的事实是：印度对中国的了解程度，大于中国对印度的了解程度。这个事实其实很正常，因为大多数人都倾向于盯着比自己好的、轻视比自己差的。中国人天天盯着美国，但美国人对中国的了解，大概率不及中国人对美国的了解那般深入。但问题是，美国人对中国的不了解或者说轻视，造成了美国对中国的许多误判，他们也为此而付出了相应的代价。那么，中国有必要去犯同样的错误吗？显然不应该！

所以，认识并承认印度即将成为"第三"，对我们非常重要。无论你是否相信印度发展所带来的巨大机遇，都可以在实事求是的基础上做出相应的谋划。在 21 世纪余下的时间里，中美印三国之间的关系，将直接影响到全球稳定。可以肯定的是，在未来，中国避免不了和印度打交道。

第二次世界大战结束以后，美国针对苏联制定出了一整套"遏制战略"，当时该战略的操刀人乔治·凯南是一个通晓俄语、深谙苏联政治文化与历史背景的"苏联通"。因此，对于中国来说，了解印度、研究印度，将是未来国际竞争中的关键之一。中国有更高的目标，并且在可预见的将来，中国根本没有可能被印度赶超，所以我们完全没有必要无脑贬低或忽视印度，否则，我们必将失去真正理解这一即将崛起为世界第三大经济体的机会。

中印其实并无深仇大恨

很多中国人（和印度人）都忘记了这样一个事实：中印两国都曾经被西方列强侵略，双方之间其实并无深仇大恨。

中印两国均为世界文明古国。在古印度大一统的孔雀王朝末期，中国也迎来了秦朝统一六国。古印度的贵霜帝国强盛之时，中国正处在东汉，当时在以长安为东起点的"丝绸之路"上，贵霜帝国是东西方贸易中的最大受益者之一。在印度引以为豪的笈多王朝旃陀罗笈多二世时期，中国东晋僧人法显抵印，他给予该国很多正面评价。200 多年以后的唐朝贞观年间，一个更为著名的僧人玄奘（唐僧）访印，并且在该国生活了十余年，他留下的巨著《大唐西域记》中关于印度的章节，为没有修史习惯的印度留下了珍贵的史料信息。

直到近代，统治印度的莫卧儿帝国和统治中国的清王朝，同样备受西方列强的欺辱。1947 年印度独立、1949 年新中国成立后，两国曾经是"兄弟般的关系"，印度是最早与中国建立外交关系的国家之一，双方在国际舞台上也相互支持。50 年代末，中印关系因边境问题而逐渐恶化，1962 年双方之间爆发冲突。到了八九十年代，中印双方都走上了以经济建设为中心的道路，两国关系整体向好。

2014年9月，中国领导人访问印度，第一站便来到了莫迪的家乡、印度西部的古吉拉特邦，当时中印双方达成了诸多共识。紧接着，2015年中国举办了"印度旅游年"，2016年印度举办了"中国旅游年"。在2009年开启的金砖国家机制基础上，2017年印度成了上合组织的正式成员，中印关系一度非常友好。

2020年，莫迪第二个任期期间，中印关系迅速恶化。当年4月，印度出台了限制中国企业投资印度的Press Note 3（PN3）政策，要求包括中国在内的邻国，其投资只能在先获批准的情况下，才能通过政府途径进入。2个月后，中印边境冲突爆发。9月，印度政府宣布禁用118个中国手机软件，中印关系跌入了数十年的最低谷。

2024年莫迪进入第三个任期，中印关系开始有解冻的迹象。莫迪对华态度在软化，印度"鹰派"外交部长苏杰生对外表示，中国已经是一个全球超级大国，印度应该放下斗争的思想，或者说把这个问题放在未来去解决；印度国内政商两界对于修改PN3政策的呼声也在变大，他们中的大多数都希望引进中国投资。

中印相互需要、应该求同存异

如今，中国企业出海印度面临着一些困境。印度的一些人不相信中国企业会为印度带去真正的贡献，他们担心中国企业控制印度的核心产业。

回看我们的经验，如果之前中国政府限制外国企业来华投资，中国的发展速度必定会受影响；反过来，如果外国企业拒绝出海中国，它们也会丧失国际竞争力和庞大的市场。中国企业出海印度的情形也大抵如此：如果不去，那无疑是错过了一个巨大的机会，那必将损害中国企业的国际竞争力；

而如果印度阻止中国企业进入，肯定也会拖慢其经济发展速度。

印度方面已经认识到了这一点。2014 年，莫迪提出了"Make in India"（印度制造）发展目标，原计划到 2022 年时，制造业领域就业人数增加 1 亿人，制造业增加值占 GDP 的比重达到 25%，并且超越中国、成为世界制造强国。但是直到现在，该计划主要目标的完成度，依然大幅低于预期。莫迪政府引以为傲的成就——外商直接投资（FDI），更是从 2022 年的 490 亿美元大幅下滑了 43%，到 2023 年只有 280 亿美元。

2019 年之后，中国企业在印度的投资行为备受限制。不过在印度的 2023—2024 财年，中国超越美国，成了印度最大的贸易伙伴，并且印度对中国有 850 亿美元以上的逆差。具体来看，2023—2024 财年中，印度的进口商品总额为 6772 亿美元，来自于中国的进口额为 1018 亿美元，中国商品进口额占了印度进口总额的 15%，这一比例比十年前更高。实际上，印度的制造业水平依然停留在零部件组装水平，印度需要从中国大量进口中间件和零部件。也有一些中国企业，寻求通过某种特殊的方式来发展自己的在印业务。比方说，SHEIN 谋求与印度信实零售风险投资公司（Reliance Retail Ventures）合作，此次合作不涉及合资，SHEIN 希望借此以曲线方式重返印度市场。

对于莫迪政府来说，PN3 政策没有发挥出预期的作用，而"Make in India"也面临失败风险。实际上，仅仅依靠从发达国家引进技术、产业转移，很难支撑起印度的制造业大国梦。首先，发达国家的制造业存量不足，将原先放在中国的产业链转移出来的难度比预想中高得多；其次，发达国家现存产业所需的人才类型和质量，与印度当下的实际情况无法匹配。一个国家在向高端制造产业进发前，低端制造是必经的发展阶段。中国的经验是，如果没有早期的"三来一补"培养了大量制造业劳动力和人才，也就不会有后来高端的"苹果链"和"Tesla 链"。

那么，中国企业可以放弃印度这个市场吗？简而言之，放弃印度市场，将带给中国企业难以承受的损失。全球并不缺乏劳动力红利，但是像世界人口第一大国印度这般广阔的消费市场，却凤毛麟角。如果按人均 GDP 来计算，2024 年印度为 2700 多美元，相当于中国 2007 年时的水平。换句话说，目前的印度消费市场，极有可能正处于爆发的前夜。2008 年后，无论是大众、松下、宜家，还是优衣库、欧莱雅、星巴克，一大批外资企业在中国同时进入了一个赚钱的黄金时期。

可以肯定的是，未来的印度是一个四五倍于印度尼西亚、数十倍于海湾六国的庞大消费市场，任何有志于打造全球竞争力的中国出海企业，都绝对不能忽视印度。在未来的全球舞台上，中国出海企业和印度出海企业必然会越来越多地碰撞，双方最合理的策略，不是退出，而恰恰应该是进入对方的本土市场。印度市场的确存在无数值得吐槽的地方，但其多样性、与西方的连接度，都是中国企业冲击更高国际竞争力所需要补上的短板。

在印中国企业运营得不算差

目前，印度政府对中国企业确实采取了诸多限制和防备的政策，但是除了已经见诸报端的负面新闻，多数在 2020 年 PN3 政策出台前便已进入印度市场的中国企业，如美的、海尔、三一、vivo、OPPO、传音、欣旺达、光弘、上汽名爵、宁德时代、联影、顾家家居、深圳沃特沃德、东莞奥海、上海海融、广西柳工、常州诚达等，不少发展得还算不错。印度政府的一系列政策，限制住了后来者进入该国市场，而这对先行者来说，反倒是一个利好。

2023 年，中国对印度的贸易顺差在 850 亿美元以上，这样的赚钱生意当然应该来者不拒。但需要理解的是，对印度这样的国家和市场，外贸型出海的天花板不高，未来中国企业在印度注册的法人公司的销售额，会超过中国出口到印度的外贸额，这意味着印度也会从中受益。伤敌一千、自毁八百的思维，在商界不是共识。如果引导得当、以经济促进中印两国关系改善，中国就能够集中精力维护自己更核心的利益。

早在 1995 年，印度就已经加入了世界贸易组织。更加重要的是，印度国内各邦的自主性强，并且更加注重自身利益，这使中国企业出海印度时有很多应对风险的战术。外资企业在中国，尚且可以利用中国各省市之间的竞争关系为自己争取到最好的条件，那么中国企业在印度，就更加应该分散布局，充分利用好印度"散装"的特色，尽可能做好风险的平衡。

与十年前的 2014 年相比，印度的营商环境整体有所改善。如果接下来中印关系继续向好、莫迪政府改变 PN3 政策的话，那么中国企业大可积极出海印度。

当然，挑战无处不在

中印关系会继续改善、莫迪政府会放开 PN3 政策吗？我个人认为，中印关系会走出低谷、逐步解冻。

当然即便如此，中国企业出海印度也会面临很多挑战。最现实的一个挑战是：过去五年去过印度的中国人极少，中国企业出海印度的人才已经断代，这一情形需要较长时间才能发生改变。此外，更深层次的挑战是，在中印两大文明古国的民众中间，那些夹杂着民族情绪的相互歧视由来已久，这导致两国能够客观看待彼此的人并不多。敬业的中国人与"Jugaad"的印度人，存异很大，而求同不足。

两国民众之间的龃龉和误解，绝非仅靠企业投资就能从根本上解决的。我们应该恢复之前中断的"印度旅游年""中国旅游年"，在此基础上，推进包括企业家、学者、青年的高频交流。此外，我们还应重建 Chinatown 这样的华人聚集区。否则，虽然印度市场广阔，但中国企业投资于该国，就像旅人在沙漠中穿行，其危险和困难程度，恐怕只有法显、玄奘这样有强烈使命感的人才能坚持下去。

印度是一个怀有超级大国梦的国家。在这个问题上，积极的方面是，印度的发展策略有明显借鉴中国的痕迹，因此研究、学习当年外资企业出海中国的经验，会有助于中国企业更好出海印度。消极的方面是，但凡有大国梦的国家都自视颇高，而且都更加强调独立自主。因此，投资于这些国家的外资企业都要认清现实：作为外来者，外资企业无法摆脱为本土企业做嫁衣的角色，因此到了某个特定的历史阶段，外资企业要么更新业务类型，要么只能退出该国市场。

中国企业出海印度，必将面临诸多挑战。

超越历史、共建亚洲价值观？

2024 年，印度和加拿大之间的争吵愈演愈烈，甚至发展到了相互驱逐外交官的地步。印度历来自我定位颇高，我们并不能认为，该国已经完全倒向了西方国家和西方价值观。实际上，印度将中亚、东南亚、西亚和海湾国家视为"延伸的邻国"，在东亚乃至整个亚太地区奉行"东向政策"。历史上，南亚次大陆处在东西方贸易的中间枢纽地带，长期以来该地区一直是世界上最繁荣的区域之一。现如今，印度依然是一个处于"中间"的国家。

东亚、东南亚、南亚属于当下全球经济最有前景的区域，经济总量加一起已经超过了欧洲和北美。很明显，21 世纪注定是一个属于亚洲的世纪。在东亚峰会上，东盟十国以及中日韩均派代表参会，印度也是观察员国。如果只盯着过去 200 年历史，那么这些亚洲国家大概率将放大制度分歧；但如果回顾过去 2000 年的历史，那么各方之间的"亚洲价值观"共识将成为主流；而如果更多地去思考人类所面临的共性挑战，这些国家必将会找到更多合作的空间。

我期待中印关系改善。要想实现这一目标，我们需要更多地强调历史与联系，也需要在面向 2047 年、2049 年的远景中，携手克服人类共同面临的挑战。尽管难度很大，但这并不妨碍我们去许下这份期待。

图 3-3　2018 年 4 月 29 日，作者在印度首都新德里参加中印创业者交流会

拓展阅读

出海业务做得不错的十家印度企业

中国企业近年来纷纷出海，其实印度企业在出海方面更加积极。印度商业精英几乎都是国际化人才，多在国外接受教育，能讲一口标准的英语，很多家族早在英属印度时期就发迹了；1995 年，印度加入了世界贸易组织，印度的大公司也将触角伸向国外，大量收购从非洲矿产到英国钢铁公司在内的各类资产。另外印度拥有世界上数量最大的移民群体，每年往印度国内的汇款非常多。

印度有哪些企业在出海方面做得不错呢？以下十家公司值得关注：

塔塔集团（Tata Group）。这是印度最大的集团公司之一，旗下的钢铁、汽车、电力、咨询等业务都非常大。其产品和服务覆盖 160 个国家，在 100 个国家有实际运营。这家成立于 1868 年的企业，其创始人最开始就是做中国和英国的贸易生意起家的。2000 年后，该企业通过海外大量并购推进全球化。其官网显示，塔塔集团在欧洲有 19 家公司、员工 6 万人，在北美的 13 家公司有 3.5 万人，在中东和北非有 23 家公司，有超过 1.2 万名员工。

巴帝电信有限公司（Airtel）。巴帝电信是世界第三大移动运营商，在印度之外 17 个国家和地区有运营。除了南亚之外，巴帝电信在非洲有很强的存在感，在乍得、加蓬、马达加斯加、尼日尔、刚果（金）、马拉维、坦桑尼亚等国市场排名第一，在肯尼亚、尼日利亚、赞比亚、乌干达也都排名靠前。

埃迪亚贝拉集团（Aditya Birla Group）。该集团旗下业务繁多，仅上市公司就有 7 家，业务覆盖金属、水泥、时尚零售、金融服务、纺织、化学、房地产、娱乐业。该集团的创始人 Aditya Vikram Birla 被认为是印度最积极出海的实业家，集团在超过 36 个国家有实际运营。2024 年，集团营收 650 亿美元，其中超过 50% 来自海外市场。

信实工业公司（Reliance Industries）。创建于 1958 年，是印度第一个进入全球 500 强的公司，业务包括石油和天然气勘探、炼油和销售、石化、纺织品、金融服务及保险、电力、电信、数字服务等，业务覆盖超过 100 个国家。信实工业公司是外资企业进入印度市场的首选合作伙伴。

马恒达集团（Mahindra）。成立于 1945 年，业务包括汽车整车制造、零部件制造、建筑、信息技术和财经服务以及贸易等领域。该集团有员工 26 万人、收入 230 亿美元，业务覆盖全球 100 个国家。其中，马恒达集团在美国、巴西、智利、奥地利、荷兰、阿尔及利亚、肯尼亚、南非、印尼等国有制造基地。

印孚瑟斯（Infosys）。成立于 1981 年，以商业咨询、技术、工程和外包服务为主营业务，是印度最大的软件公司之一，也是印度第四家市值突破 1000 亿美元的公司。从 1987 年开始，印孚瑟斯先后在美国、英国、加拿大、法国、中国、澳大利亚等国家开设分公司；截至 2024 年，该公司有超过 30 万名员工，其中 15% 在印度之外；在其将近 200 亿美元的收入里面，来自印度的只有不到 5%。

HCL 集团（HCL Group）。旗下核心公司为 IT 服务公司 HCLTech，这家公司在全球 60 多个国家有超过 22 万名员工。2024 财年 HCL 的营收规模为 130 亿美元，其中超过 60% 的营收来自美国，近 30% 营收来自欧洲。

雷迪博士实验室（Dr. Reddy's Laboratories，DRL）。印度知名制药公司，成立于 1984 年。20 世纪 90 年代 DRL 开始走向全球，最早的国际化动作是 1992 年进入俄罗斯，1997 年它成功将一种抗糖尿病候选分子 Balaglitazone 授权给糖尿病药物行业巨头——丹麦的诺和诺德公司，成功打入国际药品市场。DRL 在全球超过 50 个国家和地区有超过 400 种药品上市销售，2024 财年 DRL 的收入为 35 亿美元，主要来自美国和欧洲。

Rajesh Exports 公司（REL）。成立于 1989 年，是一家总部位于班加罗尔的公司，从黄金冶炼到零售全产业链都有涉及。作为全球最大的黄金加工商，它年加工全球 35% 的黄金制品，是印度最大的黄金制品出口商。REL 拥有全球最大的珠宝设计数据库之一，在印度及世界主要黄金市场建有广泛的营销网络。2024 财年 REL 的收入规模为 310 亿美元，在 60 个国家销售产品。

苏司兰能源（Suzlon Energy）。成立于 1995 年，从纺织业起家，后进入新能源行业。截至 2024 年，该公司有约 6000 名员工，收入规模超过 6 亿美元。苏司兰能源是印度最大的新能源公司，在海外 17 个国家和地区有运营，包括保加利亚、德国、葡萄牙、罗马尼亚、西班牙、土耳其、南非、尼加拉瓜、巴西和乌干达。另外在中国天津，该公司设有制造基地。

阅读书籍推荐：《新镀金时代》（詹姆斯·克拉布特里著）；《我在印度的 701 天》（郭菲著）。

04　更新对印尼的认知

泰国｜印尼｜普拉博沃｜苏哈托｜佐科｜印尼崛起｜荷兰｜日本｜苏加诺｜2045 黄金印尼愿景｜潘查希拉

2024 年 4 月下旬，我在泰国曼谷拜访了一个做出海泰国生意多年的朋友。当我问起他为何选择出海泰国而不是市场更大的印度尼西亚时，对方脸上露出一丝不悦的表情，似乎在责怪我作为一个颇有知名度的专家，竟然不专业地问出一个答案如此简单的问题。

"东南亚各国在政治、经济方面都取得了巨大成功的，除了新加坡就只有泰国。而新加坡面积小，也没有曼谷好玩……印尼的政治、民族、宗教问题较为复杂。"

朋友的语气充满了自信。2024 年出海方向的一大热点，是中国车企纷纷落地泰国，在曼谷燥热的街头，中国品牌的汽车越来越常见。

两个月后，我在上海见到了一个常驻印尼、回国出差的朋友。我想起在泰国那位朋友的担忧，于是提出了自己的疑问：印尼胜选总统普拉博沃，在 20 世纪 90 年代末作为时任总统苏哈托的女婿，你不担心他 10 月份上台后会带来政策变动吗？

这位常驻印尼的朋友，显然已经向很多人回答过这个问题："完全不用担心，他是佐科总统推举的，佐科总统的大儿子还是他的副总统，中国企业出海印尼不用担心……"

这位朋友的判断似乎得到了印证，普拉博沃在 2024 年 3 月的最后一天，以胜选总统的身份访问了中国；2024 年 10 月正式就职后，他在 11 月再次访问了中国。

很多人喜欢用高层到访或者互访的次数，来作为评判两国关系的一个重要指标。一般情况下，这个指标没什么问题，比如，佐科总统在 2022 年、2023 年频繁访问中国。然而，政权更替后的访问，也有可能朝着不同的方向发展，如菲律宾总统小马科斯。

原因很简单：没有任何一位总统希望活在前任的影子里。

作为普拉博沃的"老领导"，佐科出生于 1961 年，他的年纪比 1951 年出生的普拉博沃还要小十岁。事实上，1990 年，当佐科因为生意损失 6000 万印尼盾（当时约合 3 万美元）而面临公司破产时，普拉博沃已经与苏哈托总统的女儿结婚 7 年，并担任印尼特种部队的指挥官。

普拉博沃出身显赫：他的祖父创立了印尼国家银行，父亲是印尼经济学的奠基人之一，并担任过经济部长和财政部长。普拉博沃在马来西亚、英国、瑞士、美国等国家都生活或学习过，通晓英语、法语和德语等多国语言。

1998 年普拉博沃与苏哈托决裂，他也因此而被迫离开军队。随后，普拉博沃转战商界与政界，从 2004 年起不断角逐总统大位。2004 年，普拉博沃止步于党派初选，无缘总统大选；2009 年，他与梅加瓦蒂搭档，竞选副总统，但败于苏西洛组合；2014 年和 2019 年，他两度以总统候选人身份参选，却都不敌佐科。

2024 年，73 岁的普拉博沃终于如愿当选印尼总统。非凡的出身、丰富的国际视野、屡败屡战的勇气、对权力的极度渴望、古稀之年得偿所愿……所有这些特质，共同勾勒出一个不甘心做佐科政策继承人的普拉博沃。

看看普拉博沃内阁的成员数量，高达 109 人！在印尼历届总统中，也只有苏加诺在权力危机时，曾经塞进超过 100 名内阁成员。实际上，内阁成员数量多并非好事，这说明高层派系情况严重，总统权威不够。

与佐科以"素人"身份进入政坛不同，普拉博沃早已是"老油条"，他深谙政界之道。可以预期，在各派系利益诉求的夹缝中，印尼接下来的营商环境可能变得更加复杂，这对出海印尼的企业来说并非好事。

脾气火爆的普拉博沃，势必走出不同于佐科的道路。

佐科从小在印尼生活、学习，大学毕业后从事家具出口工作，当选总统后展现了亲商和开放的态度。普拉博沃虽有多国学习、生活经历，并通晓多种语言，但他更加倾向于民族主义。在历次总统竞选中，普拉博沃一再强调：必须避免国家财富的外流。对印尼在 20 世纪 90 年代末出售一些重要企业的做法，普拉博沃也一直耿耿于怀。

与超级总统制的菲律宾不同，印尼总统的权力，在一定程度上要受到党派的牵制，这有助于平衡政策。但是，利益的重新分配依然不可避免。或许可以预期，在内政方面，普拉博沃在照顾各派系利益时将面临制约，改革或许不会一帆风顺。

在对外政策上，普拉博沃这位具有国际视野和民族主义倾向的领导人，可能会表现得更加积极。一方面，普拉博沃将通过"印尼崛起"来凝聚民族认同；另一方面，则是提高对外资外企的要求，大力扶持本土企业。

"我们不想成为他国商品的倾销地，也不想只输出家庭佣人，更不想成为远方国家的仆人。"2014 年总统大选辩论时，普拉博沃曾这样总结他的主张。

普拉博沃年事已高，他极有可能只当一届印尼总统，在任期内未必能够实现印尼的"大国梦"。但基本可以确定的是，印尼的崛起势不可当。1996年和 2009 年，中国相继出版了《中国可以说不》和《中国不高兴》。未来的印尼，或许也会发出"印尼可以说不""印尼不高兴"的声音。多数出海印尼的中国公司，显然对日益崛起的印尼及其市场机会缺乏足够的理解。

自 18 世纪以来，印尼人经历了荷兰人近三百年的殖民统治。第二次世界大战期间，印尼成为日本的势力范围。

值得一提的是，日本在印尼留下了极为深远的影响。在日本殖民时期，日本释放了被荷兰殖民政府囚禁、流放的印尼民族主义领导人，这其中就包括印尼的开国总统苏加诺和副总统哈塔。此外，日本占领当局还大规模征召印尼青年接受军事训练，以便在盟军登陆时上战场。日本撤离以后，荷兰人发现，自己面临的是一个更有战斗力的印尼。

1945 年，苏加诺宣布印尼脱离荷兰殖民统治，并且发布独立宣言："我们是印尼子民，在此宣告印尼独立，并将尽快谨慎完成权力转移及其他事宜。"

独立以后，作为东南亚最大的国家，印尼一直奉行独立自主的外交政策，拒绝与任何大国结盟。在 1955 年万隆亚非会议和不结盟运动的发起中，印尼也发挥出了重要的领导作用。

不过，印尼的精力大多用来处理"其他事宜"。其建国以后，西爪哇、亚齐、南苏拉威西等地不断发生叛乱，而东帝汶的独立斗争更是持续了数十年。此外，印尼与邻国马来西亚、菲律宾的关系，也是时好时坏，难以捉摸。

1968 年，苏加诺的继任者苏哈托出任总统，他通过中央集权的强硬手段，推进了民族同化和国家意识建设。苏哈托统治印尼长达 30 年，在他下台后的几年时间里，该国政局一度动荡不安。

2004 年，苏西洛当选印尼第六任总统，他连任至 2014 年；2014 年至 2024 年则是佐科的十年总统任期。连续 20 年的稳定政局、快速的经济发展，以及大众媒体的推动，使印尼的统一性不断增强，该国已经基本处理好了历史遗留的"其他事宜"。

2019 年，佐科总统提出了"2045 黄金印尼愿景"，该愿景明确提出的目标，是到 2045 年将该国发展、建设成为世界第五大经济体，人均年收入达到 2.5 万美元，成为发达经济体。2023 年，印尼人均 GDP 已经接近 5000 美元，达到了中国 2011 年的水平。

需要理解的是，印尼实质上已经是一个颇具影响力的大国了，该国拥有属于自己的历史、文化以及独特的行事风格。中国出海企业不应假设印尼会因中国和中国企业而改变，而是要主动去适应印尼的国情和变化。印尼的商业环境将逐步呈现出自身独特的特点，这也将影响中国企业的经营模式与策略。

从产业角度上来看，未来印尼将会采取更多政策，抬高进入门槛、设置更严格的标准，以掌控产业发展的主动权。一个典型例子是，2020年，印尼全面禁止镍矿出口，并推动镍的本地深加工，以此为基础积极发展电动汽车产业链。未来，印尼可能会将这种模式复制到其他战略领域，如可再生资源、数字经济、医疗医药等，以确保在关键产业上掌握更大的主导权。

从消费角度看，印尼已然是一个规模可观的市场，未来的消费潜力巨大。2011年以后，中国进入品牌消费时代，"国潮"品牌井喷，印尼的消费市场很可能也会迎来类似的品牌化机会。伴随着"印尼崛起"，大量本土品牌会成为市场的主要参与者并得到广泛支持。2023年，印尼本地品牌市场份额显著提升，如护肤品品牌Wardah和电子产品品牌Advan，它们在价格、质量和文化共鸣方面，更加接近印尼消费者的需求。

印尼市场的文化特性深受伊斯兰教影响。2023年，印尼有超过2亿穆斯林，占总人口的87%。在这样的文化背景下，清真（Halal）产品的认证尤为重要。印尼政府计划到2025年，将印尼打造成为全球领先的清真食品、清真生活方式中心之一。虽然印尼一直推行世俗化的政策，总体而言比较温和，但宗教在选举中正扮演着越来越重要的角色。

在对外关系上，印尼不愿过度依赖任何一个国家。中国是印尼的最大贸易伙伴，2024年前三个季度双边贸易额就超过了1000亿美元。印尼也积极发展与日本、美国、印度、韩国和欧盟的多边经济关系。这种多方合作策略，符合印尼的国家利益，同时也彰显了其在国际关系中的灵活性和战略意识。印尼将在多方平衡的基础上，继续推进本土企业的成长，并确保经济和政治自主性。中国企业在印尼的经营，将面临一个不断调整的外部环境，因此我们必须以适应性与灵活性来应对。

中国企业出海印尼，很可能需要面对并坦然接受这样一种局面：在很多重要的行业领域，中国企业的角色是做"嫁衣"，而非当主角。

尽管中国企业在资本和技术上具备一定的优势，但在关键行业领域（如数字经济、矿产开采和制造业）往往只能扮演协助者的角色，印尼政府以扶持本土企业为主要导向。这类"做嫁衣角色"对于中国企业来说可能并不理想，但在印尼市场，政策和法规正逐渐向扶持本地企业和产业转移的方向倾斜。例如，印尼在 2023 年出台了新的法规，要求在特定行业内，外资企业的持股比例不得超过 49%，以鼓励本土投资。

与此同时，印尼政府近年来加大了对知识产权保护的要求。2022 年，印尼知识产权局报告的专利申请数增长了 18%，而商标申请数更是增长了 25%。这一趋势显示出，印尼企业已经逐渐认识到品牌价值和技术知识的重要性，未来该国必将涌现出更多的本土品牌。特别是在消费市场上，中国企业将面临更强的竞争对手。因此，中国企业应注重品牌建设和本地化，以赢得印尼消费者的青睐。

历史上的一些经验、教训也给当今中国企业出海该国敲响了警钟。若企业过分关注经济利益，而在文化认同和与当地社区的融合方面投入不足的话，就可能会引起社会矛盾，甚至成为某些政客的利用工具。新近出海印尼的企业，尽管有强大的祖国作为后盾，但如果未能合规经营、违反当地民意，最终也只能自食恶果。

印尼的建国五原则"潘查希拉"（Pancasila）所强调的核心理念，将日益在其经济政策和对外合作中体现。中国企业在印尼经营的过程中，将逐步感受到这些价值观的影响。我们需要以长远眼光和灵活策略，来应对印尼市场的变化，以适应当地的文化、经济和政治环境的复杂性。

图 3-4　2024 年 2 月 2 日，作者在印尼第一大城市雅加达乘坐摩托车考察

拓展阅读

在迟到的东南亚，没有迟到的东盟一体化

第二次世界大战期间，随着英美决定设立"东南亚司令部"，"东南亚"这个词汇才突然跃入公众视野。这一决策是同盟国为了加强对日本在缅甸、英属马来亚、法属印度支那的军事行动。然而，这个司令部的范围与我们今天理解的东南亚有着显著的不同，它未涵盖菲律宾，反而包括了斯里兰卡、马尔代夫及现今的印度部分地区，总部甚至设在了斯里兰卡。

尽管有这些地理上的不一致，这一行为仍被许多东南亚历史学家视为区域认同感形成的标志性开始。随后的历史发展揭示了东南亚如何逐渐进入世界的政治舞台。到 1945 年，美国国务院首次设立了专门的东南亚事务局。进入 1955 年，英国学者霍尔的《东南亚史》问世，成为第一本全面介绍东南亚历史的学术著作，这些都标志着东南亚在全球视野中的逐渐崛起。

东南亚的"迟到"，如外交学院国际关系研究所教授查雯所言，主要是殖民历史的深重影响所致。殖民时代的欧洲列强不仅掠夺了东南亚的资源，还按照宗主国需求重塑了这些地区的经济结构，使得殖民地严重依赖欧洲的经济体系，原有的地区内部贸易和社会结构被破坏，这些殖民地管理者更是无意推动区域一体化，他们的主要任务是维护和增进帝国的利益。

第二次世界大战结束后，东南亚的区域一体化进程并没有随着殖民体系的终结而开启。除了泰国一直保持着独立外，其他东南亚国家都是仓促独立的。例如，东南亚最大的国家印尼，苏加诺解放的并不是一个具有完整实体的国家，而是仅凭想象统一了表面上拥有共同历史和少许共通文化的一大片破碎岛屿，独立后数十年印尼都处在不稳定的状态。

华人向东南亚的大规模移民始于明清两朝，广东人主要迁移到越南海岸一带，福建人则迁移到了柬埔寨，以及菲律宾和印度尼西亚，潮州人随后跟随过去，很久以后才有海南人和客家人加入。当时绝大多数华人的认同只基于语言、宗教、亲属关系，他们甚至不知道自己是中国人，更不用说实现"大团结"。

到了 1967 年 8 月，东南亚的命运有了新的转机。泰国、印尼、马来西亚、菲律宾和新加坡五国的外长在曼谷会晤，并宣布成立东南亚国家联盟（简称东盟）。东盟的成立初衷可能更多是政治上的考量，即稳固各自政权，面对内部的叛乱和社会动荡提供一个团结的平台。成立之初，东盟成员间的合作主要是政治性的承诺，如互不干涉内政和共同对抗外部威胁。

东盟在成立 8 年后，才于 1976 年在巴厘岛举行第一次首脑峰会；而在其成立的前 25 年时间里，东盟仅召开过 4 次这样的峰会。直到 1995 年，第五次东盟首脑会议决定每年召开 1 次领导人会议。但因为有了东盟的机制和相互的承诺，东盟的成员国可以专注于国内经济的发展与秩序的构建。

从 1992 年签署东盟自由贸易区（AFTA）协议后，区域经济一体化开始加速。1997 年受亚洲金融危机影响，东盟 10 国分别与周边国家建立起"10+3"（东盟与中、日、韩）及多个"10+1"（东盟分别与中、日、韩、印、澳、俄等）的对话合作机制；东盟开始在促进区域和平稳定、区域一体化合作过程中发挥重要作用。

2007 年，东盟宪章通过，明确了东盟的目标和原则，包括促进民主和法治进程；2015 年，东盟宣布成立东盟政治安全共同体、东盟经济共同体和东盟社会文化共同体——向更紧密的地区一体化迈出重要一步。2020 年 11 月，东盟 10 国和中国、日本、韩国、澳大利亚、新西兰共 15 个亚太国家正式签署了《区域全面经济伙伴关系协定》。这标志着当前世界上人口最多、经贸规模最大、最具发展潜力的自由贸易区正式启航。

在迟到的东南亚区域，东盟逐步发展成为除欧盟之外最受世界关注的区域一体化组织。以至于新加坡前外交官马凯硕（Kishore Mahbubani）提出东盟应该获得诺贝尔和平奖。马凯硕强调，东盟通过其"东盟方式"——一种基于共识和非干涉原则的独特外交方式，成功地管理了各方差异、避免了潜在的冲突。

无疑，东盟及"东盟方式"为世界其他地区的一体化提供了一个好榜样。

阅读书籍推荐：《迟到的东南亚》（查雯著）；《印尼 Etc：众神遗落的珍珠》（伊丽莎白·皮萨尼著）；《想象的共同体》（本尼迪克特·安德森著）。

05　从肯尼亚和尼日利亚看非洲

非洲｜中非经贸博览会｜肯尼亚｜内罗毕｜老肯雅塔｜M-Pesa｜蒙内铁路｜小肯雅塔｜四达时代｜Kilimall｜尼日利亚｜拉各斯｜传音｜Opay｜博拉·蒂努布｜Nollywood｜奈拉贬值

我一直不敢动笔写非洲。

我有很多朋友前往非洲，首先是想去看东非动物大迁徙，顺便再考察一下当地的商业机会。我本人希望去非洲的理由更"冠冕堂皇"：中非经贸博览会在湖南举办——作为一个湖南人，我应该为促进中非关系做点什么。当然，我实际上并不太理解，为何要把中非经贸博览会安排在湖南。

后来一位博学的湖南同乡告诉我：非洲确实和湖南很有渊源。首先，20世纪中国援建非洲的标杆项目坦赞铁路，就有不少湖南人参与其中；其次，湖南是中国杂交水稻的发源地，而中国在非洲农业合作的重点之一，就是推广杂交水稻；再次，湘潭大学、湖南农业大学有不少非洲留学生就读。

带着湖南人的莫名使命感，2023 年 8 月 23 日，我飞抵肯尼亚的首都内罗毕。

肯尼亚

前往内罗毕之前，有两位朋友给我提供了两个极具反差感的信息。一个朋友说，内罗毕相当混乱，在那里莫名其妙被罚款是非常正常的；另外一个朋友则说，内罗毕是非洲最好的城市，现代化程度非常高。

抵达内罗毕以后，我发现这两位朋友说得都对。肯尼亚的公职人员，的确是靠索要小费或罚款来获得一份"合法收入"。我在机场逃脱了小费，但是后来我在一个商场拍照时，收到一个警察的"问候"："中国朋友，你违法了，罚款 100 美元！"说这话时，警察的语气非常友好。讨价还价后，我最终支付了 50 美元。

同时内罗毕也的确很现代化，这座城市拥有高楼大厦，也是联合国旗下相关组织的非洲总部所在地，以至于大批外籍人士常驻该市。在靠近联合国办事处的 Gigiri 区或其他繁华区域，夜色下的酒吧会让你误以为自己身处纽约、新加坡、中国香港等一线国际化大都市。

肯尼亚是特殊的，腐败却开放，混乱却有秩序。非洲各国独立后，冲突事件层出不穷，但肯尼亚一直斗而不破，该国的这种特质，与 1963 年年底肯尼亚独立后首任领导人乔莫·肯雅塔（老肯雅塔）的风格有关。老肯雅塔对原先的宗主国英国并不反感，这与其他同期的非洲领导人截然不同。

1978 年老肯雅塔去世以后，继任者莫伊虽然腐败，但肯尼亚的经济发展却不算差——这个国家一直发展外向型经济。2002 年莫伊被赶下台，不过他并未被追责，不搞"秋后算账"成为这个国家的特点。第三位总统齐贝吉上台以后高举反腐旗帜，这位总统本人还算清廉，但他对政府高级官员腐败的容忍度极高。

2013 年，首任总统老肯雅塔的儿子乌胡鲁·肯雅塔（小肯雅塔）成了第四任总统。作为"二代"，小肯雅塔没能摆脱涉及各种贪腐的传闻，但是总的来说，他还是有所作为的。小肯雅塔推进了由中国提供资金和技术支持的蒙巴萨－内罗毕标准轨铁路（蒙内铁路，SGR）。这条铁路称得上是新时代的坦赞铁路，它将明朝郑和第六次下西洋到达过的蒙巴萨与首都内罗毕连接了起来。尽管该条铁路客运最高时速只有 120 公里/时，但这已经是非洲最为现代化的铁路之一了。

小肯雅塔还推动了信息技术产业的发展，这让肯尼亚成了非洲的"硅萨瓦纳"（Silicon Savannah）。在肯尼亚期间，我被推荐最多的是"肯尼亚版支付宝"M-Pesa，目前该国在移动互联网领域领先于非洲其他国家。与很多国家不同，M-Pesa 并非由金融机构推出，而是属于肯尼亚电信服务提供商 Safaricom。从股权结构上来看，Safaricom 的最大股东是英国的电信巨头沃达丰，第二大股东才是肯尼亚政府。

殖民时代，肯尼亚是英国重要的茶叶和咖啡生产基地。直到现在，肯尼亚依然是全球最大的红茶出口国。肯尼亚的咖啡产量虽然不及邻国埃塞俄比亚，但该国依然是非洲第五大咖啡生产国。独立后，英国在肯尼亚依然很有影响力。肯尼亚为英国提供反恐和野战训练基地，每年有大量肯尼亚人前往英国留学。

肯尼亚人的英语水平整体上非常不错，加之年轻人很难找到理想的工作，因此该国学生承接了很多欧美大学生的论文代写业务。近年来，肯尼亚竟发展成了"世界论文中心"，每年产值高达一亿英镑。

一个常驻内罗毕的湖南兄弟告诉我说，他的小孩在内罗毕的国际学校读书，学费比国内便宜，但教育水平不比国内差。更加重要的是，在肯尼亚高中毕业后，他的孩子被英国名校录取的概率远高于国内。

很多中国人一想到非洲，第一印象就是"乱"。但是肯尼亚属于难得的局势比较平稳的非洲国家。尽管历史上也有过一些小冲突，但和周边国家相比，肯尼亚显然更加安全。

2024 年，肯尼亚人口超过 5200 万，人均 GDP 约 2200 美元，各个方面都比较平庸。不过，因为整体保持平稳，肯尼亚年经济增长保持在 5%~6% 之间。预计到 2030 年，该国人口将接近 6400 万。也正是由于这些原因，肯尼亚吸引了许多跨国公司。

中国公司出海到非洲，基建是一个重要方向。具体到肯尼亚，除了前面提到的蒙内铁路，2022 年通车的连接机场和市中心的内罗毕快速路，以及 2019 年年底投入运营的肯尼亚东北部加里萨太阳能发电站，也都是由中资企业承建的。2024 年 9 月，内罗毕市中心的尤干图综合体项目在北京签约。当然，基建项目也有风险，比如，此前内罗毕的乔莫·肯雅塔国际机场扩建项目由中资企业承建，但因为肯尼亚政府的资金问题而被迫中止。

在私企出海方面，当地朋友反复提到的几家公司包括：建材领域的科达制造，数字电视领域的四达时代，电力设备领域的友盛集团，以及电商领域的 Kilimall。当然，还有几乎把业务开展到所有非洲国家的华为和传音。在 Kilimall 的仓库，我看到不少价格昂贵的大家电，负责人告诉我，由于肯尼亚房地产业发展不错，该国对大家电的需求与日俱增。

2017 年，肯尼亚政府启动了"经济适用住房计划"，该计划的目标是，在 2022 年前建造 50 万套经济适用房。不出意外，经济适用房的建设完成进度远不及预期，这也是非洲特色之一。尽管如此，肯尼亚首都内罗毕的房地产市场近年来依然逐年走高，在"购房出租十年回本"的宣传下，有不少人都在内罗毕置办了房产。

我在内罗毕期间，正值长江商学院组织的出海游学团也到了那里。众所周知，长江商学院的学员向来以经济实力雄厚著称，该游学团在参观内罗毕某房产项目时，就有学员当场买下了四套房。这也算是为中肯关系做出了自己的贡献。

内罗毕是非洲的创业中心之一，那里有不少欧美留学背景的创业者。过去几年，内罗毕获得融资的项目主要集中在金融科技、农业科技、清洁能源和物流等领域。比如，金融科技公司 M-Kopa、农业科技公司 Twiga Foods、清洁能源公司 Koko Networks，以及物流公司 Sendy，都获得过超过 5000 万美元的融资。

新冠疫情前，有超过 10 万中国人在肯尼亚"淘金"，疫情时走了一大半。到现在，内罗毕依然有几万名中国人做生意。不过，除了在 Chinatown（中华街）和 Yaya Centre 一带，在内罗毕的大街上基本上碰不到中国人。

而中国商品倒是随处可见。在内罗毕 CBD 的 Accra Road 批发市场，各种中国商品应有尽有。在各大商场，华为、海尔、海信、安踏、名创优品、倍思等中国品牌也都强势入驻。

一个熟悉当地情况的"老肯"告诉我，之所以中国人颇为低调，最主要还是担心安全问题。此前印度人的案例给我们敲响了警钟。英国统治肯尼亚时，印度人的地位高于非洲本地人。20 世纪初，印度人甚至逐渐掌控了肯尼亚的商业。肯尼亚独立以后，老肯雅塔在 70 年代推行了非洲化政策，他要求本地人掌控经济和商业活动，印度人因此而"损失惨重"，随后他们中的很多人都选择移民到其他英语国家。

时至今日，印度人依然在肯尼亚的商业领域非常活跃。在肯尼亚，第一大眼镜连锁店是印度人开的，排名第二的是中国品牌眼镜店。实际上，肯尼亚很多领域都是"印度人排第一、中国人排第二"，而且中印两国商人都很低调。肯尼亚有 40 多个民族，最大的基库尤族（Kikuyus）占全国总人口的比例略高于 20%。一旦经济发展不好，肯尼亚是有可能将民族矛盾转移到商业领域的。

小肯雅塔任期结束后，他的副总统鲁托当选，政策的稳定性和延续性无需过度担忧。在进入政界之前，鲁托曾在街边摆摊卖鸡肉和花生，这一经历让他向公众承诺，将推动"自下而上"的改革，以改善底层人民的生活水平。不过，肯尼亚目前的外债高达 400 亿美元，政府收入的绝大部分都用来偿还债务，真正能够用于改善民生的资金严重短缺。或许是出于赚钱的目的，鲁托宣布，从 2024 年开始肯尼亚对全球游客免签，"欢迎全人类回家"。

东非是各方公认的人类起源地，东非共同体（EAC）是非洲地区一体化程度较高的经济组织之一，成员国包括肯尼亚、乌干达、坦桑尼亚、卢旺达、布隆迪、南苏丹和刚果民主共和国（2022 年加入）。东非共同体总人口超过 3 亿，是一个巨大的潜在消费市场。

尽管距离货币联盟还非常遥远，但东非共同体的一体化程度在非洲地区名列前茅，其关税同盟和共同市场建设都取得了一定成效。值得注意的是，同属于东非的埃塞俄比亚并没有加入东非共同体。目前，埃塞俄比亚是非洲联盟的总部所在地，该国已经习惯了自己"非洲大哥"的身份，不愿加入无法占据主导地位的国际组织。

总而言之，出海肯尼亚继而辐射东非，故事讲得通。

尼日利亚

从肯尼亚首都内罗毕到尼日利亚最大的城市拉各斯，我乘坐的航班飞了6个半小时。

想去尼日利亚的原因只有一个：这是非洲人口最多的国家，人口2.23亿，世界排名第七。根据联合国的预测，尼日利亚的人口增长迅速，预计到2050年将超过3亿，届时该国甚至有望成为全球第三大人口国。

尼日利亚是一个拼凑起来的国家，该国由三块原本没有隶属关系的区域共同构成。尼日利亚北部是信仰伊斯兰教的区域，主要包括两个民族：豪萨族和富拉尼族；该国南部又分成东西两边，西南侧是约鲁巴族，东南侧是伊博族。尼日利亚全国有250多个民族，是一个标准的多民族国家。

如果说肯尼亚以稳定为特色，那么1960年独立的尼日利亚则以不稳定著称，该国统治者如同走马灯一般上上下下，他们靠暴力上台，又被暴力推翻，剧本不断重复。1999年，即尼日利亚独立后不到40年，奥巴桑乔再次掌权时，该国已经干到了"第四共和国"。好在从2000年开始，尼日利亚政局进入了一个相对稳定的状态。

和肯尼亚类似，尼日利亚在独立前也由英国统治，当时主要依赖出口棕榈产品、可可、花生以及煤炭、锡矿来维持经济。这段历史导致尼日利亚形成了单一出口型经济结构，缺少自主发展工业的能力。虽然后来尼日利亚发现了丰富的石油资源，其石油产量长期位居非洲第一，但石油财富并未惠及普通民众，反而进一步加大了该国的贫富差距。

如果你从未来过尼日利亚，如果你想凭借一己之力入境该国，那么你铁定会被折腾一番。没有对比就没有伤害，到了尼日利亚以后，你才会怀念肯尼亚的有序。2024 年，尼日利亚人均 GDP 只有 1000 美元出头，该国到处都是"合法"索要小费或敲诈他人的公职人员。从机场坐车去酒店的路上，我就碰到两次被检查（要钱）的经历。对此，司机们早已习以为常，他们知道应该给对方多少"买路钱"。

拉各斯有几个称号：一是"非洲的纽约"，但从城市面貌来看名不符实；二是"非洲的门户"，这指的是拉各斯的港口、机场与世界各地联通，但总的来说，这个称号也有些言过其实；三是"非洲的创业之都"，这个称号似乎还有些道理。

"非洲之王"传音最早从埃塞俄比亚起家，但在进入尼日利亚后才发展壮大。到现在，传音依然在拉各斯维持着非常庞大的团队。中国人在尼日利亚的支付领域也颇有建树，Opay、Palmpay 均以拉各斯为大本营向外扩展。过去几年，尼日利亚有不少项目获得过风险投资，包括 TradeDepot、Moove、Andela、Kuda Bank、Flutterwave 等，都拿到了 5000 万美元以上的融资。

当然，创业必然存在着相当程度的不确定性。Opay 曾推出 ORide（共享两轮车）和 Obus（共享巴士）服务，投入了大笔资金后却颗粒无收，最终被拉各斯州政府禁止运营。一位当地朋友提到此事时说："创始人周（亚辉）老板太理想化了，在尼日利亚这样的国家，没有好好搞政府关系。"

人口多是尼日利亚能够讲的最大"故事"，也确实有人愿意为此买单。但过去几年，出海尼日利亚的生意人苦不堪言，原因主要是尼日利亚货币奈拉的大幅贬值。2021 年年初，380 奈拉可以兑换 1 美元；到了 2024 年 11 月，已贬值至 1600 多奈拉才能兑换 1 美元，其贬值幅度超过 300%。不得已，一些中国企业只能买入当地的大宗商品来保值，被迫将自己变成了大宗商品贸易商。

当然，出海尼日利亚的故事颇多，其中不乏令人羡慕的偶然成功案例。比方说，某清华系创业者在尼日利亚买了块地准备建仓储物流中心，后来发现地底下有矿，现在这位创业者每年仅靠卖矿就能赚取不菲的财富。

肯尼亚与中国的关系总体积极，但尼日利亚与中国的关系则相对复杂。尼日利亚需要中国的投资，中资企业在基建领域也取得了不少成果，如阿卡铁路、拉各斯－伊巴丹铁路、扎姆法拉州太阳能电站项目、拉各斯轻轨蓝线等。2023 年中尼双边贸易额达到 225.6 亿美元，其中中国对尼日利亚的出口额为 201.8 亿美元，尼方与中国存在较大的贸易逆差。

尼日利亚的自我定位是"非洲代言人"，该国在气候变化谈判、国际贸易争端中均发出了"非洲声音"，而且还在积极争取联合国安理会常任理事国席位。尽管硬实力有缺陷，但尼日利亚的软实力却不可忽视。例如，其电影产业（Nollywood）是世界第二大电影生产地，尼日利亚音乐（Afrobeats）风靡非洲乃至全球。

人口众多、大国心态的尼日利亚，其营商环境却难以与肯尼亚相提并论。在 2020 年世界银行营商环境排名中，尼日利亚位列第 131 名，同年肯尼亚是第 56 名，南非第 84 名。

在拉各斯期间，我住在 Ikeja 区的酒店。朋友反复嘱咐我不要一个人去大街上闲逛，说拉各斯不仅营商环境差，且治安问题也非常严重。一次，我在维多利亚岛见了一位朋友后，忍不住独自闲逛。从维多利亚岛沿着没有围栏的大桥步行到了拉各斯岛，一路上遇到不少伸手问我要钱的当地人。随后，在一座破烂的天桥下，我静静地看了 30 分钟尼日利亚年轻人的五人制足球比赛。

在整个过程中，我能感受到自己"备受关注"，但并没有损失财物。在我看来，许多第三世界的问题归根结底是经济问题，正所谓"仓廪实而知礼节"，我对尼日利亚抱有些许同情和理解。

尼日利亚是产油大国，但如果以汽油价格对比本国收入水平作为衡量指标，该国是产油大国里开车成本最高的国家。由于尼日利亚奈拉大幅贬值，而工业制成品依赖进口，物价飞涨但工资却没有同步上涨，因此该国愈发显得民不聊生。

在尼日利亚，大学毕业生的薪资水平仅为每月七八百元人民币，这个收入甚至不足以覆盖生活费。一位传音旗下公司的负责人告诉我，他们有本地员工曾经申请住在公司，以节省交通费用。还有员工为了省下交通费，每天步行十几公里上下班。按每天 1 美元的生活标准计算，尼日利亚依然有 40% 的人生活在贫困线以下。

消费力不足，让瞄准尼日利亚中产阶级市场和 ToC 业务的企业均普遍难以为继。例如，非洲最大电商平台 Jumia 的最大市场就在尼日利亚，但其财报惨不忍睹，号称"非洲的亚马逊"的 Jumia，目前市值不到 4 亿美元，这充分反映了非洲市场的艰难。

然而，尼日利亚也存在令人震惊的消费现象。一位常驻拉各斯的朋友请我吃了一顿正宗中餐，两人花了 300 元人民币，相当于当地人半个月的工资。有中国人在尼日利亚开设豪车连锁店，生意居然还不错。越是贫穷的国家，财富越是掌握在极少数人手里。在尼日利亚，不到 10% 的人群属于有消费能力的中高收入阶层。

当我试图以"经济基础决定上层建筑"来理解非洲时，很快发现该理论并不完全适用。无论是在肯尼亚还是尼日利亚，都不乏尝试做"非洲版小红书"或"非洲版网易云音乐"的创业项目。一位非洲创业者对我说："对于我们来说，精神和物质同等重要。"在尼日利亚街头，我数次看到瘦成皮包骨的交警，他一边随音乐跳舞、一边指挥交通，那番景象令我动容。

尼日利亚的优势，更多体现在其大量且廉价的劳动力上。在拉各斯州的莱基半岛，莱基自贸区吸引了越来越多的中国企业从事家具制造、服装生产、贸易物流、工程建设服务、钢结构加工制造、钢管生产等劳动密集型产业。传音在尼日利亚打下了坚实基础，但除了卖手机以外，其他移动互联网业务在尼日利亚虽能获得用户量，却难以实现盈利。

从尼日利亚最有钱的两大家族中，也能看出传统产业的机会。尼日利亚首富丹格特家族（Dangote Family）的业务涵盖水泥、糖、面粉、盐、石油等多个领域；排名第二的阿登努加家族（Adenuga Family），则依靠电信和石油业务。一国巨富所涉足的行业，往往都是该国的优势产业，尼日利亚两大富豪家族所涉产业的分布，足以证明该经济依然停留在传统产业阶段。值得一提的是，这些家族与英国都有千丝万缕的联系，这一事实也证明，独立后的尼日利亚，依然留有被经济殖民的痕迹。

2023年，博拉·蒂努布成了尼日利亚总统，之前他曾经担任拉各斯州州长。2024年9月，蒂努布对中国进行了国事访问，并出席了中非合作论坛北京峰会。期间，中尼双方宣布，将两国关系提升为全面战略伙伴关系。尽管如此，出海尼日利亚依然不是一件简单的事情。

离开拉各斯时，我在机场经历了层层小费索取。经过五次支付后，我才终于抵达了登机口。

从肯尼亚到尼日利亚，我的感受可以用两个词概括：希望与矛盾。

在肯尼亚，平稳的环境、年轻的劳动力和移动互联网的高度发展，为中国企业提供了相对良好的出海条件；而在尼日利亚，尽管人口红利庞大，但该国货币贬值、基础设施落后以及复杂的社会问题，让商业风险更为突出。然而，无论是肯尼亚的"硅萨瓦纳"，还是尼日利亚的"非洲之王"，两国都已经展现出了独特的机会。

非洲拥有未来，只是这个未来，恐怕需要耐心等待十年甚至二十年。

图 3-5　2023 年 8 月 23 日，作者在肯尼亚首都内罗毕 Kilimall 的仓库

拓展阅读

2025 年非洲经济增长最快的 10 个国家

非洲对大多数中国人来说，还是一个非常落后的区域；相比第一代领导人闹革命却不懂搞建设，第二代领导人大多有军人背景，第三代领导人大多接受过良好的教育；在新一代领导人的带领下，非洲大多数国家到目前已经进入了相对稳定的发展阶段。过去几年，非洲国家受新冠疫情和美元加息周期影响，汇率和物价出现较大问题；国际货币基金组织（IMF）预测，2025年非洲的经济增速会明显好于 2024 年，以下 10 个国家可能表现突出。

南苏丹。非洲最年轻的国家，2011 年才独立。独立后南苏丹内部冲突不断，经济波动很大；2024 年，南苏丹经济萎缩了约 1/4，2025 年，其 GDP

预计增长 27%。2024 年，这个国家通货膨胀高达 120%，2025 年，将会下降到 74%。相比其他非洲国家已经度过了建国早期的混乱，这个落后的国家还需要一段时间才能平稳发展。

利比亚。位于北非，是一个阿拉伯国家，它因为之前的领导人卡扎菲而名声在外。这个国家石油资源非常丰富而人口很少，巨大的石油财富使该国的人均 GDP 高达 7000 美元，是非洲最富裕的国家之一。2024 年，利比亚的 GDP 增长约 2.4%，2025 年增速有望超过 13%。目前利比亚尚未从之前的混乱中恢复，多次推迟的总统大选还没有确定时间。

塞内加尔。西非国家，绝大多数人口信仰伊斯兰教。2000 年，塞内加尔成为撒哈拉非洲第一个通过选举实现政府轮换的国家，之后政局相对稳定。稳定的政局为经济发展提供了条件，2024 年，该国 GDP 增长约 6%，2025 年预计增速 9% 以上。近年来，中国企业出海塞内加尔，涉及房产、旅游、农业、新能源等方向。

苏丹。之前和南苏丹是一个国家，南苏丹独立后也影响到苏丹的发展，两国就边境石油资源的开采、冶炼和运输矛盾很深。2023 年，苏丹发生内乱，导致数百万民众流离失所，大量基础设施遭到破坏。2024 年，该国经济萎缩了约 1/5；2025 年，预计经济增速 8% 以上。如果政局能恢复稳定，苏丹重建的机会不少。

乌干达。东非内陆国家，人口将近 5000 万，大多数人信仰基督教。乌干达自 1980 年起由穆塞韦尼统治至今，整体较为稳定，但 1944 年出生的穆塞韦尼年事已高，退位后乌干达能否和平过渡有不确定性。受益于黄金价格大涨，也有石油和天然气资源，2024 年，乌干达的经济增长近 6%，2025 年预计增长 7.5%。

尼日尔。西非内陆国家，几乎所有人口信仰伊斯兰教。尼日尔独立以来，已经发生过八次政变；最近的一次发生在 2023 年，政局较为混乱。尽管政局不稳，但尼日尔 2024 年的 GDP 增长近 10%，2025 年预计增长超过7%。

赞比亚。位于非洲中南部，人口近 2000 万。进入 21 世纪以来，赞比亚政局比较稳定，经过了几次政权和平交接。凯恩德·希奇莱马在英国获得了 MBA 学位，属于典型的第三代非洲领导人。2024 年，赞比亚的 GDP 增长约2.3%，2025 年预计增长 6.6% 左右。

贝宁。位于西非，人口超过 1400 万。相比西非其他国家，贝宁整体较为稳定，大城市的基础设施也相当现代化。2024 年，贝宁的 GDP 增长约 6.5%，2025 年有望保持同样的增速。

卢旺达。东非国家，人口近 1400 万。过去 20 年，卢旺达政权过渡顺利，国家稳定推动经济增长和社会和谐；目前卢旺达属于非洲最安全的国家之一；2024 年，卢旺达的 GDP 增长约 7%，2025 年预计增速在 6.5% 左右。

埃塞俄比亚。东非国家，人口超过 1.3 亿，是非洲排名第二的人口大国。埃塞俄比亚在 2004 年至 2014 年期间，平均每年 GDP 增长 10.9%；2020 年发生内战后，营商环境有所恶化，影响了外资企业的进入。2024 年，埃塞俄比亚的 GDP 增长 6% 左右，2025 年预计约 6.5%，前景整体看好。

看待非洲，要结合其历史看；长期以来，非洲的命运并不是由其自身掌控的，而是受西方列强驱使的。但整体而言，非洲已经逐渐熬过了独立之后的余震期，发展已经代替了混乱，成了非洲的关键词。

阅读书籍推荐：《穿越非洲两百年》（郭建龙著）；《泪之地：殖民、贸易与非洲全球化的残酷历史》（罗伯特·哈姆斯著）。

06 中国出海企业"留学"法国很有必要

上海｜东方巴黎｜查理曼大帝｜路易十四｜法国大革命｜拿破仑｜奢侈品｜留学法国｜优衣库｜华为｜名创优品｜全球化 4.0｜ESG

2022 年从北京搬家到上海以后，我开始在各种场合频繁听到"法租界"这个词。我对一些朋友提到的"法租界"略感不解，但也没有和他们争论。但听得次数多了，便不禁陷入思考：究竟是英国还是法国，对上海的影响更深？

这个问题并不简单。中英鸦片战争之后的 1843 年，根据《南京条约》和《五口通商章程》的规定，上海正式开埠，成为对外通商的口岸城市。在那之后，上海逐渐汇聚了全球商人和新思潮，形成独特的中西合璧的文化面貌。1895 年，英国商人在中国创办的《字林西报》，首次将上海称为"东方巴黎"；后来，中文媒体《申报》在 1915 年的报道中，也使用"东方巴黎"来代指上海，进一步凸显了这座城市与法国的密切联系。

在中国人的心目中，法国的形象是独特且矛盾的，该国在历史上既有辉煌时期，如路易十四和拿破仑时代，又经历过屈辱时刻，如普法战争和第二次世界大战中的疲软表现。法国的这种"强大与脆弱并存"，引发了中国人对其复杂的情感：有些人推崇法国的浪漫文化和艺术成就，另外一些人则对其军事上的挫败嗤之以鼻。

即便是 1883—1885 年的中法战争，尽管以清朝承认法国对越南的保护权而告终，然而战争期间，法国远征军司令孤拔的阵亡、镇南关战役的失利、茹费理内阁的倒台……这让很多人认为，法国在军事上的表现，不仅比不上英国和德国，甚至连当时已经腐朽不堪的清政府都不如。这样的历史片段，不断强化了法国在中国人心目中"外强中干"的印象。

尽管如此，在最近 100 多年的时间里，法国依然是世界舞台上的重要角色。法国既是启蒙思想的发源地，也是世界时尚的先锋，该国既有丰富的文学、艺术传统，又在政治、经济、军事和科技领域拥有不容小觑的影响力。特别是在文化软实力方面，法国以其浪漫主义精神、独特的生活方式和审美高度，深度吸引着世界各地的人们。因此，尽管法国的硬实力有限，然而该国的软实力却长盛不衰，成为其国际影响力的基石。

在商业领域，法国的表现也颇具反差。在 2024 年《财富》世界 500 强中，法国有 24 家公司上榜，这一数量不仅低于德国和日本，与中国和美国的数量差距更大。然而，在由世界品牌实验室发布的 2024 年《世界品牌 500 强》中，法国却有 52 个品牌上榜，仅次于美国，位居全球第二。

IT 桔子发布的《2024 年中美独角兽公司发展分析报告》显示，截至 2024 年 4 月 30 日，全球独角兽企业数量分布为：美国 763 家、中国 637 家，而法国仅有 29 家。

然而，法国在奢侈品、美妆和时尚领域，依然保持着强大的市场吸引力，该国品牌在全球范围内代表了独特的品位和高雅的生活方式，而这些"软实力"，是其他国家难以模仿和超越的。

作为一个全球性大国，美国以硬实力和软实力兼备著称，而法国则更多地依赖其软实力来补足其硬实力的不足。法国的这种特质，在商业和文化领域均得以体现，这使该国依然成为一个不容忽视的全球性大国。

无论是对世界还是对中国，法国都曾经产生过极为深远的影响。西方文明发源于古希腊，经历了罗马帝国后走向辉煌。公元 476 年，西罗马帝国灭亡，西欧进入中世纪的"黑暗时代"。在这期间，加洛林王朝崛起，它被认为是当时西欧最为强大的王朝之一，其代表人物查理曼大帝，于公元 800 年加冕为"罗马人的皇帝"，他建立了横跨西欧的法兰克帝国，推动了"加洛林文艺复兴"。

843 年，法兰克帝国分裂，西法兰克王国成为现代法国的雏形。然而，直到 12 世纪末的卡佩王朝，法国才逐渐从封建割据走向中央集权，并在波旁王朝的路易十四（1638—1715 年）统治期间达到鼎盛。彼时，法国人口超过 2000 万，占欧洲总人口的三分之一，成为名副其实的欧洲强国。

在路易十四的统治下，法国在政治、经济、文化和军事等各个方面，都深度影响了整个欧洲。当时，欧洲各国纷纷仿效法国，将自己的宫殿建成凡尔赛宫的翻版。凡尔赛宫不仅成为法国权力的象征，其设计理念也成为西方城市规划的样板。

1789—1799 年的法国大革命，深刻改变了世界历史，革命期间颁布的《人权宣言》，确立了自由、平等、博爱的现代人权观念，激励了全球范围内的民主运动。法国大革命废除了封建制度，确立了共和体制，推动了多个国家的法律和政治改革。卢梭、伏尔泰等人的启蒙思想被广泛传播，对全球影响深远。

拿破仑执政后主导编纂了《拿破仑法典》，该法典确立了诸多民法的基本原则，如法律面前人人平等、私有财产神圣不可侵犯等理念，对多个国家的法律体系影响颇深。此外，拿破仑的征服战争，激发了被占领国家的民族意识，推动了欧洲民族主义运动和拉丁美洲的独立浪潮。法国文化的影响力，也随着其军队和外交扩展至全球，这些都为法国赢得了巨大声誉。

在大革命之后，法国历经了百年动荡。然而，正所谓"国家不幸诗家幸"，19 世纪法国的文学、艺术百花齐放，涌现出雨果、大仲马、巴尔扎克、莫奈、塞尚、罗丹等艺术巨匠，他们的作品对全球文学、艺术发展产生了深远的影响。

19 世纪，许多颇具文艺气息的法国品牌，如爱马仕（1837 年）、卡地亚（1847 年）、路易威登（1854 年）相继成立，它们在 19 世纪末 20 世纪初纷纷走上了国际化道路。第二次世界大战以后，香奈儿和迪奥向全世界展示了法国的时尚力量。

20 世纪的法国具有极为浓厚的自由氛围，这吸引了很多未来的非洲、亚洲国家领导人前往学习，如越南的胡志明、阿尔及利亚的艾哈迈德·贝拉、突尼斯的布尔吉巴、几内亚的杜尔等，他们在法国接触了民主、自由思想，回国后积极投身于领导各自国家的独立运动，最终推动了祖国的发展。

对于中国而言，第一次世界大战结束以后，周恩来、邓小平、陈毅、聂荣臻、李富春等人赴法勤工俭学，他们在回国以后，都成了中国革命和社会主义建设的领导者。

不同于美国和英国，法国是一个另类的全球化大国。从货物贸易来看，2023 年法国进出口总额为 1.43 万亿美元，位居全球第六；其中出口 7558 亿美元，同样排名第六。在全球前六大贸易强国中，只有美国和法国是逆差国。传统上，全球化的主要衡量指标是商品贸易。按此标准，1914 年之前的全球化主导国家是英国，2008 年之前是美国，而中国则在 2008 年后迅速崛起。

然而，全球化不仅包括商品、服务和资本的流动在内的经济全球化，还包括政治全球化（如气候变化应对）、文化全球化（文化多样性交融）以及社会全球化（跨国人员和思想流动）。

当前，全球化 4.0 时代已然到来，这是一个以数字技术、人工智能和创新为核心的阶段。此时，全球化的驱动力不仅是商品、资本和信息流动，人和思想的流动也成了重要的推动力。随着数字技术的发展，远程办公和跨国协作的普及，人才的国际流动性大幅度增强；互联网和社交媒体的存在，让思想、文化得以跨越国界，促进全球合作与创新。

截至 2024 年 8 月，法国有 44 项世界文化遗产，位居世界第三。在全球文化影响力（艺术、时尚、娱乐、饮食）方面，很多机构把法国排在世界第二。法国每年能吸引超过 8000 万的国际游客，常年位列全球首位，2023 年更是接待了高达 1 亿外国游客。法国首都巴黎，以其深厚的文化底蕴和艺术氛围而著称，令大批艺术家、作家和思想家竞相前往。

显然，在全球化 4.0 时代，法国具有极为特殊的地位。

中国企业该如何客观看待法国和法国市场呢？在 G7 国家里，如果要问哪个国家和中国关系最好，法国是排在非常靠前的选项。1964 年 1 月，法国成为首个与中国建交的西方大国。此外，法国是少数敢于在美国面前保持独立立场的西方国家。

然而，从 2024 年上半年的数据来看，中国对法国的出口额仅为 1505 亿元人民币，低于对加拿大和意大利的出口额，而对德国的出口额更是对法国出口额的 2.4 倍。可见，中法良好的政治关系，并未转化为同等级别的贸易额。

对于许多中国企业而言，进入法国市场的最大挑战，在于其较高的准入门槛和复杂的文化。法国消费者通常对品牌的历史、品质和文化底蕴有着较高的要求，进入这一市场，往往需要在某一领域内专注多年，甚至是深耕了十几二十年，才能建立起在当地的品牌信任度。相比之下，美国市场可能需要支付 X 的学费即可获得 Y 的利润，而法国市场则可能需要 2X 的投入却只能获得 1/2Y 的回报。

尽管如此，法国市场在中国企业出海布局中仍然具有重要的战略意义。首先，法国及整个欧盟可以作为对冲美国市场风险的重要替代。在中美竞争加剧的背景下，东南亚和中东虽然具备一定的市场潜力，但其市场体量和成熟度依然不足以替代美国。以法国为代表的欧盟，在经济上高度一体化，且拥有发达的基础设施和消费能力，这使得它在全球化背景下对中国企业具有不可忽视的吸引力。中国品牌若能在法国取得成功，不仅能够提升全球品牌影响力，也能进一步影响欧洲其他国家，为扩大在整个欧盟的市场奠定基础。

其次，法国市场能帮助中国品牌在情感和价值观层面获得提升。曾几何时，中国品牌总是以功能和性价比取胜，但法国消费者更加重视品牌的情感内涵、文化价值和社会责任，这也恰恰代表了品牌发展的高级阶段。在这个方面，法国无疑是全球软实力的象征，尤其在奢侈品、艺术、时尚领域，该国拥有极高的审美能力。中国品牌若能在法国市场获得认可，将极大地提高其在全球市场的品牌形象，这有助于我国品牌实现从"功能性"到"情感性"的升级。

中国品牌面临的最大任务是破"卷"，而法国就是最为理想的"留学"地。在国内市场中，中国品牌往往在规模和价格层面展开激烈竞争，这种现象被称为"内卷"。凭借强大的供应链和工程师红利，基于物理属性的创新非常容易被复制，许多品牌只能在低价和大规模生产中获利。己所不欲、勿施于人，中国企业在拓展海外市场时，应避免将国内的"内卷"带到国际市场。

中国企业若想真正摆脱"内卷"、避免"外卷"，就必须在品牌的非物理属性上实现突破，即从感性和精神层面提升品牌的附加值。在这个方面，法国品牌具有成熟的经验。法国的奢侈品牌和消费品牌，往往通过构建丰富的品牌故事、文化符号和情感价值来打动消费者。这些品牌成功地将商品从物理属性层面，提升到了精神属性的高度，使得消费者不仅购买产品本身，还购买一种生活方式和价值认同。

中国品牌在进军法国市场时，可以将这一过程视作一种"留学"，学习如何在品牌故事和文化积淀层面塑造自身形象，逐步实现品牌的高端化。

亚洲品牌在法国市场同样有可能取得成功。在中国品牌之前，日本和韩国品牌已在法国市场积累了丰富的经验。日本的优衣库、索尼、丰田、资生堂、任天堂，以及韩国的三星、现代、LG、爱茉莉太平洋等品牌，均在法国建立了较为稳固的市场地位。

以优衣库为例，自 2007 年进入法国市场以来，该品牌逐步扩大业务规模，截至 2024 年，优衣库在法国拥有约 30 家门店，分布在巴黎、里昂、马赛等主要城市。优衣库的成功，离不开其产品的本地化调整和独特的品牌策略。优衣库通过研究法国消费者的需求和时尚偏好，调整产品线，提供适合当地市场的服装款式。同时，优衣库通过合理的价格、高质量的产品，满足了法国消费者对实用性和时尚性的双重需求。此外，优衣库在面料技术、营销方式以及门店选址方面不断改进，逐渐在法国市场站稳脚跟。

提到中国品牌的法国之路，华为是一个绕不开的案例。早在 2003 年，华为就进入了法国市场，到 2021 年时已占据法国电信基础设施市场约 20% 的份额，华为手机也一度超越三星，成为法国市场上的第一品牌。尽管由于众所周知的原因，法国政府对华为 5G 设备的使用做出了诸多限制，然而即便如此，华为依旧没有退出该国市场，反而继续增加在当地的投资力度。2023年，华为宣布将在法国建设首个海外工厂，预计在 2025 年年底投产。这种坚持不懈的深耕和长期投入，不仅赢得了法国消费者的信赖，也为其他中国品牌提供了宝贵经验：在欧洲市场上，成功往往来自于长远的视角和持续的本地化投入。

此外，一些其他中国消费品牌，如小米、追觅、TCL、上汽名爵、领克、比亚迪等，也在法国市场逐渐扩大影响力。2024 年，借助巴黎奥运会的契机，茶饮品牌霸王茶姬和喜茶成功在巴黎亮相，为日后进一步扩展业务积累了宝贵的经验；而找到了新合作伙伴的名创优品，在香榭丽舍大街的门店已经颇具模样。

可以预见的是，未来中国品牌在法国的影响力将继续提升。

对中国的外贸城市而言，法国不仅是一个消费市场，更是一个值得学习的对象。尤其是对以深圳为代表的中国创新城市来说，巴黎作为全球时尚、艺术和文化的中心，拥有独特的生活方式和价值观，这正是中国品牌可以汲取的养分。以深圳为代表的"996"驱动了经济奇迹，但我们奋斗的目标是为了让生活变得更美好，而巴黎所代表的生活方式，正是中国企业在品牌升级时应当借鉴的方向。

未来，如果中国的外贸城市希望升级为全球化大都市，就必须逐步从简单的商品输出，转变为生活方式的输出。通过在法国市场上与本地文化的深度交融，中国品牌不仅能获得经济上的回报，更能在全球品牌之林中不断进步。中国品牌若能在法国市场上成功塑造自己的文化形象，不仅会提升自身的品牌价值，更能展现出中国在全球化 4.0 时代的文化自信。

在全球化 4.0 时代，中国品牌应当以法国市场为标杆，不断提升品牌内涵和文化价值。在这一过程中，环境、社会与公司治理（ESG），以及品牌讲故事的能力都是至关重要的。法国消费者越来越重视品牌的社会责任和可持续发展，中国品牌在征战法国市场的过程中，需要提升自身在 ESG 方面的表现，同时将品牌背后的文化故事更好地融入法国和全球消费者的认知。

在上海，我们已经看到越来越多的中国品牌崭露头角。我们同样有理由相信，未来的法国巴黎，也将见证更多中国品牌的成功。

图 3-6 法国首都巴黎的 Station F 创业孵化器，作者拍摄于 2023 年 1 月 23 日

▼ **拓展阅读**

8 个全球化品牌的极简经验

在《新出海浪潮》一书里，我挑选了一些源自中国的全球化品牌做了案例解读。有专家把品牌分为品牌是品质（1.0）、品牌是品位（2.0）、品牌是体验（3.0）、品牌是伙伴（4.0）、品牌是顾问（5.0）；如果按照这个标准，现阶段的中国多数全球化品牌还处在 1.0 阶段。在这本书中，我挑选了 8 个源自欧美国家的全球化品牌，提炼出它们在全球化过程中的极简经验。

米其林（Michelin）是一个源自法国的品牌，成立于 1889 年，它的起点是一个技术创新：可拆卸的自行车轮胎。1900 年，米其林推出了橡胶轮胎。为了鼓励使用汽车和旅行，从而增加对轮胎的需求，米其林于 1900 年发行了第一版《米其林指南》。这本最初作为免费发放的指南提供了路线、汽车维修技巧和酒店信息。后来该指南发展成为评价餐厅和酒店的权威指南，其星级评定成为全球餐饮业的重要标准。通过跨界方式，米其林的品牌影响力扩展到了旅游和餐饮行业，增加了品牌的多样性和深度。

哈雷戴维森（Harley-Davidson）成立于1903年，源自美国。哈雷的品牌形象与自由、冒险和反叛精神联系在一起，这种独特的品牌个性吸引了全球范围内的忠实拥趸。哈雷不仅销售摩托车，还销售一种生活方式，通过赞助摩托车聚会、音乐节和其他文化活动，巩固其作为摩托车文化象征的地位。在运营上哈雷最突出的亮点是它的品牌社群——哈雷俱乐部（HOG），它的会员人数超过百万。每一个哈雷摩托的车主都可以访问哈雷社群的网站，免费加入俱乐部。社群中的不少人甚至把品牌的标志纹在自己身上。

欧莱雅（L'ORÉAL）成立于1909年，起源于法国，最早是做合成染发剂。从20世纪初开始，欧莱雅便开始将业务拓展到国际市场，其常见策略是通过收购其他美容和个人护理品牌来加速其全球化进程和市场扩张。这些收购帮助欧莱雅进入新市场，拓宽产品范围，如收购美宝莲、兰蔻、红门等知名品牌。在全球各地市场，欧莱雅实施本地化策略，调整其产品和营销活动以适应当地文化和消费习惯。比如，1997年，欧莱雅在上海建立了中国总部，其中国区总裁盖保罗和中国员工通过"家宴"等方式建立起了深厚感情，用几年时间就快速实现了人才本土化。在组织和人才建设方面的用心，使欧莱雅在中国取得了快速发展。

宜家（IKEA）源自瑞典，创立于1943年，并在1956年引入了平板包装和自行组装的家具概念。宜家在全球的成功，除了对每个新市场进行深入的文化和市场调研外，还得益于全球化供应链布局，其独创了IWAY采购模式，即持续的价格改进、严格的供货表现和服务水平、质量好且健康的产品、注重环保及社会责任四个方面。宜家在全球的营销广告通常幽默而富有创意，能够引起消费者的共鸣。另外，从20世纪50年代开始，宜家在其卖场内引入了食品服务，此举对其品牌形象和顾客体验产生了积极深远的影响。

索尼（Sony）源自日本，成立于 1946 年。索尼是第二次世界大战后日本最早探索出海全球化的企业，公司很小的时候就以"让索尼享誉全球"、打破欧美消费者对日本货不好的印象为使命。为了全球化，其创始人之一的盛田昭夫在 1960 年搬家去美国从零开始拓展业务。全球化不久，美国宝路华公司提出可采购 10 万台索尼产品，条件是不能标"索尼"的品牌，这 10 万台的订单额比当时索尼公司的总资本还多。盛田昭夫抵住了诱惑、拒绝做"贴牌"，以坚持长期主义、沉住气不放弃的精神，终于在 1979 年推出了 Walkman，产品风靡全球。

星巴克（Starbucks）成立于 1971 年，是从美国走向全球的咖啡品牌。星巴克不仅卖咖啡，更提供一种体验，即"第三空间"概念，一个介于家和工作之间的舒适环境，顾客可以在此放松、会见朋友或洽谈工作。星巴克在产品和服务创新上领先同行，积极拥抱移动支付、外卖等新生事物。作为流动性极高的行业，星巴克在组织层面实施全球统一的人力资源政策，在发展早期就注意考虑员工福利、培训和发展机会，从 1988 年开始就为所有的兼职雇员支付全额健康福利费用。星巴克的企业文化强调尊重、包容、多样性和员工参与，在全球范围树立起了良好的雇主品牌形象。

巴塔哥尼亚（Patagonia）源自美国，成立于 1973 年，是一个价值观非常明显的品牌，其成为全球知名品牌的独到之处包括：坚持可持续原则，致力于减少产品对环境的影响；高度透明，公开其供应链细节和生产过程中的环境影响；创新营销，经常打出"请不要购买这件夹克"广告，鼓励消费者思考消费行为对环境的影响，并非必需时不购买新产品；搭建社群和文化，通过组织讲座、放映电影和其他活动来教育消费者；有社会使命，承诺将其部分利润（承诺为 1%）捐赠给环境保护项目。2022 年其创始人伊冯·乔伊纳德更是宣布将他在公司的所有权转让给信托和非营利组织，称得上是"地球上最酷的公司"。

无印良品（MUJI）成立于 1980 年，源自日本。在成为全球化企业的过程中，无印良品以"无品牌"、提倡融会"禅"和"茶道"中的日本传统价值观为基础的生活态度为特色，突破了不同文化的壁垒，走向了全世界。无印良品把成本放在首位，原则上不会在租金比例高于营业额 15% 的地方开店——即便这样会影响开店速度；制作"开店基准书"，不断完善数据指标，提升开店科学度；为员工提供为期 3 个月的海外研修机会，从而发现适合到海外去工作的人。2003 年开始设立 FOUND MUJI，其理念是去发现扎根在世界生活、文化和历史中的良品，认为比起"制造"，"发现"需求更为重要。

期待越来越多的中国品牌走向全球，早日从以性价比和速度为核心竞争力升级到更高维度的设计、品牌内涵、创新性等方面。

阅读书籍推荐:《无印良品世界观》（松井忠三著）;《日本制造：盛田昭夫的日式经营学》（盛田昭夫、下村满子著）。

07   拉美是出海宝地还是陷阱?

iFood ｜ 西班牙 ｜ 葡萄牙 ｜ 天主教 ｜ 福音派 ｜ 中等收入陷阱 ｜ 庄园经济 ｜ 巴西 ｜ 墨西哥 ｜ 马尼拉大帆船 ｜ Chifa ｜ 美国 ｜ 劳迪亚·辛鲍姆 ｜ 天花板

2023 年 8 月，一份原本简单的邀约，让我对中国企业出海拉美所面对的挑战，有了更加深刻的认识。iFood，这家在巴西备受欢迎的独角兽公司，带着几乎全部核心管理层来到中国，希望能够拜访阿里巴巴、字节跳动、小红书等中国互联网巨头公司，借鉴中国市场的运营经验。然而，他们雇佣的中间机构在向相关中国公司公关人员提出诉求时，得到的反馈是："我们没听说过 iFood，可能不方便安排。"

他们最后找到了我。2023 年 7 月，我刚刚到访巴西，深知 iFood 在当地的影响力——这是巴西人生活中不可或缺的外卖平台，类似于国内的美团。我帮助联系了一些中国互联网企业高层，介绍了 iFood 的情况，并且特别说明了未来如果出海巴西，iFood 的关系是可以帮上忙的，这才促成了他们的行程。

这个插曲让我意识到，尽管中国和拉美之间的贸易和投资日益增加，但双方在文化、市场认知和沟通层面上的了解依然不够深入。对于不少中国企业来说，拉丁美洲仍然是一个很陌生的市场。很多人提到拉美时，想到的无外乎足球、热情的文化、咖啡、铁矿石，以及通货膨胀、毒贩、中等收入陷阱等问题。

然而近年来，越来越多的中国企业对拉美产生了兴趣，尤其是对巴西和墨西哥这两个大国的市场充满期待。2024 年 11 月中旬，秘鲁举办了 APEC 峰会，而巴西则主办了 G20 峰会，这都吸引了全球的视线。拉美，究竟是中国企业出海的新宝地，还是充满陷阱？

看似统一、实则撕裂

提到拉美，很多国人早已形成了固有认知：绝大多数国家曾经是西班牙或葡萄牙的殖民地，语言上几乎完全使用西班牙语和葡萄牙语，宗教信仰则以天主教为主。相比于东南亚多元化的语言和文化结构，拉美看起来似乎是一个统一的市场。

然而事实上，这种表面的统一掩盖了拉美深层次的"撕裂"。从国家之间的关系到国内的社会结构，拉美的复杂程度都非常高。以经济组织为例，东南亚通过"东盟"实现了较高的一体化水平，而拉美的南方共同市场（Mercosur）尽管成员国不少，却远没有东盟那样联系紧密。

至今，拉美国家间的关税壁垒依然较高，贸易政策差异较大。中国企业在拉美跨国扩张时会发现，从一个国家进入另一个国家，几乎是重新进入一个全新的市场，所需的时间和资金成本，远高于在东南亚地区的跨境扩张。

社会经济的不平等，是拉美撕裂的另外一个重要原因。根据世界银行的数据，拉美是世界上贫富差距最大的地区之一，基尼系数（衡量贫富差距的指标）居高不下。拉美的洪都拉斯、哥伦比亚、巴西、巴拉圭、巴拿马、智利、墨西哥、阿根廷、秘鲁等国家，基尼系数均位列世界前二十。

这种巨大的贫富差距，导致拉美国家的社会结构分裂明显。巴西的富人区和贫民窟往往只有一街之隔，贫民窟治安极差，黑帮控制着不少社区，违法问题层出不穷。富人生活在安保严密的社区中，而生活在贫民窟的人们，每天都要面对生存挑战。

此外，拉美的种族构成也很复杂，那里汇聚了土著居民、欧洲移民、非洲裔后代，甚至还有不少亚洲移民。不同的种族、文化背景交织在一起，形成了丰富的文化元素和社会的多样性，当然也带来了很多矛盾。例如，秘鲁和玻利维亚的土著人口，分别占总人口的 45% 和 55%，而阿根廷的欧洲裔比例接近 90%。不同的种族背景，影响着经济地位和社会关系，种族歧视和种族矛盾在一些地方依然存在。

在宗教信仰方面，拉美也没想象中的那么统一。大部分拉美国家信奉天主教，但福音派的比例正在快速上升，尤其是在巴西、智利和哥伦比亚等国家。

无望跳出中等收入陷阱

拉美撕裂的背后，有深层次的历史原因。大航海时代开启后，葡萄牙和西班牙在美洲建立殖民地，他们采取掠夺资源而非建设本地的方式管理美洲。相比之下，北美的英国殖民者以定居为目的，在北部地区推行小土地所有制；而在美国南部和拉美，殖民者普遍采用大庄园土地制。

当时，美国南部的几个州长期作为英国的棉花产地，大庄园主依靠压榨奴隶过上奢侈的生活。在这样的背景下，大庄园主没有动力去提升棉花单产，奴隶更没有动力。即便美国独立后，南方州与英国的贸易关系依然比它们与北方同胞的贸易量多得多。为了促进出口，南方州支持自由贸易，这与北方州通过关税保护本土工业的政策形成了巨大的反差。

美国北方州更为公平的小土地所有制，激发了民众提升生产效率的动力，也有利于培育民主精神，并为工业发展提供广阔的市场。纽约成为美国最大的港口，某种程度上是"侥幸"：美国南方州虽有深水港，长期作为美国的主要出口地，但大庄园经济下产业结构单一、两极分化严重，缺乏支撑复杂港口服务的商人阶层——纽约反而因其优势而受益。

拉美各国酷似美国南方州的"放大版"，该地区长期作为西班牙和葡萄牙的原材料、矿产基地，由大庄园主控制着社会的各个方面。当拿破仑战争导致西班牙和葡萄牙王室被赶下台时，拉美殖民地的大庄园主突然发现自己的宗主国垮台了，随即在没有强力政党和领导者的情况下逐步推动了拉美独立。可以说，拉美各国从独立那天开始就存在很大缺陷。

拉美各国之间缺少联系，从一开始就没有工业资产阶级；尽管有拉美统一的理想主义者，但缺乏足够实力。拉美各国普遍由大家族控制了土地及产业，对外则通过自由贸易用资源换取工业品。这种情况，直到今天依然如此。

19世纪末、20世纪初，受益于冷冻船技术及工业国对农副产品的巨大需求，阿根廷一度得以快速发展，成为当时世界上的富裕国家。然而阿根廷始终缺少工业支撑，因此该国的好日子注定不能长久。进入20世纪，巴西、墨西哥在政治上稳定后，开始改善基础设施，并建立了不少工业部门；但与土地制度更加公平的日本、"亚洲四小龙"及中国大陆相比，该区域的竞争力明显更弱。

直到 2018 年，中美贸易摩擦愈演愈烈，墨西哥被认为是最大的受益者，该国也因此而成为中国企业出海的热门目的地。但特朗普二次当选美国总统后，墨西哥经济的变数很大。2023 年，曾经带领巴西经济实现快速发展的卢拉总统重新执政，但该国依然难以看到走出中等收入陷阱的希望。

拉美充斥着无数坏消息：委内瑞拉持续动荡，民众普遍贫困；阿根廷总统米莱推行激进的自由市场改革政策后，经济指标急剧恶化，社会矛盾也持续激化。甚至曾经被认为已经走出中等收入陷阱的智利，过去几年也陷入了动荡期。

华人出海拉美已久

拉美虽然撕裂，也深陷中等收入陷阱，但并非没有中国企业出海的机会。查阅历史，16 世纪西班牙开通了跨越太平洋的贸易航线后，**"马尼拉大帆船"**贸易曾经让中国和一些中国企业获益。当时，西班牙从墨西哥的矿山开采银矿，通过马尼拉运往中国，换取丝绸、瓷器、茶叶等产品。这些商品通过菲律宾进入墨西哥，进而在整个拉美流通。大量贵重金属的流入，使明清两朝的经济得以快速发展，人口大幅增加。

当时，中国的丝绸和瓷器在墨西哥等国家被视为奢侈品，"中国风"甚至影响了拉美的装饰风格和艺术设计。在墨西哥的殖民建筑和艺术品中，至今依然可以看到受中国艺术风格影响的设计元素。

到了 19 世纪中后期，中国国内动荡（鸦片战争、太平天国运动等），大量劳工流向海外，拉丁美洲成了一个主要目的地。在古巴的甘蔗种植园、秘鲁的硝石矿以及拉美的铁路建设项目中，都有中国劳工的身影。这些劳工虽然身处艰苦的环境，但逐渐在异域建成了华人社区，并最终在当地站稳了脚跟。比如，中国菜肴的烹饪方法与秘鲁当地饮食结合，形成的"中秘混合菜"（Chifa）至今仍广受欢迎，成为中拉饮食文化交流的绝佳体现。

20 世纪中期，拉美的华人逐步建立起小规模的商业网络，尤其是在餐饮、零售等领域，华人社区的数量也不断增多。进入 21 世纪，中国对巴西、智利、阿根廷等国的矿产和农业领域进行了大量投资，伴随"一带一路"倡议的推进，中国与拉美国家在文化、教育、科技等方面的交流也日益增多。

截至 2023 年，中国已经成为巴西、智利、秘鲁、乌拉圭等国家的第一大贸易伙伴。随着中国与厄瓜多尔、尼加拉瓜签署自贸协定，我们在拉美地区的自贸伙伴已增至 5 个。2023 年，中国与拉美国家的贸易总额已经突破 4500 亿美元，比 10 年前增长了一倍以上，2024 年继续增长。新时代的中国企业出海拉美，相比早年中国劳工出海时的条件已好太多，取得更大的成绩不难想象。

出海拉美机会颇多

出海圈流传着这样一句话：中国人少的地方生意更好。到 2023 年，拉美的华人总数不到 500 万，无论是从总数还是从密度来看，拉美的华人数量与其他区域相比都少得多。如果仅看 2018 年后新出海到拉美的中国人，数量更少。

地理距离的遥远，加上治安、通货膨胀等问题的客观存在，让许多中国企业对拉美心生退意。这导致，除了墨西哥，中国企业出海拉美市场的竞争还不算太"卷"。

2024 年，拉美人口近 7 亿。国际货币基金组织提供的数据显示，巴西的消费市场规模接近 1.8 万亿美元；由于人口众多，巴西是中国互联网和电商出海的必争之地。2024 年，巴西的智能手机普及率约 90%，电商市场规模约 420 亿美元，年增长率超 20%。像 iFood 这样的本地互联网公司，正是依靠巴西消费者的移动消费习惯才得以迅速崛起的。

墨西哥近年来经济发展良好，该国民众的购买力和消费意愿较高。墨西哥的几个大城市的高档商场里人流不息。以墨西哥的收入水平来看，改良中餐品牌"熊猫快餐"的价格并不便宜，但生意却相当火爆。

即便是哥伦比亚这种在中国人心目中存在感不强的拉美国家，名创优品、小米等中国消费品牌的业务也都不错。拉美国家贫富差距大，性价比高且有一定品牌感的商品深受欢迎。2023 年 6 月，巴西国家足球队在北京比赛期间，其教练组成员就在三里屯购买了大量小米产品。

拉美的自然资源极具吸引力。委内瑞拉拥有丰富的石油资源，巴西、智利和秘鲁等国拥有丰富的铁矿、铜矿和锂矿资源。以锂矿为例，智利是全球锂矿的主要生产国之一，2023 年出口锂矿收入超过 60 亿美元，主要销往中国和美国。

中国在拉美的投资，已经从早期的矿产资源合作，拓展到了基础设施、农业、科技等多个领域。例如，中国的比亚迪在巴西建立了电动车工厂，提供符合当地需求的环保车辆。2024 年，大量远洋运输船运送中国新能源汽车到拉美，这甚至成了推动国际货运价格上涨的原因之一。

从餐饮、手机、服饰等日用消费品，到大家电、新能源汽车等耐用消费品，拉美市场都展现出了巨大的潜力。在墨西哥城、圣保罗、波哥大等城市，中国企业出海的市场空间依然很大。

挑战无处不在

尽管拉美各国的投资机会很多，但挑战依然无处不在。许多去过拉美的中国人都知道，治安问题并非中国企业出海的主要挑战，真正的挑战在于，拉美国家普遍存在的社会结构性矛盾。

具体来说，拉美地区居高不下的物流成本，以及基础设施建设不足的问题尤为突出。巴西的物流成本占到 GDP 的 12%，而中国仅为 6%。这意味着在巴西这样的国家，跨城运输成本高昂。电商在我国能够取得成功的最重要的原因之一，就是我们拥有高效、高性价比的物流配送，而在拉美，极高的物流成本使这种优势大打折扣。

政策不稳定性也让投资拉美充满了风险。智利近年来经历了宪法改革和大规模社会抗议，一些跨国企业在当地的投资项目被迫暂停。阿根廷的经济波动剧烈，2023 年该国货币贬值接近 40%，使一些有外汇需求的企业蒙受巨大损失。某中国公司就因阿根廷货币汇率大幅贬值，被迫成了中国最大的牛肉进口商之一。

容易被很多中国企业忽略的是，美国在拉美的影响力根深蒂固。墨西哥的出口约 80% 依赖美国市场，美国对墨西哥的投资额，在其对外投资总额中占据相当大的比例。2023 年，美国在墨西哥的投资总额达 170 亿美元。这样的经济联系，让墨西哥在全球化进程中既依赖于美国，也受制于美国。

一些拉美国家，如巴西、阿根廷，虽然保持着相对独立的贸易政策，然而这些国家依然无法彻底无视美国的影响力。对于中国企业而言，这意味着在拉美拓展业务时，可能会面临一些意想不到的压力。

特朗普上台后，美国在拉美的影响力有增无减。拉美国家最有权势的家族，大多将子女送往美国留学，大部分家族的财富也存放在美国。拉美国家许多政要都有在美留学、工作的经历，这其中就包括墨西哥总统克劳迪亚·辛鲍姆。

美国对拉美的战略是：既希望拉美在某些方面保持稳定、繁荣，又不希望其发展得过于强大，以避免本国在美洲的主导地位遭到挑战。美国希望拉美政治稳定，但不希望它们在国际事务中拥有太多自主性，尤其是不希望该地区与中国、俄罗斯等大国走得太近。中国企业出海拉美，面临着一道无形的"天花板"。

文化、信任与本地化

以中国现有的综合实力来衡量，我们在拉美的文化影响力依然很有限。拉美各国民众对中国的认知还停留在过去，对中国文化了解最多的是功夫和熊猫。相比之下，同样来自于东亚的韩国和日本，在拉美的文化输出做得更为出色。

中国人对拉美各国也缺乏了解，文化适应性是个不小的挑战。拉美消费者的消费习惯和品牌认同方式与中国市场存在显著差异，尤其是受美国影响深刻的年轻一代拉美消费者，对品牌的社会责任感有着较高的要求，他们关注品牌是否环保、是否关注社区发展和社会公益等。

拉美的社交文化也有其独特之处。拉美是一个注重人际关系的"人情社会"，在商业活动中，家族关系、宗教信仰和社交圈都对商业决策有着重要影响。欧美企业在拉美市场的成功，很大程度上依赖于本地化的管理团队，而如果仅靠派驻人员或本地华人管理，中国企业恐怕难以充分应对当地复杂的社交文化。

即便是像星巴克这样的美国企业，在进入巴西时，也会向当地人口味做出妥协，在推出多种极具巴西本地特色的咖啡的同时，还积极支持当地的咖啡种植，推动可持续农业的发展。星巴克通过这种方式，展示出了对于拉美文化的尊重，从而赢得了消费者的广泛认可。

欧美企业在拉美市场所取得的成功已经充分证明，文化适应与本地化战略是在该地区站稳脚跟的关键。中国企业应该虚心学习欧美企业的经验，耐心和尊重是开拓拉美市场的基础。我们必须放弃过度追逐短期回报的心态，以长期投入、建立持久的信任关系为出发点，才有可能在拉美这个"撕裂的市场"中找到属于自己的位置。

未来几年，中国企业能否在拉美取得成功，将取决于我们能否在当地建立起真正的文化互信。拉美市场不仅需要商业模式的创新，还需要对文化的深度理解。中国企业若能通过资助教育、环保项目来提升品牌的社会责任感，将有助于品牌形象的提高，从而赢得长期的客户忠诚。

本地化的管理团队极有可能成为成败的关键因素。中国企业应积极聘请当地人来参与到我们的事业当中，以此深化与当地市场和社区的联系，建立更好的沟通渠道。欧美企业在拉美市场的成功经验也表明，耐心和文化尊重在这个市场中尤为重要。未来，随着竞争的不断加剧，中国企业必须加快管理团队的本地化，以确保业务稳定增长。

　　未来几年，拉美政局和市场环境可能继续波动，企业在战略布局层面上必须具备灵活性，以适应该地区的市场变化。拉美市场的特性就决定了外资企业在该地区的"蜜月期"可能非常短暂。中国企业应从欧美企业的经验中学到：用耐心和尊重去赢得市场，用本地化和合作来减少冲突。中国企业在拉美能够走多远，取决于是否能打破"外来者"的身份，真正成为这个市场的一部分。

图 3-7　2023 年 7 月 4 日，作者在巴西圣保罗的小商品集散地 25 街

只有保持足够的耐心并始终谨慎前行，中国企业才能在"撕裂的拉丁美洲"找到属于自己的发展之路。

拓展阅读

《拉丁美洲被切开的血管》

理解拉丁美洲，《拉丁美洲被切开的血管》是一本不容错过的书籍。这是乌拉圭记者和作家爱德华多·加莱亚诺在1971年出版的一部作品。这本书深刻地探讨了自殖民时期以来拉丁美洲经历的剥削和不平等，以及这些问题如何塑造了该地区的历史和经济现状。书中特别提到了西班牙、英国、美国对拉丁美洲的剥削。

西班牙是拉丁美洲最早的欧洲殖民者之一。从15世纪末开始，西班牙对拉丁美洲的剥削主要体现在直接的资源掠夺上。西班牙掠夺了大量的黄金和白银，尤其是从墨西哥和秘鲁的矿山中。此外，西班牙通过奴隶制和重商主义政策，强迫当地人种植农作物和开采矿物，严重剥削了当地劳动力。西班牙的殖民不仅在经济上掠夺拉丁美洲，也对其文化和社会结构造成了长远的破坏。

尽管英国没有像西班牙和葡萄牙那样在拉丁美洲拥有大量的殖民地，但英国通过经济手段对该地区产生了深远的影响。19世纪，随着工业革命的发展，英国需要拉丁美洲的原材料如糖、咖啡、橡胶和铜。英国利用其海上力量和金融资本的优势，在拉丁美洲推行贸易保护主义和债务外交，通过不平等条约和债务控制等手段，使许多拉丁美洲国家陷入了经济依赖。

美国对拉丁美洲的剥削则是从19世纪末开始的，尤其是通过所谓的"门罗主义"和后来的"罗斯福对外政策"。美国在拉丁美洲推行了一系列的政治和军事干预政策，以保护其经济利益，满足其地缘战略需求。在20世纪，美国支持或扶植了一系列拉丁美洲的傀儡政府，以确保其果园、矿业和其他企业的利益。此外，美国公司如联合水果公司在中美洲国家经营时常常伴随着剥削当地工人和破坏环境的行为。

《拉丁美洲被切开的血管》一书被认为是拉丁美洲左翼思想的重要著作，有非常多令人深思的观点。这本书曾被委内瑞拉总统查韦斯当众送给美国总统奥巴马——该书被赋予了很多政治意味。21 世纪初，加莱亚诺被问到如何评价 70 年代写作的这本书时，他的回答是"今天的情况比 30 年前，有过之而无不及"。2010 年，在面对同一提问时，加莱亚诺口无遮拦地说："我今天不敢再重读那本书。对于我来说，那篇用传统左派语言写出的文字太笨拙……今天我不后悔写出那本书，但是那个阶段已经被超越。"

究竟是"有过之而无不及"，还是"那个阶段已经被超越"？

阅读书籍推荐：《拉丁美洲被切开的血管》（爱德华多·加莱亚诺著）；《银、剑、石：拉丁美洲的三重烙印》（玛丽·阿拉纳著）。

08 出海俄罗斯即将进入新阶段

俄罗斯｜独联体｜斯大林｜"一带一路"｜留里克｜基辅罗斯｜乌克兰｜蒙古金帐汗国｜东正教｜伊凡雷帝｜彼得一世｜双头鹰｜圣彼得堡国际经济论坛｜东方经济论坛｜向东看｜

在 EqualOcean 发布的出海国别月报里，印尼、沙特、墨西哥是最受欢迎的；EqualOcean 也发布过出海俄罗斯的报告，但受关注度并不高。提及俄罗斯，这两年大多数人想到的是俄乌冲突；至于独联体，这个苏联解体后成立的组织，多数人都感到非常陌生。

出海俄罗斯的机会

2018 年 6 月，我前往俄罗斯观看世界杯足球赛。在红场附近沿莫斯科河散步，一路上我遇到七八个大白天喝得半醉的俄罗斯年轻人，当时勾肩搭背地问我来自哪个国家。当我回答来自中国时，他们用不到四级水平的英语醉醺醺地跟我说："Russia，China，friend，friendship。"

除了那次"微醺的友谊"，我在莫斯科的大街小巷感受不到中国品牌的存在。2018 年，中俄两国加强了在能源领域的合作，贸易额达到了 1070 亿美元；但要知道，2018 年中美两国已经出现了贸易摩擦，然而即便如此，两国之间的贸易额也高达 6300 多亿美元。中俄与中美，是两种不同的经贸体量。

当时，中国"一带一路"倡议的重心在"海上丝绸之路"。2018 年，中国企业开始加速出海东南亚，后来被冠以"出海先锋"名号的茶饮品牌蜜雪冰城，就是那一年在东南亚开出了第一家门店。不过几年时间，中国品牌在东南亚全面开花，无论是印尼的雅加达，还是泰国的曼谷，或是越南的胡志明市，中国品牌的存在感越来越强。

对于多数中国出海企业来说，陆上"丝绸之路经济带"的机会是在 2022 年后开启的。2021 年，中俄的贸易额不到 1500 亿美元，2022 年上涨到 1900 多亿美元，2023 年这个数字就达到了 2400 亿美元。

两国贸易额的大幅上涨，充分证明了一点，即中俄两国在非能源领域的合作越来越多。一个长期关注出海独联体国家的朋友给我发了一个名单，在俄罗斯市场做得不错的中国品牌列表已经非常长了。

- **汽车相关**：奇瑞、长城、哈弗、吉利、长安、汕德卡（中国重汽旗下品牌）、一汽解放、GSP 冠胜、ASVA、XYG、奔迅、福耀玻璃等。
- **数码家电**：小米、Realme、华为、vivo、OPPO、荣耀、Insta360、大疆、海尔、海信、追觅、徕芬、TCL、美的、Neatsvor 等。

- **家居建材、机械设备和工具**：正泰、德科诺、Kink Light、徐工、中联重科、三一重工、柳工、山推、龙工、DEKO、威克士、P.I.T、Ryobi、Sndway 等。
- **美妆护肤和鞋服**：卡婷、菲鹿儿、自然堂、Bioaqua、滋色。
- **服饰鞋帽**：Bassiriana、李宁、安踏、波司登、Tiger Force 等。
- **游戏及其他**：腾讯、IGG、米哈游、莉莉丝、Funplus、安琪酵母（食品）、启蒙（玩具）、KUGOO（电动滑板车）等。

最近 10 年，每到 9 月符拉迪沃斯托克都会举行东方经济论坛。近几年，普京曾经多次在现场呼吁中国企业出海俄罗斯。一个熟悉俄罗斯市场的朋友向我透露，过去两年在俄罗斯赚到钱的中国企业确实不少，但很多搞不定支付结算的出海俄罗斯企业已经关门大吉。

2024 年 7 月，我专门前往哈萨克斯坦和乌兹别克斯坦进行调查，一个切身的感受是，改革开放的春风已经吹到了中亚，几个"斯坦"国家大踏步地向中国积极靠拢。2023 年以后，一大批中国企业开始落地中亚；陆上"丝绸之路经济带"也已经扬帆起航。

俄罗斯的历史

要想真正理解俄罗斯的当下及未来，得回过头去看看它的历史。

俄罗斯人在回顾历史时，总是会把公元 862 年留里克到达诺夫哥罗德当成最重要的起点。到了 882 年，留里克的继承人奥列格将首都从诺夫哥罗德迁到了基辅。当时的古罗斯，由基辅和周围许多独立的小公国组成，后来形成了今天的俄罗斯和乌克兰。

对于谁才是古罗斯的真正继承者，俄罗斯和乌克兰两国至今仍争论不休。作为外人，我们很难理解俄罗斯对乌克兰的历史情结，但在很多俄罗斯人眼中，乌克兰与他们可以说是同宗同源。俄罗斯人认为，乌克兰当然是一个独立的国家，但是绝对不能加入敌对阵营，这是不可触碰的底线。两国之间的历史渊源以及所谓的红线，使俄罗斯和乌克兰间的爱恨情仇故事不断上演。

不可否认的是，基辅是东斯拉夫文明的发源地之一。基辅罗斯期间，东斯拉夫人开始形成统一的政治和文化身份，该地区的基督教化也正是从那个时期开始的，尤其是在 988 年弗拉基米尔大公接受了基督教的洗礼之后。

基辅罗斯采取的是开明的统治方式，罗斯商人经常出国经商，德国、丹麦、亚美尼亚、希腊的商人也把生意做到了罗斯。弗拉基米尔大公坚持"通过法律程序"处理问题，他死后两百年间罗斯国文化高度发达，达到了自由社会的水准。

但是到了 1240 年，基辅罗斯被蒙古占领，专制制度取代了原先的制度，自此俄罗斯的历史开始与欧洲分道扬镳。后来，莫斯科大公季米特里·伊凡诺维奇率领罗斯人反抗蒙古人，1380 年在库利科沃战役中取得胜利。此后，罗斯人的中心逐步由基辅转移到了莫斯科。

莫斯科公国在伊凡三世时更加强盛，1471 年其占领了斯拉夫最早的中心、以民众参政政体为特色的诺夫哥罗德；1482 年，莫斯科公国占领了基辅。对于这段历史，俄罗斯方面的定义是"罗斯国走向了统一"，而乌克兰方面则认为他们遭到了外来控制。在很多乌克兰人眼中，基辅罗斯所代表的欧洲身份是其根源，他们并不欢迎莫斯科公国的占领。

1547 年，伊凡三世之孙、伊凡雷帝被加冕为"沙皇"，这标志着莫斯科公国从一个地区性大公国转变为一个庞大、集权化的国家，也为俄罗斯帝国的出现奠定了基础。

莫斯科公国的政治制度类似亚洲国家，他们从蒙古金帐汗国承袭了中央集权的制度，然而基辅罗斯、诺夫哥罗德的民主制度则更像欧洲。由此，俄国（俄罗斯）陷入了如何定义自我的矛盾当中。虽说君主专制已经根深蒂固，但基辅罗斯时期的浪漫化黄金时代，依然长期存在于俄国人的记忆里，时至今日，这种矛盾的国民性依然在影响着俄罗斯。

1696 年，彼得一世（彼得大帝）亲政，他被后世誉为"俄罗斯现代化的奠基者"。彼得大帝为俄国打开了通向西方世界的大门，将俄国从之前的"亚洲化"进程中暂时拉了出来。为了推动改革，1712 年彼得大帝迁都圣彼得堡，他还命令所有的贵族都要穿西式服装，学说法语，剪掉俄罗斯式的大胡子。

彼得大帝把俄国带上了西方的道路，崛起成为强大的帝国，却也牺牲了俄国教会的利益，让俄国人失去了认同感。彼得大帝用极力引进西方思想和生活方式，高度推崇西方的价值观。然而矛盾的是，彼得大帝的统治方式，依然是典型的专制独裁。实际上，即便是彼得大帝，也没能真正改变俄国的东方属性。

从蒙古金帐汗国时期开始，铁腕统治就已经渗入俄国人的思想里，至于西方的宪政思想，在那片土地上始终没能真正生根发芽。彼得大帝之后，叶卡捷琳娜二世、亚历山大一世、亚历山大二世等沙俄君主，以及后来的苏联历任领导人，都没能摆脱这个历史的宿命。

向东还是向西？

俄罗斯的国徽是双头鹰。公元 1472 年，莫斯科大公伊凡三世与拜占庭皇帝的侄女佐伊·帕列奥洛吉娜结婚，后者将双头鹰带到了俄国。伊凡三世此次政治联姻，意图是将莫斯科塑造成"第三罗马"——即罗马和拜占庭之后基督教帝国的继承者。双头鹰的两个头分别面向东西，象征着无论是在东方还是西方，俄罗斯帝国都渴望施加属于该国的影响力。

1917 年，俄国爆发十月革命，随后苏联成立，双头鹰国徽被废除。1993 年，俄罗斯联邦恢复了这一国徽。近年来，有人重新解读了双头鹰国徽的内涵，他们认为，双头鹰代表着俄罗斯在"融入西方"和"向东看"两大战略之间的纠结。

一个典型的证据是，自 2015 年开始，每年 9 月符拉迪沃斯托克（海参崴）都会举行东方经济论坛（EEF）；而 1997 年以来，每年 6 月俄罗斯也会举行圣彼得堡国际经济论坛（SPIEF）。俄罗斯在一东一西两座城市分别举办高规格的经济论坛，这反映了俄罗斯为融入西方、拉近东方所做出的努力。

今时今日，俄罗斯与西方国家之间的矛盾，似乎是不可调和的。然而实际上，俄罗斯曾经一门心思地渴望融入西方。

1991 年年底，叶利钦领导的俄罗斯从苏联完全独立，在那之后他便积极倒向西方。当时，叶利钦推出的政策举措包括：大力推进市场经济改革，加入国际货币基金组织和世界银行，加入北约伙伴关系和平计划，与美国签署一系列军控协议等。叶利钦希望将俄罗斯更加紧密地与西方世界联系在一起，以便在支持国内经济改革的同时，提升该国的国际地位。

然而，俄罗斯在推行价格自由化、大规模私有化等"休克疗法"的过程中，出现了很大的问题，当时该国急需西方国家的支持。叶利钦万万没有料到，西方国家选择落井下石，并直接导致俄罗斯大量资产流失到海外。最令俄罗斯无法容忍的是，它自己遭到了欧盟的拒绝，然而昔日华约组织的一众"小弟"却先后加入欧盟。有历史证据表明，在 1990 年德国统一的谈判过程中，美国曾经口头保证北约不会东扩，然而事实却并非如此。

1999 年 12 月 31 日，普京成为俄罗斯总统。尽管之前俄罗斯遭到了西方国家的多次无视，然而普京依然采取了一系列措施，依然试图改善本国与西方世界之间的关系。普京出生、成长在圣彼得堡，他通晓德语，年轻时曾经常驻德国，因而对西方的政治经济非常了解。苏联解体后，普京在担任圣彼得堡市副市长期间，曾经促成该市与西欧国家建立联系。

"9·11 事件"以后，普京是最早向美国提供支持的外国领导人之一。俄罗斯在反恐问题上曾与美国展开合作，普京政府允许美军使用苏联在阿富汗建成的军事基地，以此来支持美方的军事行动。普京也试图增强与欧洲国家的联系，希望通过石油、天然气的供应，来增进俄罗斯与欧洲的经济和政治关联。

"向东看"战略

过去几年，中俄不断深化双边关系，此外普京总统也先后前往朝鲜、越南、印度等国访问。在多个场合，普京都曾经表扬东方。国内也有学者和媒体人高度评价俄罗斯的"向东看"战略，他们认为这是俄罗斯在国际舞台上的一次华丽转身。

俄罗斯欧洲部分领土占该国领土面积约 1/4，而该区域的人口占比却超过了 3/4。在俄罗斯，人口超过 100 万的城市有 16 个，其中 11 个位于欧洲。俄罗斯精英阶层赴海外留学，首选目的地是英国、美国、德国、法国这些西方大国。俄罗斯新老寡头的生意，也大多分布在西方国家。

当然，中国企业出海俄罗斯依然前景光明。客观来看，中俄两国的产业链高度互补，俄罗斯的工业门类不全，需要大量进口中国的各类商品。只是我们应该清醒地意识到，因特殊时期而让中国企业在俄罗斯获得的"红利"，终究不会长久。要想在俄罗斯取得更大的成就，中国企业不仅要深刻理解俄罗斯文化、深入本地化，而且要做好与重返该国的欧美品牌进行正面竞争的思想准备。

2024 年前 9 个月，中俄贸易额达到 1803.57 亿美元，同比仅增长 2%，其中中国对俄出口 831.48 亿美元，增长 2.4%。如果剔除汽车行业，那么一些其他行业在俄罗斯的业务，已经陷入了停滞甚至负增长。

特朗普二次入主白宫，这将成为中国企业出海俄罗斯的一个巨大变量。有利的一面是，未来西方国家针对俄罗斯的制裁可能会减轻，2024 年很多中国企业面临的支付结算问题将会更容易处理；不利的一面是，此前退出俄罗斯市场的西方企业，未来大概率会回归该国，如果我们没能在时间窗口期内挖好足够宽的护城河，中国公司有可能会面临更加激烈的竞争。

可以肯定的是，出海俄罗斯即将进入新阶段。

图 3-8　俄罗斯最大互联网公司 Yandex 总部，作者于 2018 年 6 月 19 日在莫斯科拍摄

拓展阅读

除了寡头，俄罗斯有白手起家的富豪吗？

提到俄罗斯经济和商业，很多中国人会想到这个国家的"寡头"。苏联解体后，叶利钦时代开启的"休克疗法"使国有资产大量流失，一些行业逐渐被少数企业控制。1996 年，叶利钦竞选连任面临巨大挑战，他秘密召见了 7 位商界巨头，双方达成了一项协议：由企业提供财政和舆论支持确保叶利钦连任，叶利钦则承诺维护寡头的经济利益。俄罗斯前任副总理叶戈尔·盖达尔曾说："在最厉害的时候，俄罗斯政府被 7~10 个商人左右，他们甚至可以随心所欲地撤换总理。"

叶戈尔·盖达尔所言不虚，普京上台前的一年多，叶利钦一连换了四任总理。但普京成为总理并很快继任总统后，展现出了强人的形象；普京的一个重要执政举措就是大力打击寡头，多数寡头以悲剧结尾。老寡头退出舞台后，俄罗斯经济依然有明显的寡头特征，各行各业充斥着与政府高层关系密切的新寡头。不少俄罗斯的寡头长居英国伦敦，导致伦敦的一块区域被戏称为 Londongrad（伦敦格勒）。

当然，除了寡头的一面，俄罗斯也有白手起家的富豪，他们大多出现在新经济领域，典型的如下：

塔季扬娜·金（Tatyana Kim，原名 Tatyana Bakalchuk）。俄罗斯第一大电商平台 Wildberries 的创始人。塔季扬娜·金出生于 1975 年，是高丽萨朗（Koryo-saram），也就是朝鲜族裔。塔季扬娜·金从大学毕业后，当了几年的英语老师，在 2004 年创立 Wildberries。新冠疫情期间，Wildberries 获得了巨大的发展。截至 2024 年 7 月，塔季扬娜·金是俄罗斯排名第一的女富豪，身价高达 74 亿美元。

亚历山大·斯维塔科夫（Alexander Svetakov）。房地产开发公司 Absolut Group 的创始人，1968 年出生。还在大学读书期间，他就和同学一起合伙从新加坡进口电子产品，然后在俄罗斯进行批发销售，这个业务后来变成了俄罗斯最大的批发零售商之一 Absolute Trade House。1993 年，他联合创立了 Absolute Bank，然后在 2007 年以 10 亿美元的价格出售。之后，他将精力转向了房地产开发业务。

谢尔盖·加利茨基（Sergei Galitsky）。俄罗斯零售商 Magnit 的创始人，1967 年出生。大学毕业后，他创立了两家公司，主要业务是做化妆品、香水的贸易和批发。1998 年，他开了第一家日杂店 Magnit，后逐步建立起了俄罗斯最大的线下零售网络；2006 年，Magnit 完成 IPO。截至 2024 年，谢尔盖·加利茨基的财富约 30 亿美元。

帕维尔·杜罗夫（Pavel Durov）。1984 年出生，毕业于圣彼得堡国立大学；2006 年大学毕业当年，受 Facebook 创始人扎克伯格的启发，他联合创立了俄罗斯最大的社交平台 Vkontakte（VK），离开 VK 后他在 2013 年创立了加密社交应用 Telegram。帕维尔·杜罗夫目前拥有多国国籍，截至 2024 年，其个人财富超过了 150 亿美元。

Dmitry Portnyagin。1988 年出生，他于 2014 年在中国广州开了一家物流公司，进入商业领域。2015 年，他在莫斯科创立了旅游公司 NenerEnd。除了开公司，他在 YouTube 上开通了 "Transformator" 频道，专门分享商业知识，并通过该平台走红。2018 年，他发起了企业家组织 "Club 500"，在俄罗斯及独联体国家有广泛的人脉网络。

蒂穆尔·尤努索夫（Timati）。1983 年出生，2004 年通过参加俄罗斯的选秀节目 Fabrika Zvezd 而走红。走红后他创立了音乐制作公司 Black Star 并大获成功，然后上线了时尚服装品牌 Black Star by Timati。目前 Timati 的业务非常多元，除了有线下服饰品牌店外，从 2016 年开始其汉堡连锁品牌 Black Star Burger 快速发展，星巴克撤出俄罗斯后，他创立了 Stars Coffee。

奥尔加·别利亚夫采娃（Olga Belyavtseva）。1969 年出生，最开始在工厂担任经济学家，帮助该工厂转型为了 Lebedyansky 果汁生产厂。20 世纪 90 年代中期她创立 Assol，成为 Lebedyansky 的分销商继而成为集团旗下业务。2008 年，百事可乐收购了 Lebedyansky，奥尔加·别利亚夫采娃获得了 3.3 亿美元的回报。近年，她的主营业务是儿童食品，是 Progress Company 和 Agronom-Sad 公司的重要股东；目前，奥尔加·别利亚夫采娃的财富在 6 亿美元左右。

阅读书籍推荐：《BBC 看俄罗斯：铁血之国千年史》（马丁·西克史密斯著）；《寡头：新俄罗斯的财富与权力》（戴维·霍夫曼著）。

第四章 企业的出海能力

01 中国不缺大公司，缺全球化品牌

大疆｜铺货｜品牌出海｜世界品牌｜世界 500 强｜天生全球化｜

物理属性｜中国制造｜大牌平替｜品牌在人心｜工业时代｜数字化｜

原产国效应｜差异化｜讲好中国故事｜敢于不同

2020 年，我在美国纽约就读 MBA，班上一位华人三代、只会说几句最简单中文的同学，有一天突然惊讶地问我："DJI（大疆）是中国品牌？！"那一瞬间，我得到了两个信息点：一是 2020 年时的大疆，已经是一个有国际影响力的品牌；二是不只是纯粹的外国人，甚至连海外华人也不相信，中国可以做出优秀的品牌。

也是在同一年，全球线上红利爆发，依托中国的供应链和数字化能力，一大批创业者涌入了出海领域。与前几批出海人相比，2020 年之后的新出海人当中，不少人怀有打造全球化品牌的理想。几年下来，在珠三角的深圳、广州等地，"铺货型"的出海方式逐渐褪去光环，聚光灯打在了安克创新、

Insta360、正浩、拓竹等做品牌出海的公司身上。

以前，海外留学生回国，基本上集中在上海就业或者创业；现如今，越来越多有海外背景的人选择去深圳发展。与之前珠三角一代外贸人不同的是，这批海归更具国际化视野、更懂海外用户和文化，他们正在缔造一个品牌出海的时代。

当我畅想属于中国品牌出海的新时代已经开启时，2024 年 9 月，一位在外企工作多年的资深人士，一见面就给我泼了一盆冷水："中国人缺少做品牌的基因，中国品牌出海是个伪命题！"

我当时隐而不发，心中暗想：崇洋媚外的家伙！见完面后，我险些删掉他的微信号。

全球化品牌的中国之殇

最终我还是没有删掉对方的微信。一来，随着年纪的增长，我变得平和了很多；二来，在我查阅了一些数据后发现，对方的言论并非全无道理。

业内常引用的两份数据，一份是世界品牌实验室（World Brand Lab）发布的《世界品牌 500 强》，另一份是 Interbrand 发布的《2024 全球最佳品牌排行榜》。2024 年发布的《世界品牌 500 强》榜单中，有 50 个中国品牌上榜，排在美国、法国之后。而当年美国有高达 187 个品牌入选该榜单，中美之间的差距大得惊人。

Interbrand 发布的《2024 全球最佳品牌排行榜》中，前 100 名美国占了 51 个，排名高居榜首。中国只有小米、华为两个品牌入选，甚至排在邻国日本、韩国之后。要知道，在《财富》发布的 2024 年世界 500 强榜单中，中国（包括台湾地区）有多达 133 家企业入选，这个数字与美国不相上下。

按照营收体量来评判，中国拥有一大批巨型公司；可如果按照品牌影响力来评判，我们与美国的差距依然还非常大。大多数中国公司的高层，都满足于在国内称王称霸，他们这么认为：中国的市场已经足够大了，为何还要去海外受那个罪？！韩国、日本企业开展全球化，是因为它们国内市场太小，不得已只能谋求向外发展。

更加严重的问题是，一部分中国品牌在海外拓展业务时，会刻意淡化甚至是抹去自己的中国背景，他们生怕中国背景会影响其品牌形象。每次遇到类似的情况，哪怕是平和如我也难免愤懑：在中美经贸摩擦的大背景下，中国企业出海的确步履维艰。但无论如何，你可以不去刻意强调自己的中国背景，但也没必要去撒谎否认。我个人非常看不起这样的品牌！

品牌出海，中国缺了什么？

从事第三方智库这个行业，可以经常听到各种声音。2023 年 11 月，我在北京拜访国内某知名品牌的国际业务负责人，当时对方分享了他工作的难处：尽管公司品牌在国内知名，但是一旦出了国门谁都不认识。尴尬的是，董事长的心气很高，某次在海外安排与某商场高层见面时董事长受到冷遇，他因此被骂了一顿……

曾经向我私下吐槽老板的国际业务负责人不在少数。近年来中国民营企业纷纷出海，其中的一大障碍，就是老板能否接受自有品牌在海外的影响力约等于零这一残酷现实。坦率地说，中国国内各个级别企业的创始人，走出国门以后基本上都是无名之辈。

调整心态当然是困难的。中国商业文化根深蒂固，不适应国际规则，谈何推进品牌国际化？品牌出海，首先得看公司老板是否具有全球化的视野和格局。

当然，也有一批"天生全球化"的创业者在做海外业务。与先在国内取得成绩再出海的企业老总不同，他们从一开始就立足于海外市场需求，甚至创始人本身就在海外。这些创业者很少谈及"品牌出海"这个词，他们总是运用"全球化"这个字眼儿，来表现出他们的不同。

传音、SHEIN、安克创新，在规模做大之前都不被国内所知，这些企业在海外的成功，提供了一种全新的创业思路：哪怕没有国内业务，只要能够在海外取得成功，依然可以做出规模大、利润高的公司。

近年来，涌现出了不少类似的"天生全球化"公司。需要注意的是，"天生全球化"不等于"全球化公司"或者"全球化品牌"，这一类中的绝大多数，都具备两个安身立命的能力：价格低廉，以及更新迭代速度快。具体来说，"价格低廉"专注于"大牌平替"；至于更新迭代速度快的企业，一年能够更新三代产品，因此三五年内就能赶上欧美同行的技术标准。

全球化品牌需要满足一些基本条件：一是业务覆盖国家的数量通常要达到 50 个以上；二是海外市场收入占总收入的比例通常要超过 30%；三是在全球范围内拥有较高的知名度和美誉度；四是能够根据不同市场的需求，来灵活调整产品和服务，表现出强大的本地化运营能力。按照这样的标准，中国出海品牌要想成为全球化品牌，还有很长的一段的路要走。

卷物理属性，缺理念和精神

站在看多中国品牌全球化的立场上，我常用"路虽远、终必达"这句话来鼓舞企业、激励自己。一如我对外演讲时经常说的那样：属于中国品牌全球化的时代正在到来，从拥有最多的世界 500 强，到拥有最多的世界 500 强品牌，这将是中国最大的时代机遇。

但在打鸡血之余，我也经常陷入困惑。我走访了全球很多国家，也去过许多国内城市。以我有限的观察都能够明显体会到，中国的很多城市缺少美感，从大街小巷的招牌到各种商品，有设计感的凤毛麟角。中国疆域广阔，但是自古以来人多资源少，"差不多就行"的心态普遍存在。

在思想、文化层面，中国历史上长期追求高度统一，导致中国人奉行"标准化"的处事原则。然而，做品牌往往更需要"差异化"的勇气。

每个做品牌出海的创业者，都会提到中国强大的供应链，但他们经常忘了李奥·贝纳的一句话：产品在工厂，品牌在人心。中国强大的供应链，提供的是产品，而不是品牌。

客观来说，"中国制造"的品质早已是今非昔比。想当年，"德国制造"从最初被歧视，发展到成为品质的代名词；假以时日，"中国制造"必将能够赶超"德国制造"。然而，德国虽然在制造业声誉颇高，然而该国却不是世界品牌大国。同理，即便中国在制造层面达到了德国的水平，也很可能打造不出几个真正意义上的全球化品牌。

为什么？因为如今早已不是"品质等于品牌"的时代了。中国人擅长在物理属性上"卷"，但品牌存在于感性的层面。品质可以产生信任，但只有在品质中加入感性、文化和精神层面的东西，我们才能打造出真正意义上的强势品牌。

在物理属性上内卷，这是中国品牌的强项；但商品的物理属性很容易被复刻，最终只能陷入拼规模和拼价格的恶性竞争。如同特斯拉CEO马斯克所说的"显著差异化"——即比竞争对手好十倍，这需要颠覆式创新。遗憾的是，创新，特别是颠覆式创新，还不是中国企业的强项。

面对这个问题，更多的中国品牌干脆选择"放弃治疗"，它们盯着亚马逊平台，什么好卖就跟着卖什么。但是我认为，开设一个有商标的线上店铺，就认为自己在做品牌出海，这种认知无异于自我催眠。品牌战略本应是顶层设计，是企业意识形态的一部分，而多数公司将其等同于市场营销的执行层面，这是巨大的认知误区。毫不客气地说，在中国的众多出海公司中，很少有将品牌战略上升为顶层设计，并将其视为一把手工程的企业。

从工业时代到数字时代

尽管中国的数字化能力很强，然而中国出海品牌整体上还停留在工业时代，这是一个"以我为主"的阶段。宏观逻辑早已发生了变化，中国在 2008 年后逐渐从卖方市场转向买方市场，全球在这两年也已经明显进入了买方市场。

这意味着制造不再是决定性环节，而能够敏锐地发现海外用户的需求才更为关键。基于用户需求改进产品，把用户当成伙伴的 C2B 模式正在成为主流。数字化是中国出海企业的优势，因此 TEMU、TikTok Shop、SHEIN 等公司近年来迅速崛起，它们给出海从业者带来了极大的信心。可以预见，中国企业不可能完全复制欧美品牌的全球化老路，凭借数字化优势，我们完全有可能开辟出一条全新的道路。

然而，TEMU、TikTok Shop、SHEIN 等公司依然没有获得海外用户发自内心的喜爱，这并非它们的数字化能力有问题，而是它们在理念、文化、精神层面还存在明显的短板。甚至在中国国内，也有不少用户吐槽某些平台的价值观有问题。

有专家将品牌划分为四个层次：物理世界、认知世界、思想世界和精神世界。按理说，数字化能力可以赋能企业，使其从物理世界走向更高层次。然而在实际操作中，数字化能力往往被用来迎合低级趣味，反而给品牌带来负面影响。像"砍一刀"这样的数据驱动功能，究竟让人感到愉悦，还是让人精神分裂？

"己所不欲，勿施于人"，这句话道出了东方处世哲学的一个重要原则。可惜的是，这句出自《论语》的话，在中国企业出海的过程中并未得到很好的践行。从"内卷"到"外卷"，中国品牌很难因此而获得尊重。

讲好中国故事

无论出海企业是否承认自己的中国背景，只要创始人是中国人、供应链来自中国，"原产国效应"就客观存在，其中国背景就无法抹杀。打造全球化品牌，永远无法绕开这一规则。

有些人羡慕美国，因为源自美国的品牌具备更高的势能；有些人羡慕日本，因为日本品牌在海外普遍受到尊重。然而，美国在独立后曾长期笼罩在英国的阴影之下，在国际市场上，美国公司的受认可程度明显不如英国公司。而在第二次世界大战以后，日本货也曾长期被贴上"廉价低质"的标签。历史上，几乎没有哪个品牌，能够在否认自身背景的情况下依然收获成功，遑论发展成为全球化品牌了。

当然，这并非强求中国出海企业都要立志发展成为全球化品牌。但是，对于各行业的头部企业来说，它们有义务应承担起"讲好中国故事"的责任。任何企业，都不能在依靠中国市场成长、依靠中国供应链发展起来之后，反而自我矮化。

抛开宏观叙事，大多数中国品牌之所以会遇到发展的"天花板"，根本原因就在于"讲故事"的能力不足。比如，中国是一个传统的饮茶大国，然而现如今，我们已经成了全球最大的咖啡市场之一。中国人口众多，这是事实。然而咖啡之所以能够在神州大地遍地开花，也是因为无数欧美电影、电视剧向我们输出了大量的咖啡文化。这就是"讲故事"的能力。中国的智能产品，在物理属性上日益精进，但如果无法通过"讲故事"来让这类产品成为现代生活方式的一部分，那么智能产品就只能继续停留在小众品类的层次。

"原产国效应"不是洪水猛兽。一方面，随着中国综合国力在持续提升，我们的软实力也在增强，因此根本无需过于悲观。在 Brand Finance 于 2024 年 2 月发布的《2024 年度全球软实力指数报告》中，中国凭借商业与贸易、教育与科学等领域的卓越表现，首次升至全球第三。另一方面，无论是相关政府部门还是企业，都应该先适应、再引导，持续提升讲述"中国故事"的水平。

我坚持认为，已经在海外取得成功的中国品牌，应该在"讲述中国故事"方面做出贡献。

差异化，敢于不同

毫无疑问，全球化品牌是产品与思想的结合，它不仅依赖于科技，也需要文化的支撑。如果说在科技的驱动下，中国各行各业的产品已经赶上了世界先进水平，那么缺乏文化驱动力，使得中国出海企业在思维高度上依然落后于欧美企业。

那么，我们如何才能破局？某国内知名品牌的国际业务负责人曾经告诉我："造不如学，学不如买。"在他看来，中日韩这东亚三国都不擅长讲故事、做品牌。既然如此，我们可以通过收购欧美品牌的方式来补强短板。吉利收购沃尔沃、安踏收购始祖鸟、复星集团收购 Lavin、美的收购 KUKA，均被认为是该理念在实际操作层面上的成功案例。

在老品类上采取收购老品牌的方式是可行的，当然失败的案例也不在少数，如三胞集团收购英国 House of Fraser、李宁收购意大利品牌 Lotto、复星收购 Thomas Cook、万达收购 AMC 等。失败的原因并非中国公司水平不行，实际上早在 20 世纪八九十年代，日本企业也曾经在全球进行大量收购，成功案例也并不多。影响收购成败的因素有很多，文化冲突是最常见的原因之一。

在新品类上，中国品牌做出成绩的可能性更高。在中国第一批出海公司中，来自于深圳的企业表现尤为出色，这是因为，在智能硬件新品类方面，深圳具有"996"工程师文化与强大供应链的双重优势。

在新兴市场上，也出现了一些成功的案例，典型如从非洲起家的传音、从印度尼西亚起家的极兔。当年，华为出海采取的也是"农村包围城市"的市场策略，该公司先在许多发展中国家站稳脚跟，然后再进军发达市场。

相对而言，当面对年轻用户的时候，中国品牌可能会更加容易打开局面。典型如 TikTok，该 App 通过聚集全球年轻人，建立起了强大的品牌影响力。在日本这样一个汽车大国，比亚迪也选择了从年轻人切入的市场策略。在欧美发达国家，老一代人普遍存在沉重的"历史负担"，而新一代人则更有可能摒弃偏见，他们往往能够更加客观地看待来自中国的品牌。

对于中国出海品牌而言，可以通过两种途径来突破"内卷"：一是在技术上实现颠覆性创新，二是在理念和精神层面取得突破。对于多数品牌而言，精神层面的突破更为可行。而如果选择走这条路，就必须在"敢于不

图 4-1　2024 年 11 月 27 日，作者在天风证券展望 2025 年度策略会上分享
"品牌出海的破局关键"

同"方面挖掘红利。一个好消息是，中国出海品牌普遍在这方面较弱，因此一旦能够下定决心改变，做到一定程度的"不同"不会太难。

中国品牌的出海之路任重道远，我依然充满信心。

拓展阅读

中国企业打造全球化品牌的八条路径

美国学者斯廷坎普曾长期关注新兴国家的品牌国际化，尤其是对中国的全球化品牌充满兴趣。他在与另外一位学者库马尔合著的《品牌突围：新兴市场品牌如何走向世界》一书中提出了新兴市场品牌国际化的八条路径。2017 年，其推出了新作《全球品牌战略》，回答了一个基本的问题：为什么有些品牌能够取得全球化的成功？

新兴市场品牌国际化的八条路径如下：

一是亚洲龟路径。指一步一步向上爬，最终实现新兴市场品牌的全球化。中国品牌全球化最常采用这条路径，先是以低价打入海外市场，逐步扩大市场规模、建立规模优势，然后不断更新迭代产品、建立质量优势，最后获得品牌溢价、建立品牌优势。这条路径，需要以 10 年为基本单位。

二是企业—消费者路径。指在国际市场从 B2B 转向 B2C，即从代工的OEM 转型为自创品牌。这条路径在中国企业中也很常见，中国很多行业都是从代工起家，然后创立自有品牌。这中间有几个需要跨越的关键点：充分理解终端消费者，建立自主研发能力，长期投资品牌。典型的成功案例如华为、美的集团。

三是品牌收购路径，即从西方公司手中收购全球品牌。这条路径的典型案例是 2004 年联想集团收购 IBM 的 PC 业务，2010 年吉利收购沃尔沃，2019 年安踏收购始祖鸟，这三个案例到目前来看都相当成功，给了市场极大信心。当然，失败的案例更多，不同品牌背后的文化和管理风格相差很大，而中国企业跨文化管理能力普遍不足。

四是海外品牌传播路径。指新兴市场品牌在全球化的过程中，通过不断传播来建立品牌。典型的如 TEMU 连续赞助美国的"超级碗"，TikTok 曾长期在纽约时代广场的大屏幕上打广告。相比传统媒介，中国品牌更青睐线上可视化的营销传播，Facebook、YouTube 的广告金主有相当一部分是中国企业。目前，这条路径面临的原产国效应依然明显。

五是移民路径。指的先通过移民海外或常驻海外的华人华侨进入相应市场，然后再扩展到其他消费者。典型的如海底捞、霸王茶姬等中餐茶饮企业，先是在华人聚集区开店，后来慢慢吸引当地主流消费者。这条路径被不少中国企业采用，起步较容易但破圈很难，这和华人群体在一些国家相对封闭、缺乏政治影响力有关。

除了上面五条路径外，还有文化资源路径，指通过嫁接文化元素实现全球化；自然资源路径，指发挥原产国独一无二的优势；国家支撑路径，指利用国家的背书和强大支持获取海外相应的资源或市场。

在《全球品牌战略》一书中，斯廷坎普为企业如何在全球市场中取得成功提供了一份指南。他强调了理解跨文化之间的心理共性与差异的重要性，指出文化差异会导致品牌全球化的失败，他在书中创新性地提供了工具"文化地图"。斯廷坎普认为创新应是全球品牌战略的核心，品牌需要在产品、过程和营销中持续创新以保持在各个市场的相关性，他建议利用全球研发网络整合不同消费者见解和技术进步。

书中提供了八大工具，帮助品牌在全球化过程中制定有效的战略。其中包括全球品牌价值的 COMET 框架，即全球品牌从消费者（C）、组织（O）、营销（M）、经济（E）、跨国创新（T）这五个方面创造价值。值得注意的是，他强调了品牌管理在组织层面需要进行创新以适应不同市场的需求。他还以新的战略思维观念"全球整合"（Global Integration）取代传统的"全球标准化"（Global Standardization），以及"全球理念、本土执行"（Think Global，Act Local）等长期沿用的观念。

阅读书籍推荐：《品牌突围：新兴市场品牌如何走向世界》（库马尔、斯廷坎普著）；《全球品牌战略》（斯廷坎普著）；《品牌思想简史》（卢泰宏著）。

02 重新思考本地化

人才组织｜交学费｜长期主义｜全球化组织｜雇佣军｜无印良品｜全球管培生计划｜创新者的窘境｜跨文化交流｜中日差别｜德法差别｜本地化｜松井忠三｜全球化 ｜文化地图

2024 年 8 月，我在厦门和北京分别参加了两场关于企业出海与人才组织的会议，很多与会者都是各公司的 HRD。演讲结束后，几个 HRD 找我谈起她们的困惑：公司把出海当作第二增长曲线，过去一年老板基本上都在海外跑；她们自己没有机会跟着出去，但需要配合海外人才招聘和管理的情况越来越多，工作起来很痛苦……

"那你们得有危机感了。找机会申请去一趟你们公司最主要的海外市场。你们觉得痛苦，你们的老板大概率也不会太满意，搞不好，你们的老板已经在偷偷物色新的 HRD 了。"我并不是吓唬她们。我认识的一些做出海业务的企业老板，私下就找我问过是否有合适的、能做海外业务的 HRBP 或 HRD 推荐。

交学费，早交好于晚交

我自己也是老板。自从 2018 年创立 EqualOcean、开始服务中国企业出海后对此有着深刻的感受。在一家公司内部，老板时不时会觉得其他所有人都不行；尤其是在开拓新业务时，他很容易得出"过去的老团队已经落伍"这样的结论。

尽管这并非都是客观事实，而更多是老板的主观感受。但是，企业出海这样的新业务，确实需要招入更多的新人才。那么问题来了，为新业务招的新人才很难融入老团队——即便新老人才都是中国人。如果其中还牵涉到外籍人才，那么工作难度将成倍增加。

我依然还记得当时自己对 EqualOcean 的 HR 的各种抱怨：为什么让你招个有海外留学背景的合适人才就这么难？为什么外籍同事某某的签证资料你都能搞错？！为什么这么小的一个团队都没有凝聚力？

现在回想起来，HR 不擅长支撑新业务是情有可原的，她需要一段时间来慢慢学。但我当时太急，给了 HR 很大的压力，发给她的那份薪资似乎更像是付给她的精神补偿费。

EqualOcean 在国内招了一些外籍同事，甚至在 2020 年，我们还在纽约成立了公司，并且招聘了中外员工，这就必然会牵涉到跨时区、跨文化的沟通与管理。作为中国老板，我所学的专业勉强算是与外语相关，在纽约期间也曾经在纽约大学商学院读 MBA，自认为是一个具有国际视野的中国老板。然而实际上，我几乎把所有能犯的错误都犯了一次，交了不少学费但成绩寥寥。

一个朋友安慰我说：如果你认可出海是十年二十年的事情，那么在这个方向上你肯定要交学费的。而交学费，则是越早越好。

基于长期主义的全球化组织建设

谈及出海方向，总有人引入"风口论"，宣扬海外某区域"机不可失，时不再来"；中国式企业家或创业者普遍心怀莫名的焦虑感，他们很容易匆忙拍板做决定，生怕错失机会。

1985 年"广场协议"签署以后，日本企业开始大规模出海，至今已近40 年。目前，一大批日本企业的海外收入，在公司总营收中的占比都超过了50%。作为东亚近邻，日本的经验的确值得我们学习，中国当下所处的出海浪潮，与 40 年前日本所处的环境颇为相似，这也就意味着，出海对于中国企业而言是一个长期趋势，至少会有 30 年的"风口"。

对于中国企业来说，尽快建立起这一认知，非常关键。我们即将面临的，将是一场长期持久战，而不是一场短期遭遇战。既然"战争类型"不同，那么我们就必须采取更加适合"持久战"的战略和战术。更加重要的是，我们必须组织一个能够支撑全球业务的团队，因此绝对不能操之过急。

从外部招聘国际业务负责人，甚至是聘请一支"雇佣军"，可能并不是最优解。在出海业务方面，老板是那个重要的"1"，其他人都是后面的"0"。在对海外业务没有建立起深刻的理解和认知之前，大多数老板很难判断他所请到的国际业务负责人是否合格；实际上，真正有实力的国际业务负责人，也不敢轻易加入连老板都认知不足的企业。

相对务实的做法是：老板先带几个自己信任的老部下一起探索出海业务，待到对某海外市场有了充分的理解以后，再从总部选派价值观一致、有开拓精神的人，以负责人的身份常驻该区域。做出实际业务以后，再招入对当地市场更了解、有经验的国际业务人才，作为二号位辅助。

日本企业无印良品有个选派人才的经验值得参考：在内部制定出海外轮岗的制度，随机派出人员到海外轮岗三个月，这经常会得到意外之喜。一些员工发现，他们对某海外市场有天然的热爱。这种热爱，是接下来取得成功的重要前提。

出海人才绝不等同于会说外语、有国际视野的人，而是能够与某个海外市场产生化学反应的人。然而老板麾下的员工那么多，到底谁才是最合适的人呢？随机派出一些同事去试试，答案自然会揭晓。

在非洲国家肯尼亚，我碰到过一位湖南同乡，他在该国工作几年后彻底爱上了非洲大草原，工作也干得有声有色。即便深圳有更好、收入更高的岗位，他也不愿意回国。在墨西哥，我也遇到过一位中国女生，她从美国毕业后去了墨西哥，随后便喜欢上了那里的玛雅文化与天主教的融合氛围。在她看来，墨西哥根本不存在所谓的安全问题。

体量稍大的出海企业，或者那些对海外业务有较高预期的企业，从一开始就可以由老板亲自牵头，着手做类似于"全球管培生计划"的项目。具体来说，管培生先在总部培训半年以熟悉业务，然后在三个海外国家各轮岗半年以上，最后再确定正式岗位。对于全球管培生，也并不需要以语言、国际视野为核心考核，而是找到对出海事业心存热爱的人。现在的中国年轻一代，对前往海外工作的热情颇高，因此我们的人才备选库非常充足。

对于非"天生全球化"的企业，相比于将既有团队转型为全球化团队，或许重新搭建一个全新的组织结构更为合理。对于大多数企业来说，出海是一次从 0 到 1 的飞跃，因此必须要塑造全新的理念，设置全新的激励方案。

我曾经与很多公司的国际业务负责人交流，他们所面临的最大的挑战，并非老板不重视出海业务，而是如何与其他部门的负责人相互配合。如果不给予足够的独立性，那么出海业务负责人经常在公司的高管会议上陷入势单力薄、以寡敌众的孤立处境。

尤其是在那些国内既有业务做得非常出色的企业里，出海业务负责人经常会陷入"创新者的窘境"。老板的老部下、老功臣，有可能会抱团排挤新业务负责人。

一个企业在出海伊始，必定会交很多学费，这个代价只有老板本人才能承担。而在老板交了学费以后，如何让团队内的其他人少交学费，这需要老板拥有规范意识。一个可行的建议是：从出海第一天开始，老板就应该写下公司出海手册的第一行字，率先垂范，并要求团队其他成员不断向该手册补充经验和教训。长此以往，出海手册必将成为该公司最重要的培训资料。

理解跨文化交流与管理的难处

对于那些非"天生全球化"的企业而言，在总部尚未组建出海业务团队及支撑体系以前，不宜急于在海外招聘工作人员，尤其是不能随便招入外籍员工。跨时区、跨文化管理的难度，对于那些刚刚出海的中国企业来说，是一座难以跨越的大山。

这并不是说外籍员工无法管理。实际上，在20世纪八九十年代，外资企业高层管理人员也会抱怨中国员工懒惰、职业素养差，但现在这种声音已经基本上消失了。可以肯定的是，假以时日，越南、印尼、印度、尼日利亚等国家的雇员，其职业素养也完全能够符合中国企业的要求。只不过在当下，绝大多数中国出海企业，依然处在速度和效率优先的阶段，在这种情形下，单一文化比多元文化更加容易管理、效率更高。

除非是出海目的地政策、法规有相关规定，为了合规必须招聘当地员工，否则的话，从总部派人的方式必定更加高效。如果某些业务必须是当地人才能做成，那么中国企业完全可以将对方聘请为顾问。

当然，中国企业迟早会发展到人才多元化阶段，这往往意味着企业在海外收入达到了一定的体量，并且已经进入了创新和创造力驱动的阶段。届时，建立多元化团队，理解中国文化与其他国家文化之间的差异，将成为中国企业能否取得决定性胜利的关键。放眼全球，中国文化都显得非常独特，与其他国家的文化融合起来非常不易。

举例来说，在商业文化上，中国和日本既有相似也有不同。相同的一面是，中日文化都是高语境文化。当需要给予同事负反馈时，都倾向于采取间接而非直接的方式。中日企业内部均等级森严，更多情况下，都是基于关系而非任务来建立合作和互信。发生分歧时，更加倾向于采用非对抗的方式来进行处理。

不同的一面是，很多中国企业的决策都是由老板一言而决的，而日本企业则更加倾向于共同决策的原则。日本员工严格按照时间安排工作和会面，而中国员工的时间观念通常更具"弹性"。

因此，日本人受不了中国人的时间观念弹性化，中国人也受不了日本人的死板。即使都是高语境文化的国家，在两边的员工没有通过团建拉近距离前，基本上很难建立起深层次的互信关系。在同属东亚文化圈的中国和日本之间，跨文化交流和协作已经如此困难，更不用说中国与文化差异巨大的欧美国家之间了。

中国人往往倾向于将欧美视作一个整体，这证明目前中国企业仍然处在出海早期，对全球文化的理解还处在一个似是而非的阶段。实际上，法国和德国在文化上就存在很大差异：德国属于低语境国家，表达方式直截了当；而法国人则更习惯绕圈子，他们不愿直接表态。此外，法国人倾向于公开表达情绪，他们认为这是人性化的；而德国人则认为，这种方式缺乏理性。即便是同根同源的英国人和美国人，也常因为美国人理解不了英国人的"冷幽默"，而在沟通过程中陷入尴尬。

欧美企业刚刚进入中国时，由于其薪资待遇极具竞争力，因此总是可以聘用到国内顶级的人才。虽然当时的跨文化交流和管理同样困难重重，但是问题通常不至于激化。而目前的中国企业，依然普遍处在全球产业链的中间环节，以我们的利润率，尚且拿不出具有竞争力的薪资来吸引海外最顶级的人才。在这样的背景下，更加容易发生因文化差异而产生的矛盾和冲突。

因此，招募海外华人成了很多中国出海企业的首选方案。但是，我和许多出海企业老板交流后发现，这种方案并不能够真正解决问题。来自于中国台湾、中国香港和中国大陆的华人，在很多问题上都存在分歧；即便同样是来自于中国大陆，不同阶段出国的人之间，依然存在很大的差异。

经常有企业老板跟我吐槽，在海外招募华人后被骗，甚至与对方陷入无休止的法律纠纷。某独角兽公司的创始人总结道：对于那些有负面情绪的海外华人，一律不能聘用，因为他们往往从心底里不喜欢做出海业务的中国企业。

当然，我也收到了许多关于海外华人的正面反馈。例如，一些企业普遍认为，出国留学的华人，尤其是2008年以后出去的，普遍自身素质比较高。另外，也有不少出海企业创始人提到，新加坡、马来西亚的华人普遍乐于看到中国崛起，他们非常适合做中国出海企业的国际业务负责人。

最为理想的情况是：在中国国内招到外籍人才，最好是外籍留学生，先安排他们在总部历练几年，然后再派回各自的国家开拓业务，这样的合作，对于双方来说都是有百利而无一害。欧美企业没有出海的概念，他们只有全球化的概念，并且普遍采取这种方式来拓展境外业务。中国目前还不是热门留学目的地，因此，中国企业在出海方面，的确要比当年欧美企业全球化面临更多的困难。

牢记初心、不要为了本地化而本地化

这也意味着，中国企业出海，不能完全照搬当年欧美企业的全球化老路。无印良品前社长松井忠三带领该品牌走向全球化，并且取得了很好的成绩。松井忠三认为，日本企业不能过度模仿欧美企业，因为这么做会让自己的优势丧失殆尽。松井忠三指出，日本人仅凭协调能力和诚实的品质，就可以把很多事情做得很好。在海外，表现出强烈的个性或许更容易做生意，但日本人独特的个性一旦被埋没，就会丧失竞争力。松井忠三强调，以日本人的含蓄风格，模仿欧美不一定能成为优秀的全球化人才。

松井忠三的这一理念，对中国出海企业也同样适用。中国企业普遍的优势是生产成本低廉、产品更新迭代极快，能够做到这两点，离不开一套完整体系的支撑。中国企业出海，要遵守当地的劳动法等制度，但是我们绝不应放弃中国人吃苦耐劳的勤奋精神。在这个方面，我们可以"严于律己、宽以待人"。那些全盘照搬欧美公司全球化做法的中国出海企业，很可能会事倍功半。

对此，我曾经有过一些观察。在2014—2016年的"双创"浪潮期间，创业企业很容易就可以拿到融资，一些"改变世界"的创业者（其中不乏海外留学背景的年轻人）以谷歌、Facebook为榜样，在公司内部搞出了许多"人性化"举措，如提供充足的零食、允许带宠物上班、设置极具弹性的工作时间等。这些公司后来花光了投资人的钱，大多关门大吉了。

如果一家出海企业还很弱小，海外收入尚未达到一定的规模，却天天对外宣传自己团队成员的多样化、国际化，我不认为这样的公司拥有长久的生命力。也有不少出海企业频繁提到本地化，以将自己的企业变成当地企业、彻底抹掉自己的背景为荣，我对这种企业一贯嗤之以鼻。

所谓本地化，指的是出海企业根据当地市场的特点，在对外、对内两个方面进行的相应调整，以便更好地适应当地环境和市场需求、促进业绩增长。但是本地化的目的是全球化，这个初心不能忘；与此同时，本地化的目的绝对不是去中国化，我们不能忘本。

一位出海五年的朋友跟我分享了他的经验："在海外，变成当地企业并非好事，因为所有有追求的员工，都希望在一家全球化的公司，而不是在本地化公司工作。在海外拓展业务，充分展示公司的全球化属性才更有吸引力。"因为要突出全球化而非本地化，这位朋友把海外办公室设在了当地的 CBD，并提供海外员工轮岗到上海、新加坡的机会，效果很好。

在反思自己做出海全球化的经验和教训时，我所得出的上述结论，并非因为我的全球化意识不足、心态不够开放。我的部分教训，来自于自己之前过于崇尚欧美全球化经验，在人才管理上既没学到欧美的风格，也放弃了中国企业的优点。有了 ChatGPT 等人工智能工具以后，我发现公司对于外籍人才的依赖大大减少，我的出海信心也更足了。

愿更多中国出海企业更有信心。

图 4-2　2024 年 8 月 10 日，作者在用友全球商业创新大会上分享"出海本地化"的主题

理解世界"文化地图"的八个维度

中国企业出海，最难的事情之一是如何进行跨文化沟通和管理，美国作家、欧洲工商管理学院（INSEAD）教授艾琳·梅耶的书籍 *The Culture Map*（中文翻译为《跨文化沟通力》）值得参考。艾琳·梅耶详细定义了八个维度，用以衡量和比较不同文化在工作场所的行为模式和沟通风格，这八个维度如下。

沟通（Communicating），分为直接与间接：沟通可以是直接的（明确表达意图和意见）或间接的（使用含蓄、委婉的语言）。例如，美国文化倾向于非常直接的沟通，而日本则更倾向于间接和含蓄的沟通方式。

评价（Evaluating），分为直接负反馈与间接负反馈：不同文化在给予批评和反馈时的直接性。例如，英国人可能会使用更多的正面语言来缓和负面反馈，而荷兰人在评价时可能直截了当，更加直接。

说服（Persuading），分为原则先行与应用先行：在构建论证和说服他人时，有的文化（如法国）更依赖于演绎推理，从理论出发；而其他文化（如美国）则可能依赖归纳推理，从实际经验或案例出发。

领导（Leading），分为等级性与平等性：领导和权威结构可以是等级性的，也可以是平等性的。例如，韩国的企业文化通常具有较高的等级性，而瑞典则倾向于平等性的领导风格。

决策（Deciding），分为共识与上级决定：不同文化在决策过程中的差异。日本倾向于通过集体共识做出决策；而在美国，决策可能更快速，且常常由个人或上级直接做出。

信任（Trusting），分为任务型与关系型：信任的构建可以基于完成共同的任务和目标（任务型），或是通过花时间建立个人关系（关系型）。德国人可能通过工作表现来建立信任；而在沙特，个人关系和情感连接是建立信

237

任的关键。

不同意（Disagreeing），对冲突的接受度：不同文化对于表达和处理分歧的接受程度。在以色列文化中，开放表达冲突被普遍接受；而在印度尼西亚文化中，公开表达分歧可能被视为不礼貌或不和谐。

时间（Scheduling），分为线性时间观与柔性时间观：对时间管理的看法。在德国和瑞士文化中，时间观念是线性的，强调严格的时间表和守时；而在巴西或沙特阿拉伯文化中，对时间的看法更为柔性，安排可能更加灵活。

中国在以上八个维度的情况是：中国在沟通上属于高语境国家，在评价层面偏间接负反馈，在说服层面属于应用优先，在领导层面具有典型的等级性，在决策层面是自上而下，在建立信任层面是基于关系，在冲突的接受度层面是尽量避免冲突，在时间观念上倾向于弹性时间。

在中国企业寻求全球产能出口、强化全球资源配置能力的背景下，跨文化融合已经成为大部分有并购和整合经历企业的迫切需求。当前，不少企业已经开始着手海外并购、文化整合、跨文化管理等工作。接下来，期待能看到越来越多的中国出海企业能跨越文化障碍从而走向成功。

阅读书籍推荐:《跨文化沟通力：如何突破文化管理的隐形障碍》（艾琳·梅耶著）。

03　通过海外考察快速了解一个国家

海外考察｜三本书｜微信读书｜Kindle｜亲力亲为｜发现美好｜国际分工｜核心国家｜边缘国家｜MTU 模型｜市场｜博物馆｜交通｜大学｜距离 – 稀缺性 – 变革模型

自从开始关注出海方向以后，我经常前往不同国家进行考察，顺便拍摄了很多关于不同国家的短视频，也写过一些相关文章。其中，有些内容能够收到正面反馈，也有些淹没在了茫茫文海中。**我经常被问到这样一个问题：到一个陌生国家考察，如何快速增进对它的了解？**

这个问题本身可能就存在一些问题。在我看来，了解一个国家没有捷径，这是一个长期的过程。如果一个外国人来到中国，待上十天半个月就号称自己了解中国，作为中国人，我们大概率会认为这个外国人"很傻很天真"。同样，作为外国人，我们到了一个陌生的国家，也不可能在短时间内了解该国。

当然，在承认无法真正快速了解一个陌生国家的前提下，这个问题依然值得探究：是否有一些方法和技巧，可以让我们在花同样时间的情况下，可以更多地了解一个陌生国家？答案是肯定的。我的经验和方法肯定不是最好的，但是可能对一些朋友有参考价值。

行前三本书

多年以前，我去一个陌生国家之前，必做的准备工作，就是搜索几篇关于该国的文章，再看看该国的中文和英文百科。这种简单的准备方式，现在想来确实有些偷懒。因为去一个陌生国家，金钱和时间成本往往不会低，充分的准备可以大幅提升投入产出比，尤其是对我这样靠输出见解谋生的人来说，更为重要。

因此，我现在越来越多地采取出行前读"三本书"的方式做准备：第一本是目标国家的简史，第二本是该国的经济或商业史，第三本是该国的"游记"。

客观地说，这种准备方式颇具挑战：一是阅读量比较大。我一般不会深入理解，而是快速翻阅，只要形成一个"盲人摸象"式的大框架即可。二是找书比较困难。我现在习惯用微信读书，辅以 Kindle 英文电子书，对于一些常见的国家，基本上可以找到合适的书籍。三是要支付一定的成本。微信读书还好，会员费并不贵；Kindle 的英文电子书一般不便宜，但相比差旅成本，付费读书的成本基本可以忽略不计。

举个例子，2024 年 12 月下旬去西班牙之前，我阅读了以下几本书：《看得见的世界史：西班牙》《西班牙帝国：走向全球霸权之路，1492—1763》以及《西班牙旅行笔记》。需要说明的是，我挑选的书籍，未必都是同类主题里最好的选择，在这种情况下选书，我首先看重的是便利性。有时候，我甚至是随机挑选。

历史内容通常较为枯燥，而高质量的"游记"往往阅读体验更好。不过，我这里所说的"游记"，并非只是旅游攻略，而是更具人文气息的游记。比如，想了解中亚，《中亚行纪》和《失落的卫星：深入中亚大陆的旅程》都是不错的阅读资料。当然，我们也可以把出海圈关于中亚的文章找出来阅读，再加上中英文的国别百科，这样的准备工作已经算得上充分了。

亲力亲为，不怕麻烦

每次去陌生国家考察，从办理签证、订机票、规划行程，到最终落地，我都是亲力亲为。一方面，目前我的公司规模比较小，自己没有配助理；另一方面，我认为自己处理这些事情，能够更好地体验其中的细节。当然，我去的很多国家都对中国免签，同时我自己也有十年美签、五年巴西签等签证，所以即便是自己完成一切，也不算麻烦。

实际上，更大的挑战通常发生在落地以后，例如，如何过海关，过关后如何去酒店，等等。一些发展中国家的制度不完备，导致正常的入境流程非常耗时，如果你愿意花钱，就可以走快速通道。因为带着调研的目的出访，所以即便再麻烦，我也会选择"正常"的流程。此外，我也不喜欢当地朋友接送机，我更加倾向于亲力亲为。

在我看来，以一个普通游客的方式来考察一个国家，收获最大。许多人在前往陌生国家时，常常担心各种安全问题，他们也会从社交媒体上浏览该地区的治安信息。2023 年 7 月，在去巴西圣保罗之前，我在某社交平台上看到了很多在该座城市被盗的相关帖子。到圣保罗以后，我发现这座城市的街头流浪汉确实很多，但是在整个行程中，我并没有丢东西。

社交媒体往往会放大一些风险，因为被偷被抢的人更倾向于发声，而一切安全顺利的人则缺乏动力去写"我挺好"的这类帖子。如此一来，我们所接收到的信息就会与真实情况出现偏差。看待任何问题都要用两分法，看待一个国家当然也是如此。我认为，**去一个国家，不要带着"找毛病"的心态，而要带着"发现美好"的心态**。否则，你为何要去这个国家呢？

很多问题，都是经济问题

我曾经去过很多国家，也在国内走过许多省市。如今，我对"仓廪实而知礼节，衣食足而知荣辱"这句古语，有了更加深刻的理解。

当今的全球体系和国际分工并不公平，有中心国家、边缘国家和半边缘国家之分。中心国家制定规则、掌握核心技术，边缘国家提供原材料、大宗商品，半边缘国家则凭借廉价劳动力组织生产。

以前我们总是有这样的认知：欧美发达国家更加安全，也更有全球责任感；而亚非拉的许多国家则是各有各的问题。殖民体系虽已瓦解，但在许多亚非拉国家掌握核心资源的人，往往都是在西方接受的教育，他们甚至将个人财富存放在西方国家。简而言之，在很多亚非拉国家，社会阶层之间基本上没有流动性。

绝大多数看起来不太安全的国家，通常都属于经济上非常脆弱的边缘国家。部分处在快速工业化过程中的海外区域，也有些混乱。

海外不少国家虽然经济发展水平低，但民众相对温和，对外来者较为友善。2024 年 7 月，我在依然贫穷的孟加拉国便深有体会。在伊朗时，我也发现这个在媒体上看来颇为极端的国家，民众其实也非常温和。

因此，如果能够带着理解的心态，我们会发现许多国家"身不由己"，以其经济发展水平来看，有些问题是情有可原的。所以，去陌生国家，我的心态是：如果碰到要钱的情况，我一般都会给，就当是缘分。如果以发达国家或者中国的标准来看待亚非拉一些贫穷国家的问题，除了自己生闷气，其实没有任何意义。

MTU 模型

我曾经在视频号"黄渊普频道"中，分享过一个出访海外国家的"MTU 模型"。

"M"指的是 Markets（市场）和 Museum（博物馆）。我通常会去当地最高档的几个商场，看看有哪些国际品牌及其价格；也会去当地普通人常去的市场，如菜市场、小商品市场、超市。除中国等少数国家外，全球其他国家仍然以线下商业为主导，线下市场普遍极具活力，那里是比线上更值得考察的重点。

商场里的品牌和定价，可以反映出一个国家的开放程度和购买力。肯德基在中国的第一家店开设于 1987 年，星巴克在中国的第一家店开设于 1999年，这些西方消费品牌的入驻，往往是一些国家开放和经济发展阶段的重要参考指标。肯德基出海到中国的时间较早，因而该品牌在中国市场上建立起了比麦当劳更大的优势。同样，一些中国品牌在海外，也会因为"先入为主"而被视为高端品牌。

通过观察市场上各类商品的价格，并结合人均 GDP 水平，我们就可以大致了解该国的消费层次。在多数发展中国家，主流趋势是消费分级而非消费升级。出海这些国家，要么面向 10% 的富裕群体，要么面向 80% 以上的平民群体，中产阶级的市场非常小。

一个国家的顶级博物馆，是我的必去之地。在阅读简史以后，实地参观博物馆会带给你截然不同的感受。博物馆不仅展示历史，还能反映出该国的自我认知。身为一个中国人，在这样一个有着 5000 年文明的国家成长，我不自觉地形成了一种"我们最厉害"的感觉；然而，在参观了许多国家的博物馆以后，如今我在保持自信的同时，也多了一点点谦虚。

我时不时想起这个例子：明末清初来到中国的葡萄牙人利玛窦，他的《坤舆万国全图》曾遭到中国士大夫的攻击与嘲笑，因为他们认为中国在地图上占比太小，位置又不在中央，这怎么会是世界地图呢？为了安全和传教，利玛窦按照中国人的习惯修改了地图，使中国出现在正中央。之后，其他传教士也从利玛窦身上吸取了教训，当他们为大清康熙皇帝绘制地图时，总是将中国置于世界的中心。

事实上，很多国家也认为自己处在世界的中心。

"T"指的是 Transportation（交通）。除了打网约车（不是每个国家都有网约车），我还会乘坐公共交通工具，包括地铁、公交车、三轮车、两轮车等。交通出行是生活刚需，普通民众花在交通出行上的费用占月收入的比重，能够在一定程度上反映当地居民的购买力。

比如，在中国一线城市，地铁票价为 3~5 元，一个大学毕业生的薪资相当于可以乘坐 2000 次左右的地铁。至于公交车，就更便宜了。在尼日利亚、巴西等国家，公共交通费用较高，一个大学毕业生的月收入，大概可以搭乘 600~1000 次公交或地铁。打网约车在许多亚非拉国家还是一种奢侈消费，普通老百姓并不是该项业务的主要消费群体。

以"外国人"的身份去乘坐公交车和地铁，能否与当地老百姓打成一片不好说，但大概率会成为一段难忘的经历。我经常是地铁车厢里唯一的异国面孔，被人偷偷拍照或被要求合影的情况不在少数。车厢里卖廉价商品的外国小姑娘，也曾经"强迫"我购买自己并不需要的东西。

"U"指的是 University（大学）。到一个陌生国家，我通常都会去参观当地最好的大学。许多亚非拉国家的有钱人，大概率会把孩子送到英国、美国留学，剩下的精英阶层大多毕业于本国的一两所顶尖大学。去这些大学参观，不仅满足了我作为"文人"的一点虚荣心，也能为之后与当地人交流提供话题。

更加重要的是，我认为中国企业出海，最需要与目标国家的知名大学建立联系。亚非拉国家的一些名校，未必能够在全球排名中名列前茅，但对于中国出海企业来说，即使只是招收几名当地名校的应届毕业生，也比派遣有经验的国内员工更加有效。凡是能进入当地名校的学生，背后通常都能延展出一张当地的精英人脉网络。企业出海的核心是本地化，而本地化的核心之一便是本地化人才。

除了市场、博物馆、公交车、地铁和大学之外，我也会与了解当地的人进行交流，以便更加深入地了解该国。作为智库机构的负责人，我经常能够找到在当地生活多年的朋友，有时也能与我国官方媒体驻当地的首席记者交流，他们都是我了解当地的"捷径"。哪怕我不懂该国语言，但是能说英文的人在全球各地都能找到，因此，即便是和当地人简单地闲聊，也能有所收获。

因此，我们平时应该多用用小红书和 LinkedIn，这对于结交海外人脉大有帮助。到了一个陌生的国家，去大街小巷亲身体会该国的气息，这非常有必要。中国企业出海已成大势，多出去走走会发现广阔的机会。

全球化城市：亚历山大、罗马

图4-3　2024年11月8日，作者在天津跨境电商领军者峰会上分享其全球考察经验

拓展阅读

选择出海市场的"距离－稀缺性－变革"模型

经常有朋友问我，全球有200多个国家和地区，如何选择一个适合自己企业的国家作为出海的目的地呢？这个问题很不好回答，得具体问题具体分析。但可以确定的是，如果出海的逻辑仅仅是因为在某个国家或地区认识人，这肯定不算是科学出海。

企业出海，先发优势很重要；身边很多人已经去过的地方，信息不对称较少，某种程度上也意味着商业机会的减少。理想的出海市场往往是未被充分开发、即将快速增长的市场。仅以建立先发优势为衡量标准，在2017年出海去沙特、2018年出海去印尼、2024年出海去乌兹别克斯坦，都是不错的选择。当然，实际情况往往更为复杂。抛开具体企业的实际情况，我个人认为可以根据"距离 – 稀缺性 – 变革"这个模型来综合考虑出海的目的地。

"距离"包括物理距离、政治距离和文化距离。物理距离容易理解，一个投资人就曾在 EqualOcean 出海全球化百人论坛上说从中国出发需要转 2 次机的地方才是出海的好市场，原因是中国企业会比较少、不卷。政治距离指中国与对方的政治关系，在当前的地缘环境下这一点越来越重要，"友岸出海"是理性选择。另外就是文化距离，可以参考本书提到的"文化地图"的八个维度，提早了解在目标市场进行跨文化交流和管理的难度。

"稀缺性"指的是某种商品或服务在当地的供给和需求情况。这一指标跳出了人口总量、GDP 总量和人均 GDP 的限制，为考察市场提供了更细致的视角。对于普通企业或普通人而言，海外的热门国家未必是最好的出海市场，因为竞争压力也很大；而一个人口只有一两千万、某种商品或服务还处在卖方市场阶段的国家，反而是不错的出海目的地。去海外考察的朋友经常会发现，在不少非常落后的亚非拉国家，商品的价格很高，把特定的商品卖过去毛利反而更高。

"变革"指的是海外国家是否在推动相关的大政策，如搞革新开放或发展新产业。在海外，绝大多数国家的利益结构非常固化，核心资源掌握在极少数人手里；即便是实力雄厚的中国企业出海到一个陌生国家也会面临"强龙不压地头蛇"的局面。如果一个国家在推动变革，通常需要借助外来力量来推动内部变化，也会相应地进行利益重新分配；出海企业作为外来者，在一段时间内分到一杯羹不难。

如果一个海外市场离中国物理距离较远但政治距离较好，在某个或某些细分领域存在商品、服务的稀缺性，同时该国政府又在积极推动革新开放，那么这样的市场会是很不错的出海选择。这需要有先见之明，也需要有行动的勇气。

从人类历史来看，外资企业在 1992 年后的中国市场找到了最好的出海机会。当时的中国不仅有廉价的劳动力资源，而且在绝大多数领域商品稀缺、处于卖方市场阶段；尽管当时中国的人均 GDP 较低，但无论作为生产基地还是消费市场，都极具吸引力。当时中国政府也在大力推动政治与经济改革，因此对外资企业敞开大门。不少欧美跨国公司吃到了出海中国的红利，甚至借中国市场实现了新生。

从中国企业出海的角度来看，现今的海外市场中并不存在"下一个中国"的机会。目前大热的出海国家里面，印尼的市场规模远不及中国，沙特的市场更小、人口更少，而墨西哥在特朗普再次上台后风险变大。而世界人口第一大国印度，在中印关系没有明显改善之前会让多数中国出海企业望而却步。

阅读书籍推荐：《一件 T 恤的全球经济之旅：全球化与贸易保护的新博弈》（皮厄特拉·里佛利著）。

04　全球化人才培养亟须变革

中国高校｜李泽湘｜新工科教育｜国际关系专业｜外语专业｜区域与国别｜短视频｜人工智能｜新出海｜文科院校｜全球化人才

过去一年，我曾经受邀前往上海交通大学、浙江大学、湖南大学、外交学院、中国人民大学等高校，与在校本科生和研究生进行交流。这些主要学习商科、外语、国际关系等专业的文科生，无疑都是非常优秀的。

作为一名国际关系专业的毕业生，十多年前我在校期间只会纸上谈兵，很少进行实地调研。尽管如此，我的硕士论文《马六甲地区的海上安全合作》，还是被评为 2012 年外交学院的优秀毕业论文。令人遗憾的是，与我读研究生时相比，现在的学生培养方案几乎没有任何变化，各大高校仍旧是阅读理论书籍和教材，通过纯理论研究来完成作业和论文。

我能真切地感受到，现在的大学生，比我当年读书时更加迷茫。2008 年，我国一系列积极的财政和货币政策帮助中国经济快速摆脱了全球金融危机的影响。我毕业时，中国已经步入移动互联网和消费升级的新时代，2014 年还掀起了一轮创业潮。那一年，我也创立了自己的第一家公司并很快获得了融资，正好赶上了"风口"。

然而，听我讲座的学生们，可就没有那么幸运了。过去几年，大环境和就业市场发生了巨大变化，然而他们仍然像十多年前的大学毕业生一样，只是简单模仿前辈的经验和路径，但却忽视了时代背景已经发生的改变。

2024 年 10 月，我再次拜访了李泽湘老师。李老师所推动的"新工科教育"项目，打破了产学研之间的壁垒，推动年轻一代将理论与实践相结合，走上了科技创新之路，取得了令人钦佩的成就。中国在理工科领域的进步非常迅速，这一点从自然指数、全球专利数量、全球制造业竞争力指数等方面都能得到证明。同时，得益于中国的工程师红利，诸多互联网平台和硬科技产品迅速崛起，并在全球市场建立了竞争优势。

相比理工科，中国的文科教育更加令人担忧。

以我所学的国际关系专业为例，该专业曾经被批评为"没有总结好过去、解释好现状、预测好未来"。糟糕的是，学习国际关系的学生，往往没有机会真正去国际上建立关系，老师们也很少有机会去他们研究的国家进行深入交流，大多数时候仅限于学术层面的讨论，对当地的商业和风土人情了解不多。

技术的进步，正在逐步改变文科教育的命运。例如，我本科时期曾经考取国家英语导游证，并通过兼职导游赚取生活费。20世纪90年代以后，中国进入改革开放的新阶段，大量外国人来访，当时外语导游供不应求，属于高端高薪职业。

到了2008年北京奥运会期间，尽管入境的外国人达到了4800万人次的高峰，但互联网的普及，已经开始改变外语导游行业。通过互联网，人们可以轻松获取旅游信息，导游的收入因此而明显下降。到了2024年，智能翻译软件和设备的出现，几乎使传统的外语导游行业失去了成长空间。与此同时，其他与语言相关的服务，如笔译和口译，也已不再是曾经那样光鲜的职业。

一个从事翻译工作多年的外交学院校友，曾经与我分享他的观点。我的这位校友认为，国内80%以上的外语专业毕业生，在就业市场上没有任何竞争优势，最好是尽早转行。事实上，随着ChatGPT等人工智能技术的发展，机器翻译能力已远超多数专业八级水平的外语专业学生。在我的机构EqualOcean，我们曾经招聘过多名外籍员工和中国外语专业毕业生。我个人的体会是，在ChatGPT时代，国内大学的很多外语学院没有了存在的必要。

技术的发展，正将某些特定技能转变为大众可获得的基础能力，那些依赖这些技能生存的人们，注定将面临巨大的生存压力。在外语专业的毕业生感受到冲击之前，中文、新闻等专业已经受到了新技术的挑战。关键的转折点之一，是2012年微信公众号的推出，"一个人再小，也有自己的品牌"，这个口号的喊出，意味着写作变成了一种基础技能，而依赖文字为生的人们，开始面临挑战。

进入短视频和人工智能时代后，艺术、设计等文科专业也面临着前所未有的巨大挑战。实际上，在任何时候的任何行业，前5%的人才都能过得很好，因为无论技术如何发展，人的创造力永远价值连城。说回文科，高级翻译、优秀作家永远都是稀缺的，但整体需求的下滑已经是一个不争的事实。

随着时间的推移，漠视技术进步的人，注定会逐渐为他们的保守和固执付出巨大代价。

这一轮人工智能的发展，最有可能取代的就是所谓的白领岗位，特别是那些文科属性极强的岗位。人工智能的发展日新月异，然而很多学校培养学生的方式极为落后，就好比我们早已处于热武器时代，然而各大高校依然在传授冷兵器时代的技能。

不过，这并不意味着年轻一代没有机遇。

每一个时代都有其特有的机遇和挑战。例如，"70后"经历了中国房地产市场的起飞、中国加入世界贸易组织后外贸的爆炸式增长，以及互联网的兴起等三次重大机遇，但同时也经历了亚洲金融危机、非典和全球金融危机等挑战。到了2018年，随着时代逻辑的显著变化，"70后"成了幸福感下降最为明显的一代。

业界普遍认为，从目前的商业前景来看，人工智能的潜力至少相当于移动互联网。有观点认为，在未来的十年时间里，人工智能可能会像蒸汽机和电力一样，推动全球新一轮的科技革命。更有乐观者预测，到2040年前后，通用人工智能（AGI）可能出现，这将是一个类似于"人类走出非洲"的历史性大事件。

因此，"00后"一代的机遇，可能要比"80后"所处的移动互联网时代还要更好。这一代年轻人，不一定需要精通人工智能技术的开发，只需学会使用人工智能工具即可，那些能够熟练运用人工智能的年轻人，必将会比同龄人更早实现财务自由。

当前，大多数中国的文科院校和专业，依然还处在与人工智能竞争的阶段，学生学习依赖死记硬背，而这些正是人工智能能够轻松替代的领域。要想从与人工智能的竞争关系中摆脱出来，文科院校和专业应当着重开设人工智能操作的相关课程，这一类课程，应该比20年前的计算机操作课程受到更多的重视。

在人工智能之外，新出海将是未来十年乃至二十年中国的核心商业主题。

以往高校毕业生的首选，如"大厂"和外资企业等，这些年业务缩减趋势明显。经过几十年的激烈竞争，中国的很多行业竞争变得异常惨烈；与此同时，基于中国的综合优势，越来越多的中国企业在全球范围内展示出了比国外同行更强的竞争力，中国企业的全球扩张，正在成为新的主流。

实际上，许多中国的头部企业都在积极拓展海外市场。企业都非常现实，只为增长快的业务招聘新人，而不会为停滞不前的业务增加员工。中国 A 股上市的 5300 多家公司中，有 53% 的公司披露了它们的海外收入，而这部分公司的海外收入增长幅度，通常优于它们的国内业务。这 53% 的公司，其业务增长也显著优于其余 47% 没有海外业务的公司。

企业的海外业务，主要通过两种方式进行：商品出口和企业出海。前者是商品出海但人通常不出海，因此并不需要太多的全球化人才；后者则正在成为主流，对全球化人才的需求也在迅速增长。2024 年 1—10 月，中国实际利用外资为 6932 亿元人民币，同比下降了 29.8%；同期，我国对外非金融类直接投资 1158.3 亿美元，同比增长了 10.6%。这一数据对比，标志着一个新时代的开始。

30 多年前，一大批外资企业进入中国，它们成了毕业生的重要就业去向；现在在海外投资的中国公司，在当地的身份同样是外资企业。显然，随着越来越多的中国公司"走出去"，它们将一如 30 多年前外资企业初来中国时那样，为出海目的国提供就业机会。

尽管企业家、创业者甚至一部分寻求职业转型的中年人已经开始积极出海，然而高校师生对这一趋势还大多不了解。一方面，高校面临就业压力；另一方面，许多志在海外的中国企业，难以招聘到优秀的年轻毕业生。实际上，在"企业出海"时代，对本地化的要求将越来越高，具备多元文化适应能力的年轻毕业生，拥有比上一代更为明显的竞争优势。

更为关键的是，年轻人需要勇敢地走出去，修正他们对某些海外国家的偏见。在新一轮的全球化浪潮中，企业不应该再仅仅以欧美为中心，而应该将目光投向全球，尤其是广大的亚非拉国家。这也就意味着，许多就业机会将出现在这些地区。在中国一线城市学习的年轻毕业生，需要改变他们对于海外就业的认知，同时也需要说服他们的父母，海外并非处处危机四伏。

文科院校、文科专业的师生需要行动起来

目前，大学生在校内所学到的知识，与全球化浪潮中所需技能之间，存在巨大的差距。过去，全球化人才的培养，可能更加强调语言能力和跨文化沟通能力；而今天，数字化能力、行业知识则变得更为重要。显然，"英语八级"只能证明你的英语水平，与成为一个真正的全球化人才之间，还存在着很大的距离。

文科院校和专业面临的困境，不仅需要学校的老师来解决，也可以借鉴商学院的做法，引入社会导师。从传统的国际关系专业到区域国别研究，教育内容和教育方法都需要进行较大的改革。至于需要多和社会打交道的文科生，可以多做一些社会或商业课题，大胆联系、采访各行各业的专家和创业者。一般来说，行业专家和创业者并不排斥给学生提供观点或建议。

今天的"95后"和"00后"，面对的是"新出海"这个时代命题。全球化浪潮必将再度风起云涌，而这一次，中国企业将不再是简单的代工制造者，而是品牌塑造者、市场开拓者。新出海不仅是产品的出口，更是中国文化、技术、创新的全球扩张。对于今天的年轻一代来说，出海的条件比历史上任何时候都更加有利。

国际关系、外交学、外语等文科专业的大学生，除了少数人可能从事

学术研究，多数毕业生应考虑成为某个中国公司在东非的战略总监、中东海湾国家的政府事务总监，或者印尼的国家总经理等。在新一代跨国公司中工作，这绝对是一个大有前途的职业方向。

图 4-4　2024 年 11 月 2 日，作者受邀在中国人民大学国际关系学院开讲座分享
新出海人才的要求

拓展阅读

如何一步步成为全球化人才？

随着全球化的深入和中国在世界经济中地位的日益提升，中国企业的国际化步伐逐渐加快，对全球化人才的需求和标准也发生了显著变化。与十年前相比，全球化人才现在需要具备更多的技能和更高的能力，以适应日益复杂和动态的国际环境。

十年前的国际化人才与现今的全球化人才的区别体现在以下几个方面：

一是技能需求的变化。十年前学习外语、国际关系或国际贸易专业的学生通常被认为具备了成为国际化人才的基本条件，主要侧重于语言能力和基本的国际交流能力。现在除了语言能力，更强调跨文化沟通、国际市场分析、全球战略规划和国际法律知识等。此外，随着数字技术、人工智能的发展，对技术运用能力也有了更高的要求。

二是工作环境和工作方式的变化。十年前国际化人才往往在跨国公司的国际部门或外贸公司工作。现在远程工作成为常态，全球化人才可能需要管理分布在多个国家和地区的团队，能够灵活应对不同时区的工作模式。

三是职业发展路径的变化。十年前职业路径相对固定，多数人才在企业内部或行业内部逐步发展。现在职业路径更为多元化，全球化人才可能涉足跨行业项目，涵盖更广泛的角色和职责，包括项目管理、战略咨询等。

如何一步步成为全球化人才呢？

一是在教育与学习上，在大学中选择国际关系、全球研究、经济学、商业管理相关的专业。学习一门或多门外语，尤其是广泛使用的国际商务语言如英语、西班牙语、阿拉伯语、法语、德语。多参加专业培训，如参加有关国际贸易、全球市场分析、国际法律和跨文化管理的培训。

二是在实际经验上，寻找机会在国际公司或海外机构实习或工作，以获得全球工作经验。参与国际志愿者项目，如联合国志愿者计划，这不仅能增长见识，还能扩展国际人脉。如果可能，通过学术交换项目去其他国家学习一段时间。

三是在跨文化技能上，学习并实践有效的跨文化沟通技能，了解不同文化的商务礼仪和社交习惯。提高自己的文化适应能力，学习如何在不同文化背景下工作和生活。

四是建立国际网络，在国际会议、研讨会和行业活动中积极建立联系，加入相关的专业组织和社团。可以去利用社交媒体与国际同行建立和保持联系。

五是持续学习与适应，跟踪全球趋势。定期阅读国际新闻和专业报告，了解全球经济、政治和社会趋势；跟上技术发展的步伐，学习新兴的数字工具和平台，这对于处理全球项目和团队协作至关重要。

六是打造个人品牌，展示专业形象。在社交媒体和个人网站上展示国际经验和专业技能，用好短视频红利，让潜在的全球雇主注意到。

阅读书籍推荐：*The Path to Becoming a Global Talent*（Shu Ueyama 著）。

Chapter Five
第五章　新机遇与新挑战

01　出海是年轻一代最大的时代机遇

养猪｜个体户｜下海｜办企业｜房地产｜入世｜互联网｜移动互联网｜双创｜新科技｜新个体户｜新出海｜走出去｜小而美｜非主流市场

作为一名媒体智库领域的工作者，我有幸接触过来自各行各业、各个年龄段的优秀人才。每一代人都有其独特的经历和处境，也有不同的时代机遇。作为"85后"的一员，我经常感受到自己处于夹在两代人之间的微妙位置：很多人认为"70后"是最幸运的一代，而"95后"则常常调侃自己是运气最差的一代。

我的观点是，每个时代都有其独特的机遇和挑战。问题的关键在于，谁能够抓住这些机遇并将其转化为个人的成就。我们回顾过去，尤其是中国过去四十年的发展，会发现每个十年都有属于当时年轻人的机遇。这些机遇有时显而易见，有时需要深入观察。当然，只有少数人能够识别出这些机遇，并做出与众不同的选择，从而走上成功之路。

今天，我们站在 21 世纪 20 年代，年轻人又面临着怎样的机遇呢？在回答这一问题之前，我们有必要回顾一下，过去几十年里不同的"年轻人"抓住时代机遇的故事。

80 年代的机遇：养猪、卖饲料、个体户

改革开放初期的 20 世纪 80 年代，中国社会发生了翻天覆地的变化。当时的年轻人是"50 后"，他们经历了新中国成立后的物质匮乏阶段。得益于新中国成立后的稳定，这一代人的生活条件相比父辈有所改善。然而，他们中的很多人都饿过肚子（1959—1962 年），大多也没有接受良好的教育（1966—1976 年）。

80 年代的时代机遇是什么？ 1980 年，《人民日报》报道了广东中山人黄新文成为全国首位"万元户"的故事。黄新文靠养猪发家致富，他响应国家"要想富，少养孩子、多养猪"的号召，一年养了 25 头猪，最终全年收入超过万元。当时，万元户的出现引发了全国震动。很多年轻人开始意识到，传统的农业生产方式，可以通过新的思路来转化为财富。

刘永好就是那个年代抓住机遇的年轻人。1982 年，刘永好在四川开办了一个养殖场，起初养殖鹌鹑，后来转型做饲料。刘永好的养殖业务做得风生水起，后来的"新希望集团"成了国内最大的饲料生产企业之一。同样是在那个时期，中国的个体工商户时代开启。1980 年，19 岁的章华妹领到了全国第一张个体工商户营业执照，这标志着中国个体经济的崛起。到了 1987 年，全国共有 1300 多万户个体户，2000 万人通过个体经营改变了人生轨迹。

这些个体工商户和养殖户，是新中国第一代敢于迈出市场经济步伐的人，他们抓住了市场化初期的红利，也为后来的企业家们树立了榜样。然

而，作为当时社会环境中的"少数派"，他们也曾经面对诸多困难。实际上，即便是到了 20 世纪 80 年代末、90 年代初，全国依然在争论个体经济是否"姓资"。

90 年代的机遇：下海、民营企业、炒股

进入 20 世纪 90 年代，中国的市场化改革进一步深化。"60 后"这代人成了 90 年代的年轻人，他们面临的机遇与上一代人不同。邓小平的"南方谈话"，标志着新一轮改革开放大潮兴起，许多人开始从体制内跳出来，下海经商，寻找更大的财富空间。

1991 年，年轻的俞敏洪辞掉了北京大学教师的工作，专心投入到了英语培训的事业当中。两年以后，他创办了新东方学校，随着出国留学热潮的兴起，英语培训的市场需求迎来了爆发性增长，新东方逐渐成了中国最大的培训机构之一。俞敏洪毕业于北京大学，他出身于农村，高考三次才考上北大。最初，俞敏洪因家中困难而干起了校外培训班，他最终选择从学校辞职，还遭到了学校的通报批评。因此，俞敏洪当年颇有些"被迫下海"的意思。

与此同时，许多没有受过高等教育的年轻人，也在抓住属于自己的机会。比如，浙江台州的阮积祥，他并没有读过大学，但他敢于冒险，敢于走出国门开拓市场。阮积祥的"杰克缝纫机"，通过不断改进技术和产品，迅速打入海外市场，最终成为全球知名的缝纫机品牌。

2024 年最火的一部电视剧《繁花》，就是以 20 世纪 90 年代为背景的。据说，《繁花》中的"宝总"，是以一个名叫周正毅的人为原型。周正毅是初中学历，家庭背景一般，他在 20 世纪 90 年代也属于"60"后的年轻人。周正毅先是在上海开饭店，1995 年后通过股市赚到了大钱。

在这个阶段，外资企业的进入，也为当时的年轻人提供了新的机会。外

企以其高薪资吸引了大量人才，成了当时年轻人梦寐以求的雇主。一些优秀的年轻人，通过成为外企的中层管理者，迅速积累了财富和经验。

21 世纪前 10 年的机遇：房地产、入世、互联网

21 世纪的第一个 10 年，"70 后"的年轻人迎来了属于他们的黄金时代。当然，"70 后"先是经历了 1997 年的亚洲金融危机，尔后又对 2003 年的"非典"记忆深刻，也接受了 2008 年次贷危机的"洗礼"。但是客观地说，"70 后"确实是先后赶上了几次大机遇：一是 1998 年商品房改革后的房地产红利，二是 2001 年 12 月中国正式"入世"、外贸出口爆发，三是互联网的兴起。

这一代人是"坐电梯"崛起的一代，只要拥有中人之姿且勤奋努力，都取得了相当不错的成就。2001 年，丁磊年方 30 岁，他的公司网易就已经在美国上市；32 岁时，他就成了中国首富。1973 年出生的陈天桥，于 1999 年创办盛大网络，2004 年 31 岁时，盛大在美国上市，陈天桥也成了中国当时最年轻的首富。1969 年出生的"准 70 后"黄光裕，年龄比丁磊、陈天桥大一些，他的国美电器吃到了中国商品房改革的红利，在 2000 年后生意异常火爆。在 35 岁那一年，黄光裕也成了中国首富。

腾讯的马化腾、京东的刘强东、美团的王兴等人都是"70 后"。当然，这个阶段也有很多年龄大一些的"60 后"崛起，如苏宁的张近东、阿里巴巴的马云、百度的李彦宏，以及后来创立了小米的雷军。时代大机遇来临时，20 来岁刚毕业的大学生，能够轻松找到一份体面、高薪的工作。但是客观地说，能够抓住大机会一举腾飞的，往往是那些先工作过一段时间、年龄在 30 岁左右的人。

21 世纪 10 年代的机遇：移动互联网、风投潮

21 世纪 10 年代，"80 后"的机遇主要集中于移动互联网和风险投资领域。

2013 年以后，中国出现了创业、创新大潮。拼多多的黄峥、大疆的汪韬同为 1980 年出生，字节跳动的张一鸣、滴滴的程维都是 1983 年出生。这些年轻的企业家，抓住了移动互联网的红利，迅速将公司打造成了全球性的大公司。

"85 后"的我于 2014 年开始创业，就拿到了几轮 VC 融资，也认识了数千名拿到 VC 融资的创业者。2014 年、2015 年时，很多创业者在没有实际业务、只靠一份 BP（商业计划书）的情况下，就能拿到融资。2014 年 8 月，知名 VC 机构 IDG 宣布成立 1 亿美元规模的"90 后基金"，专投"90 后"创业者。

2016 年，"阿尔法狗"打败了人类围棋世界冠军李世石后，掀起了一波人工智能创业热潮。也差不多是从 2016 年开始，草根创业者轻松获得 VC 融资的时代过去了。到了 2018 年，我把当年获得融资的创业者进行了一番统计，发现他们几乎各个都有名校、名企背景，这非常说明问题。

我们可以总结一下以上四个阶段的机遇

一是需要高度关注国家政策。20 世纪 80 年代、90 年代以及 21 世纪前 10 年的大机会，基本上都与关键性的政策出台有关。所以直到现在，很多成功的企业家都有看《新闻联播》的习惯。与国家大政方针不一致的项目，或许也会成功，但绝对不会长久。

二是抓住了机会的年轻人，在当初都是"少数派"，他们都或主动或被动地做出了与多数人不同的选择。"少数派"未必都会成功，但成功的都是"少数派"。任何一个人，都不能指望和 80% 的人做一样的选择，最终却能够成为 20% 的成功者。

三是抓住时代机遇的人，在机遇到来之前，往往都有过一些经验，甚至是失败经历，很少有职场小白能够立刻收获巨大成功的。虽然机遇时来时去，但是最终取得长期成功的，往往都是深耕一个大方向、坚决不动摇的人。

四是每一代人都觉得上一代人的运气更好，认为自己这一代人最惨。事后来看，认可这样观点的人果然会比较惨。事实上，每一代人都有自己的"糟心事"，也都有自己的时代机遇。

五是多数人的成功主要是因为运气好，他们并不知道自己因何成功。时至今日，成功者的"准入门槛"已经变得越来越高，20 世纪 80 年代、90 年代成功的创业者大多是草根创业者，2010 年代后成功的创业者普遍拥有名校、名企背景。

21 世纪 20 年代的机遇：新科技、新个体户与新出海

在 21 世纪 20 年代的今天，这一代年轻人面临的最大机遇是什么？我认为，当前的机遇主要集中在三个方面：新科技、新个体户和新出海。

新科技是一个相对笼统的概念。今天，新能源产业已经兴起，人工智能的应用也已经看到了曙光。我与很多创业者交流过，大家普遍的共识是：从目前展现出的商业前景来看，人工智能至少能够达到移动互联网的量级，它甚至有希望像蒸汽机、电一样推动全球新一轮科技革命。

这样看来，"95 后""00 后"的机遇，至少会比"80 后"更好。年轻人不一定需要会人工智能技术，他们只需去学会运用人工智能就够了。我坚信，能够熟练运用人工智能的年轻人，必将先于同龄人富有起来。在未来，人工智能将创造出更多的就业岗位，然而在那之前，它会"消灭"不少工作岗位，尤其对"白领"岗位影响最大。所以，设计、翻译、编程等专业领域的人，要格外有危机感。2024 年的诺贝尔奖"AI 含量"大增，这一趋势无可阻挡。

新科技的发展，以及短视频时代的到来，正在重构企业的组织形态，"新个体户"会越来越多。在全世界范围内，出现了越来越多团队规模很小、估值却很高的 AI 创业公司，典型如 OpenAI、Pika、Sakana 等。在短视频时代，

通过打造 IP，越来越多的个人超越了公司的组织效率和商业价值。

1979 年，中国颁发了第一张个体工商户营业执照，现在出现了越来越多的个人工作室。上一个时代的个体工商户，主要以畜牧养殖等传统行业为主；而新一代的"个体户"，则依赖于社交网络以及比拼应用技术的能力，这类"个体户"，更多出现在创意创新、市场营销、企业服务等领域。

另外一个大机遇是新出海，这是接下来 10 年甚至 20 年中国各行各业的核心议题，原因可以用经济学中最常见的"供需"概念来解释。现如今，中国各行各业的供给都非常充足，然而有效需求却略显不足，海外很多国家的情形则是刚好相反，有需求但供给不足。与传统外贸不同的是，新出海是由新一代出海人驱动，放眼全球市场，基于中国优势，以越来越显著的本地化、品牌和技术驱动为特征的一次商业浪潮。

新出海的全球格局

2024 年上半年，在中国全部 5300 多家 A 股上市公司中，有超过 53% 的公司在半年报中公布了海外收入，这些公司的业绩，普遍好于没有海外收入的公司。海外市场已成为许多企业增长的第二条曲线。2023 年，中国的跨境电商交易额达到了 2.38 万亿元，其中出口占了 1.83 万亿元，跨境电商出口占中国外贸出口总额的 7.7%，目前这个比例还在不断提升。预计未来 10 年，这一占比将会达到 15% 左右。

上述事实意味着"不出海，就出局"，也预示着中国企业在全球市场中的渗透力和影响力将进一步增强。新出海的背后，是对全球市场分布的重新审视。如果将全球市场简单地划分为发达市场、新兴市场和不发达市场，那么跨境电商和出海企业在每个市场中面临的挑战与机遇，都是各不相同的。

首先是发达市场。发达市场包括美国、加拿大、欧盟国家、日本等，总体市场规模庞大，消费者购买力强大。2024 年，美国的在线零售额预计将达到 1.2 万亿美元，欧洲的在线零售规模也超过 1 万亿欧元。虽然发达市场的线上零售规模已经接近中国，但这些市场门槛较高，对商品的质量、品牌合规要求也更为严格。在发达国家市场，中国商品已经有相当的渗透率，但大多数是白牌产品，缺少叫得响的中国品牌。在未来，中国的年轻一代可以通过更敏锐的文化理解、更科学的品牌塑造，来逐步打开发达市场的大门。

新兴市场是另外一块充满潜力的区域。新兴市场包括印度、印尼、巴西、墨西哥、土耳其、南非等国家和地区，这些国家和地区的人口众多，经济增长迅速，市场需求大，但本地的供应链和工业基础均相对薄弱。通过跨境电商平台和物流体系，许多中国企业已经逐步占领了这些市场。新兴市场的电商发展刚刚起步，对价格敏感，但品牌意识相对较弱，这为中国企业带来了更多机会。在新兴市场，与其做大家已经在做的品类、拼命"卷"，还不如去判断三年以后哪些品类会爆发。中国电商的发展历程，就是一面好镜子。

还有一些国家和地区被归为不发达市场，主要集中在非洲和中东地区。这些市场的电商基础设施不如发达国家，但由于供给匮乏，反而存在很多商业机会。中国的数码产品、家电、服装等，在这些国家依然具有强劲的需求。然而，由于这些地区物流不畅、支付手段落后，跨境电商面临的挑战更大，B2B 模式在这些地区可能会更加适用。

对于很多缺资源的年轻人来说，可以参考如下建议：如果是要做大家都想做的主流市场（如美国、印尼、沙特等），就尽量做标准化程度低的品类以规避"卷"；如果非要做标准化程度高的品类，可以选非主流市场（大家普遍没有听过的国家）。

如何抓住新出海机遇

我在国内读的本科和硕士，后来在美国纽约大学读的 MBA。我发现，在国内读书的年轻人，普遍对海外了解不够；而在海外留学的多数年轻人，对中国的理解也很浅。小时候我们学历史，中国史和世界史是分开学习的，这种割裂有可能是造成前述现象的根本原因。所以，当有人把清朝乾隆皇帝，与美国开国总统华盛顿放在一起，说他们是同一时代的历史人物时，很多中国人都会感到诧异。

在1840年以前，中国人是带着"俯视"的心态看待世界的。从1840年开始，我们经历了大约100年的屈辱历史，并且习惯了"仰视"西方列强。在经历了长达2000年的"俯视"和180多年的"仰视"以后，我们才开始学习如何平视世界。平视世界，既要清楚中国强在哪里，也要知道我们还存在哪些问题；平视世界，不仅要做到不仰视欧美，也要做到不俯视亚非拉。

新出海的商业机会，建立在能够理解中国、平视世界的认知之上。有了这种认知以后，具体如何抓住机会呢？我引用一下"竞争战略"中"**差异化竞争**"的概念，在新出海，尤其是跨境电商方向，年轻人可以在差异化供应链、差异化平台、差异化市场、差异化策略这四个方面寻求突破机会。

差异化供应链，目前的备选很多。差异化平台，指的是在线上、线下都有不少平台可以选择入驻，除了几个大平台，在全球各个区域和国家也有当地的平台。差异化市场，指的是全球有200来个国家和地区可供选择，每个国家和地区又有人群区别，可以做不同的品类。差异化策略，指进入市场的方式，可以先线上再线下、先代理后直营。

一个好的生意，往往能够令人感到诧异。比如，在伊拉克以线下店方式卖服饰、在哥伦比亚以B2B方式卖宠物食品。在大家都想得到的国家卖大家都想得到的品类，大概率不会是好生意。

在国内看海外机会无异于是雾里看花，要做好跨境电商或新出海，**关键是人要真正走出去**，到目标市场常驻。中国人安土重迁，在唐宋元等朝代，都是外国人出海到中国的多、中国人出海到海外的少。在明清时期，中国"下南洋"的主力人群，主要是那些生活窘迫的穷苦人。即便如此，当年的"下南洋"也已经在东南亚结出了硕果，华人在经济上取得了重大成功。1978年中国改革开放以后，海外华人成了最早的参与者和受益者。

新出海未必有很多独角兽级别的机会，但全球有 200 多个国家和地区，中国有优势的行业领域成百上千，因此生意机会足够多。而且与国内不同的是，只要在某个国家占据某个品类的机会，别的同行要想进入就会变得非常艰难，国界线、不同的制度法规……这些都是天然的护城河，因此更容易做到"小而美"。

新出海：年轻一代的时代使命

回顾过去的几十年，每一代年轻人都曾经面临过属于自己的历史机遇。从 20 世纪 80 年代的个体户、90 年代的下海经商，到 21 世纪前 10 年的房地产和互联网，再到 21 世纪 10 年代的移动互联网和风险投资，每一代人都在属于自己的历史时刻做出了选择。

今天的"95 后"和"00 后"，面对的就是新出海这个时代机遇。全球化浪潮必将再度风起云涌，而这一次，中国企业不再是简单的代工制造者，而是品牌塑造者、市场开拓者。新出海不仅仅是产品的出口，更是中国文化、技术、创新的全球扩张。对于今天的年轻一代来说，出海的条件比历史上的任何时候都更加有利。

只要有勇气走出去，愿意学习和适应不同的文化和市场规则，那么对于每一个有志于成为"20% 成功者"的年轻人来说，新出海毫无疑问是最大的时代机遇。

新出海，是新一代最大的时代机遇

图 5-1　2024 年 10 月 21 日，作者在 1688 的活动上演讲时提到：
新出海，是新一代最大的时代机遇

拓展阅读

如何边工作边进行全球旅游？

2022 年之后，全球加速布局数字化，工作方式也发生了深刻变化，远程工作变得越来越普遍。Deel 是一家全球化人力资源领域的独角兽，它的员工遍布全球，全部通过线上协作。在 2018 年，一本名为 *Global Career：How to Work Anywhere and Travel Forever* 的书面世，作者 Mike Swigunski 以自己 7 年间去过 70 个国家并在 7 个国家工作的经历，探讨了如何利用远程工作的机会，实现在全球范围内工作和生活的自由。

书中详细介绍了远程工作的基本要素，包括必需的技能、工具和技术，以及如何设置一个高效的工作环境。Mike Swigunski 提供了寻找远程工作机会的具体指导，包括哪些网站和平台最适合寻找此类职位，以及如何准备和优化简历和申请材料。书中也指导读者如何成为一名成功的数字游民，包括管理财务、选择旅行地和处理潜在的签证问题。书里探讨了如何在不同的文化环境中成功适应，以及如何在全球范围内建立和维护专业网络，包括如何长期维持全球旅行生活的策略，包括保持健康、应对孤独感和维持与家人朋友的联系。

2022 年之后，全球远程工作变得越来越常见。许多公司和组织快速适应并实施远程工作模式，以保持公司正常运营。这种变化带来了以下几个显著的影响和趋势：

一是技术和工具的快速采纳：为了支持远程工作，许多公司加速采用了云计算、视频会议软件（如 Zoom、腾讯会议）、在线协作工具（如 Slack、飞书）等技术和工具。这些技术和工具已成为日常工作的重要部分。

二是工作文化和员工福利的变化：远程工作的普及促使企业重新考虑工作文化和员工福利。灵活的工作时间、工作与生活的平衡，以及员工的心理健康得到了新的重视。

三是全球化的就业机会：远程工作打破了地理限制，使得全球的就业机会更加开放。员工可以在不迁移至其他城市或国家的情况下，为全球任何地点的公司工作。

四是永久性变化：虽然疫情已经结束，但许多公司和组织已经宣布将远程工作作为长期或永久的选项。例如，Facebook 等科技公司允许员工长期远程工作。

五是对商业地产的影响：随着远程工作的普及，对传统办公空间的需求有所减少，这对商业地产市场产生了影响。许多企业在重新考虑它们的办公室需求，优化或减少办公空间。

当然，在全球范围内边远程工作边旅游，属于理想化的描述。关于远程工作中可能遇到的挑战和困难，Mike Swigunski 在书中提供了一些解决策略，但对于多数人来说，这些挑战可能比书中描述的要复杂得多。对于那些不具备高度自律性的人来说，无论是在家工作还是在海外工作，都可能会发现维持生产力是一项挑战。

在欧美，年轻一代边工作边体验世界比较常见。在中国企业纷纷出海的大背景下，新一代全球原生企业大量出现，它们提供的全球远程工作机会远比上一代企业多。对于中国年轻一代而言，通过全球工作＋全球旅游结合的方式去发展自己的职业也变得更加可行。中国年轻一代要勇敢地走出去，和其他国家的年轻人成为朋友，这样无疑会推动中国企业更好出海。

阅读书籍推荐：*Global Career*：*How to Work Anywhere and Travel Forever*（Mike Swigunski 著）。

02 从"引进来"到"走出去"，中国城市将大洗牌

亚历山大｜罗马城｜长安｜君士坦丁堡｜巴格达｜里斯本｜阿姆斯特丹｜伦敦｜巴黎｜纽约｜东京｜孟买｜洛杉矶｜新加坡｜香港｜上海｜深圳｜全球化城市

过去两年多，我除了到 40 个国家和地区考察，也去了 20 多个国内城市，或参加活动做出海分享，或在当地拜访做出海方向的朋友。因各种因缘巧合，我也有机会和一些地方政府的领导交流跨境电商和企业出海的话题。绝大多数领导给我的印象是，他们希望通过跨境电商增加出口，但是对企业出海持保守态度。

地方政府有这类担忧可以理解，然而邻国日本的经验显示，**企业"出海"而非简单的"出口"，可能将成为一股不可阻挡的趋势**。1989 年，日本的外贸出口规模是其海外公司销售规模的 1.7 倍；但是 1996 年以后，日本企业的海外收入，已经超过了国内出口总额；2016 年，日本海外现地法人销售规模达到了国内出口总额的 1.8 倍。

过去几年，各行业都流传着这样一句话：出海，或者出局。不仅实体产业如此，城市之间的竞争也是如此。众所周知，一座城市的经济，由不同的经营主体来共同支撑，一些城市如果不能服务好中国企业出海，很可能会在城市竞争格局中"出局"。在新一轮的全球化背景下，中国城市无疑将迎来一次大洗牌。

历史上全球化城市的兴衰，可以给我们一些启示。

在公元 5 世纪之前的前全球化第一阶段，全球化城市极少。最早的全球化城市可能是**亚历山大**，它是公元前 4 世纪亚历山大大帝所建立的。公元前 4 世纪至前 1 世纪，亚历山大这座地处尼罗河三角洲的港口城市，是地中海东部的贸易、文化枢纽。亚历山大拥有众多希腊人、埃及人、犹太人群体；该市的图书馆和博物馆，则是当时世界的知识中心，吸引了来自各地的学者前来学习和交流。

后来罗马崛起，亚历山大成了罗马的重要贸易枢纽。来自中国和印度的丝绸、香料以及其他奢侈品，通过亚历山大港流入罗马。亚历山大辉煌了上千年，在 16 世纪之后，随着东西方贸易的中心转移到了大西洋，这座城市才逐渐失去了其全球化地位。直到 19 世纪，随着苏伊士运河的开通，亚历山大才重新找回了一定的国际影响力，但其全球化色彩已大不如前。

罗马城是这个阶段名副其实的全球化大都市，鼎盛时期人口超过 100 万。罗马帝国发动并最终赢得战争胜利以后，便会把人口和财富掠夺到罗马城，日益富裕的罗马贵族穷奢极欲，他们恣意消费来自全球各地的商品。罗马不是港口城市，但正所谓"条条大道通罗马"，其陆路交通枢纽的优势极为明显。凭借奢华的建筑、奢侈的生活，罗马吸引了无数商人和学者。

罗马帝国分裂以后，西罗马帝国在公元 476 年灭亡；中世纪的西欧四分五裂，罗马这座城市也不复往日荣光。当然，作为宗教中心（教皇驻地），罗马依然是欧洲最重要的城市之一。为罗马帝国提供奢侈品丝绸的汉朝，虽然在张骞出使西域之后打通了丝绸之路，且都城长安（西安）的人口也达到了数十万，但其全球化程度依然无法与罗马城相提并论。

在公元 6 世纪至 15 世纪的前全球化第二阶段，**长安（西安）**成了全球化大都市，唐朝鼎盛时期，帝国首都人口超过 100 万，吸引了来自中亚、波斯、阿拉伯以及东南亚的商人、僧侣和学者。唐朝长安的"西市"，不仅是商品交易的场所，更是文化交流的中心。运送丝绸、瓷器、茶叶等中国商品的各国商队从长安启程，途径丝绸之路到达西亚、地中海和欧洲。长安的繁荣，绝不仅仅表现在物质层面，当时的唐帝国首都思想和文化都极为活跃。外来宗教如佛教、景教、袄教等都在长安生根发芽，使这座城市成为多元文化的汇聚点。

唐朝时期的长安城有大量胡人常住，正因如此，"诗仙"李白才能够留下"落花踏尽游何处，笑入胡姬酒肆中"这等脍炙人口的诗篇。"安史之乱"以后，长安遭到了严重破坏，东西方之间丝绸之路的重心，也由陆上转到了海上。唐朝灭亡以后，长安城进一步没落。直到今天，西安的 GDP 依然无法挤进中国城市前 20 名。

这一时期，西方首屈一指的全球化大都市，应属东罗马帝国的**君士坦丁堡**，这座城市横跨亚欧大陆，地理位置得天独厚；作为世界贸易的中心，源源不断的货物和财富汇聚到这里。不过，也正是因为过于富庶，君士坦丁堡遭到多次攻击。

　　1453 年，奥斯曼帝国攻破君士坦丁堡，并将其改名为伊斯坦布尔。奥斯曼帝国时期的伊斯坦布尔依然辉煌，以至于拿破仑曾经宣称："如果世界是一个国家，那么其首都一定是伊斯坦布尔。"自然风景优美、文化沉淀深厚，到今天伊斯坦布尔的人口已经超过 1500 万，2023 年吸引外国游客数量高达 1740 万人次。

　　在这个阶段，阿拉伯帝国曾统治大片区域，9 世纪时达到鼎盛，首都**巴格达**人口也超过 100 万，与长安、君士坦丁堡并称世界三大都城。当时的巴格达以知识中心著称于世，全球各地不同背景的学者、哲学家和科学家汇聚于此，他们在数学、天文学、药学、化学上都取得了重大成就。阿拉伯阿拔斯王朝在巴格达建立的"智慧宫"，是一座全国性的综合学术机构，无数学者在那里翻译了大量波斯、古希腊和印度的经典文献，极大地推动了知识的跨文化传播。

　　阿拉伯帝国灭亡以后，蒙古一度打通了东西方的陆上贸易通道。13 世纪以后，中亚的**撒马尔罕**、今天伊朗的**大不里士**，也一度成为东西方之间的重要枢纽。海上丝绸之路方面，13 世纪在中国活跃的意大利旅行家马可·波罗，将**泉州港**称为东方第一大港，"泉州可比肩亚历山大"。当时的泉州是一座典型的全球化城市，那里生活着来自于全球各地的商人和宗教人士。如今，撒马尔罕、大不里士、泉州的全球化色彩均已黯淡。

　　公元 15 世纪至 18 世纪的前全球化第三阶段，大航海时代开启，东西方的全球化城市迎来了一次大洗牌。原先海上丝绸之路的节点城市，如马六甲、科伦坡、科钦、科泽科德（古里）、亚丁、威尼斯、佛罗伦萨等城市，都不同程度地受到了负面影响并因此而走向衰落。

　　伊比利亚重镇里斯本成了第一个现代意义上的全球化港口城市。葡萄牙通过其精湛的航海技术以及强大的武力，占据了非洲、亚洲和南美洲的多个战略据点，该国通过贸易令里斯本成为欧洲重要的香料和奢侈品集散地，该座城市的财富积累快速增长，成为当时欧洲的富裕之地。1755年，里斯本发生大地震，城市几乎被摧毁。

葡萄牙人积累财富后贪图享乐，17世纪荷兰的**阿姆斯特丹**逐渐取代里斯本，成为全球化时代的商业中心和金融中心。当时，阿姆斯特丹控制了欧洲的大部分贸易，吸引了来自世界各地的移民。荷兰东印度公司在阿姆斯特丹的建立，开创了股份公司和现代资本市场的先河。阿姆斯特丹金融市场的创新，如证券交易所、金融票据等，为全球金融体系的发展奠定了基础。阿姆斯特丹的全球地位延续了上百年，后因战争和经济问题逐渐被伦敦取代。

在这一阶段，其他殖民地城市如加尔各答、马尼拉、雅加达、圣保罗等，也开始成为全球化的重要据点。作为贸易港口和殖民地中心，这些城市也成了跨洋的资源、商品和人口流动的中心。虽然这些殖民地城市受宗主国控制，但它们在全球资源分配和贸易流动中，均发挥出了极为重要的作用。

如果仅以人口来衡量，同期欧洲的各大城市依然比不上奥斯曼帝国、印度、中国的大城市。这一时期对应的中国明清两朝，人口超过100万的城市有北京、南京、苏州。不过，中国在明清时期实行闭关锁国的政策，在清朝乾隆时期，广州是全国唯一的对外窗口。

19世纪以后，全球化1.0阶段，即"英式全球化"正式开启，第一次工业革命深刻改变了人类发展历史，全球化城市也开始摆脱地理决定论。第一次工业革命以后，两个老牌资本主义大国英国、法国的首都伦敦和巴黎，在19世纪中期成了全球化大都市。

英国依托庞大的殖民地帝国，建立了一个全球经济体系。凭借工业革命带来的技术创新，**伦敦**迅速成为全球制造业和贸易的中心。以英镑为基础，伦敦成了全球金融中心。1840年，伦敦人口超过200万，成为世界历史上第一个人口超过200万的城市。伦敦于1851年举办的世界博览会，充分展示了英国工业革命的成果——该座城市被推向了全球舞台的中心。

巴黎则以文化、艺术为核心，成了全球文化和思想交流的中心。拿破仑时期的改革，以及 19 世纪巴黎的现代化建设，使得该座城市在 19 世纪 40 年代人口达到了 100 万，并且出现了巴尔扎克笔下的"资产阶级"，它被认为是一座"快乐、喧闹、躁动的城市"。巴黎的自由氛围、浪漫气息和艺术灵感，吸引了无数来自全球的艺术家、作家和思想家，该座城市因此而一举成了"世界文化之都"。同时，巴黎也积极参与了工业革命，法国人将现代科技融入城市建设，进一步增强了城市的吸引力。

纽约能够成为美国第一大城市有些侥幸：独立前，美国南方也有合适的港口，并且南方的出口额长期远超北方。不过，南方的庄园主安于享乐，他们把对外贸易中心让给了纽约这座北方城市。1825 年，连接纽约和五大湖的伊利运河开通，纽约的命运也因此而彻底改变。到了美国南北战争前的 1860 年，纽约人口突破了 100 万。

19 世纪末、20 世纪初，由于远离欧洲战场，纽约成了各国民众心目中最为向往的城市，当时每年都有数十万移民涌入该市。1919 年，美国已经成为全球第一大经济体，其第一大城市纽约的总人口突破 1000 万，成为全球首个千万人口大市。

自 1914 年第一次世界大战爆发，直至 20 世纪 80 年代，这个阶段是全球化 2.0 阶段。在这几十年的时间里，东京、洛杉矶、香港等城市发展成了全球化大都市。

明治维新以后，东京引进了西方技术，开始建立现代产业体系。第二次世界大战时，东京遭到毁灭性打击，但战后快速恢复，成为亚洲制造业中心和出口中心。1962 年，东京人口达到 1000 万；1964 年，东京举办奥运会，成为亚洲第一城。东京以现代化的基础设施著称，80 年代后该市成为日本企业出海中心和全球金融中心之一。泡沫经济破裂后，东京在 2000 年后成了全球重要的文化中心，文化出海成果显著；同期，东京也开始加大引进移民的力度。

17 世纪，**孟买**被葡萄牙作为"嫁妆"送给了英国。美国南北战争期间，美国南方和英国之间的棉花贸易受阻，后者转而大力扶持印度的棉花产业，孟买因此而成了棉纺织工业中心。印度独立后，孟买成了该国的金融中心。作为印度电影产业宝莱坞的所在地，孟买在亚洲乃至全球建立起了强大的文化影响力；印度的科技和服务外包产业蓬勃发展，孟买也成为全球服务业的重要中心。80 年代中后期，孟买人口超过了 1000 万。

洛杉矶在 20 世纪后的崛起，是从大批电影制作公司纷纷迁入该市开始的，好莱坞通过电视和电影，向世界传播了该座城市的知名度。第二次世界大战期间及战后，洛杉矶建立起了军工和航空产业；此外，伴随大批移民的涌入，其零售业和服务业也得到了快速发展。如今，洛杉矶是全球时尚产业中心，也是美国西部最大的港口，并且成了全球重要的贸易和物流中心。

在这个阶段，英国制造业和航运业的全球竞争力逐步下降，第二次世界大战后全球航运从大西洋转移至太平洋，英国的利物浦、曼彻斯特因此而逐渐衰落。原先作为英属印度首府的加尔各答，曾经是南亚的贸易、教育和文化中心，但 1911 年印度首都迁至新德里之后，加尔各答的地位逐步下降。

80 年代后，全球化 3.0 即超级全球化开启。新的全球化中心不断崛起。

美国硅谷成了全球科技创新的代名词，它定义了新的全球化中心。硅谷汇聚了全球顶尖的科技企业和创业人才，以惠普、思科、苹果、雅虎、eBay、谷歌、Facebook 等为代表的科技巨头，引领了全球的数字化革命。硅谷的崛起，不仅得益于美国政府在科技研发上的投入，还应归功于开放的创新文化和完善的风险投资体系。作为科技和创新的中心，旧金山湾区对于全球经济和技术的发展，产生了极为深远的影响。

新加坡于 1965 年独立，在一穷二白的基础上，该国首任总理李光耀提出了"新加坡模式"，即通过高效政府治理、清廉和法治来吸引外资。80 年代，随着全球经济重心向亚太地区转移，新加坡抓住了机遇，该国实施开放的金融政策，吸引大量国际金融机构入驻，迅速成为亚洲重要的金融中心。同时，新加坡改造海港、发展空港，极大地提升、进而巩固了自己在全球贸易中的枢纽地位。新加坡还不断提高高等教育质量，吸引国际学生前来留学，并且通过人才引进政策吸纳全球优秀人才。现如今，新加坡已经成为全球化大都市。

上海是近代中国第一批开放的城市。实际上，早在 20 世纪 30 年代，上海就已经是远东最大的城市之一，并有"东方巴黎"之称。中国改革开放以后，上海抓住了发展机遇。1990 年，国家正式启动浦东开发开放战略，同年设立了中国首个保税区——外高桥保税区。2000 年以后，上海出台政策鼓励跨国公司设立地区总部，大量跨国公司选择上海作为其在亚太地区的总部，这增强了上海作为国际商业和创新中心的地位。

在这一阶段，发达国家的产业转移到发展中国家，一些城市如芝加哥、底特律因产业空心化而逐渐衰落。

不同阶段全球化城市的兴衰，为我们提供了一些初步的启示。

首先，地理位置极其重要，这一点在早期全球化时期表现得尤为明显，无论是亚历山大、君士坦丁堡还是撒马尔罕，这些城市的地理位置极为优越，令它们自然成为东西方贸易的枢纽。其次，随着时间的推进，人的作用越来越大。里斯本、纽约、新加坡之所以能够成为全球化城市，并非单凭它们的地理优势，而更多是依赖关键人物和政策的引领。

全球化城市的标准在不断提升。早期主要标准是"贸易枢纽"，随后制造业成为支撑，接下来金融和科技力量也成为重要的评判依据，伦敦、纽约、东京等城市的发展即是证明。此外，文化吸引力和包容性，也是城市国际影响力的核心元素，巴黎、洛杉矶、孟买就是代表。

此外，几乎所有的全球化城市，都在基础设施和交通网络层面投入巨大。开放的市场和稳定的政策环境同样至关重要，无论是古代的亚历山大、巴格达，还是现代的巴黎、硅谷，教育和人才体系在推动城市全球化的过程中变得愈发关键。

进入 2020 年以后，人工智能成为关键技术，全球产业转移的趋势也在变化。一如当年欧美企业将生产基地转移到亚洲那样，中国企业的出海浪潮现已成为全球化的最重要推动力。全球化 3.0 主要由制造业全球转移驱动，而即将到来的全球化 4.0，服务和思想的全球化或将扮演更重要的角色。

在这一背景下，中国城市或将面临大洗牌。

如果单看总人口，那么中国约有 30 个城市能够进入全球前 100；按照 GDP 来衡量，中国有 20 余个城市可进入全球前 100。然而除了人口和 GDP，全球化城市的评估，还包括国际交通枢纽作用、跨国公司数量、教育与创新实力，以及思想和文化产出等诸多标准。总的来看，中国城市在这些方面的表现依然还不够强势。

从交通枢纽的角度来看，海港依然重要，但空港的价值正在不断提升。随着中国西部大开发，以及西南几省与东南亚的联系日趋紧密，陆港的价值也在复苏。在跨国公司层面，越来越多的中国公司出海、进而成为新的跨国企业，服务这类公司的出海需求，将比服务外资企业入华更为关键。

过去几年，城市经济表现与创新和出海主题紧密相关。那些吸引品牌和技术驱动型企业的城市，在全球地缘政治和经济动荡中的韧性更强。而凭借新的地理和交通区位优势，新疆、广西、四川等地的城市，在出海大潮中展现出了更大的潜力。

从日本的经验来看，企业出海可以不同于美国"甜甜圈"式的出海模式，而采用"比萨型"模式。所谓"甜甜圈"模式，是指企业将生产线迁往海外后，导致本土经济出现"空洞化"，难以形成有力的内在支撑，这在美国制造业出海的过程中表现得尤为明显。

　　而"比萨型"模式旨在避免产业空洞化，确保国内产业的可持续发展。通过这一模式，日本企业将生产线转移至海外的同时，国内供应链能够持续向海外供应零部件、设备和原材料。这种方式不仅维持了国内生产的稳定，还在一定程度上增强了国内的生产能力。数据显示，2016 年，日本国内企业出口中，有 69% 是向海外子公司提供零部件、设备和原材料。

　　积极鼓励企业出海的同时，有抱负的中国城市应着力提升文化软实力，以增强对全球人才的吸引力。相比商品出口、企业出海，文化和思想的出海或许更为重要、影响更为深远。总而言之，唯有软硬结合，才能真正成为全球化大都市。

　　这或许是未来中国城市在全球竞争中制胜的关键：在做好硬件设施的同时，强化软实力，推动教育、文化、科技及思想创新，在全球化 4.0 的浪潮中赢得更加广泛的国际影响力。

图 5-2　2024 年深圳成为中国外贸第一城，EqualOcean 出海全球化百人论坛连续在深圳举办

拓展阅读

中国城市的全球化实力评价

2023年至今，我去了国内30多个城市。一个显而易见的趋势是，过去几十年支撑中国城市发展的大逻辑正在发生根本性变化。制造业推动了全球化3.0，中国很多城市借势崛起；正在演进的全球化4.0时代，思想、服务和劳动力在世界各地的流动比货物要重要得多。在新出海浪潮兴起的当下，中国城市走向全球化是必然。评价城市的全球化实力，除了考虑经济总量和人口数量，还需要考虑更综合的指标：

一是城市的货物贸易量依然很重要。但相比看"量"，更多要看"质"；相比看实物商品，更要看服务类商品；相比看货物，更要看品牌。中国的低端产业转移到亚非拉一些国家是大势所趋，而那些出口越来越多品牌、技术驱动商品或服务的城市更有发展前景。

二是交通区位至关重要。近代崛起的全球化城市，大多数是海港城市，这和全球贸易以海路为主有关；但空港正在变得越来越重要，一批空港型全球化城市正在兴起；另外，在中国陆港尤其是跨国铁路的枢纽城市也有很大的成长空间。

三是跨国公司的数量。跨国公司指业务遍布多个国家甚至多个大洲、有全球竞争力的公司；需要注意的是，跨国公司并非单指外资企业，实际上，随着中国企业纷纷出海，它们中越来越多的企业成了跨国公司，并且比源自欧美的跨国公司更有竞争力。

四是国际金融服务能力。包括但不限于银行、保险、审计、财税、风险投资及其他专业金融服务机构等；有证券市场或其他大宗商品交易所是加分项。

五是教育、科研与创新能力。是否有知名高校培养或吸引大量人才，是否能产出有世界影响力的科研成果，以及能否形成基于未来产业的创新氛围甚至生态，这些对全球化城市非常重要。

六是文化、思想的吸引力及传播力。这个指标代表城市的软实力，在未来城市的竞争中越来越重要；现在很多中国城市已经意识到了这一点，开始做国际传播。是否有全球知名传媒机构、是否有国际化电视、电影、视频制作和传播能力是关键。

七是多元化及其网络。多元化既体现在语言、宗教、意识形态等方面，也体现在城市的外籍人口的数量和覆盖国别数量等方面；基于多元化产生的全球网络，是远比货物网络更为紧密的联系。

基于以上的指标，我个人心目中2025年度中国（大陆）全球化城市排行榜 Top 20 是：上海、北京、深圳、广州、成都、杭州、西安、南京、武汉、重庆、天津、苏州、厦门、宁波、长沙、郑州、合肥、青岛、大连、昆明。

需要说明的是，这个排名会随着时间而变动。目前中国在世界范围有大众知名度的城市不多，随着中国扩大高水平对外开放，不断推出新举措，一些抓住机遇的城市会获得更好的发展和排名。

阅读书籍推荐:《港口城市与解锁世界》（约翰·达尔文著）；《超级版图：全球供应链、超级城市与新商业文明的崛起》（帕拉格·康纳著）。

03　政府如何协助中国企业出海

新出海浪潮｜品牌出海｜核心痛点｜供过于求｜古三样｜服务中国企业出海｜发现需求｜调政策｜当裁判｜做引导｜出海服务中心｜全球化人才培养｜海外利益保护

2024 年 6 月《新出海浪潮》一书出版后，我有机会向一些地方政府领导汇报、交流出海主题，也曾经应一些地方政府的邀请，就如何搭建诸如"企业出海服务中心"一类的机构提供建议。

我深刻地认识到，中国最优秀的人才大多在体制内工作，尽管出海是一个相对新颖的话题，然而与我交流的地方政府领导，对该话题普遍都有非常深刻的认知。当然，政府决策和企业决策的逻辑不同，政府需要统筹考虑，这使一个想法从提出到实施的过程比较漫长。

因此，虽然我愿意与地方政府领导交流出海话题，但并不愿意直接与地方政府做生意。这种选择的不好之处是，我可能会留给别人一个只知道"纸上谈兵"的形象；但好的一面是，由于没有经济利益的纠葛，我可以尽可能客观地给地方政府提出建议。

我曾经多次被地方政府领导问到这样的问题：企业出海的核心需求（痛点）是什么？政府应该提供哪些服务？"企业出海服务中心"应提供哪些服务？

实际上，这些都是很难回答的问题，因为不同的城市有不同的定位和优势、不同领导有不同的层级和职责范围，可能关注的问题、希望听到的答案各不相同。但可以确定的是，类似于很多其他事务，出海服务这样的新生事物，在中国需要自上而下地推动。同时，与国内业务处理经验不同的是，服务中国企业出海，实际上是去服务这些企业的海外客户和用户。

在具体解答"如何做"之前，我想先探讨"是什么"和"为什么"。

中国企业出海是历史的必然，是一次商业大转变。

从"商品出口"到"企业出海"，这一转变虽然因新冠疫情和地缘政治影响而加速，但其背后存在着更深层次的逻辑。

让我们回顾一下中国的商业发展历程。20 世纪 90 年代，中国还处于商品稀缺的卖方市场阶段，当时企业的典型销售方式是：在电视台打广告，然后在各地举办代理招商会，通过层层分销将商品推向市场。然而，2008 年以后，很多行业都从"供不应求"发展成了"供过于求"，卖方市场变成了买方市场。在这个阶段，企业的核心竞争力，也变成了能否直接连接并有效管理终端客户或用户。基于客户、用户的需求，不断完善产品和服务，实现 C2B（消费者到企业）或 C2F（消费者到工厂），成了商业成功的关键。

改革开放，尤其是 2001 年加入世界贸易组织以后，中国逐步发展成了"世界工厂"，但我们的供应链与海外终端客户、用户之间，存在着多个层级的中间商，这不仅让大部分利润被中间商抽走，而且会导致我们越来越不了解海外市场，长此以往，我们的产品将无法匹配市场需求。

一如 2008 年以后中国市场发生的巨大转变，当前全球很多市场也进入了"供大于求"的阶段，制造的重要性正在降低，而抓住客户和用户需求的能力变得更为关键。"商品出口"展示的是中国的制造能力，而企业出海则是去掌握客户和用户需求。

制造业的"微笑曲线"理论指出，利润和附加值往往集中在曲线的两端：一端是技术和专利，另外一端是品牌和服务。企业出海并实现本地化，是建立品牌和提升服务进而实现产品溢价的关键。

中国的"古三样"——丝绸、瓷器和茶叶，曾经作为商品被大量出口到海外，并一度代表了中国的"核心科技"。然而，随着我们的技术被海外国家掌握甚至超越，直到现在，全球知名的相关品牌中鲜有中国品牌的身影。"古三样"的故事告诉我们，仅仅依靠"商品出口"，注定无法长期维持竞争优势，技术的保守同样无助于维护长期利益。只有主动推进"企业出海"，直接面对全球客户和用户，才能拓宽企业发展的空间。

从1978年改革开放开始，直至2018年，中国一直是全球产业转移的受益者。这40年间，"引进来"的策略一直处于主导地位，许多城市的竞争力，也是建立在引进外资企业的基础上。然而，2018年以后，中国企业的竞争力，在越来越多领域已经超过欧美对手，如何服务好这些有能力出海的中国企业，将会成为衡量一个城市竞争力的重要指标。

从"商品出口"转变为"品牌出海"，也是讲述中国故事的新方式。海外很多国家因中国企业出海而受益，进而培育出了更大的消费市场，这会令当地人对中国更为友善，也为我们的高附加值产品创造出了更多的市场选择。"商品出口"常常因为国际争端而受阻，"企业出海"则更有可能实现双赢。

客观地说，无论政府是否支持，中国企业的出海浪潮都已不可逆转。在A股5300多家上市公司发布的2024年中期报告中，约有53%的公司披露了海外收入数据，并且这一比例依然在迅速增长。对于那些有志于成为行业领先者的企业来说，全球资源的优化配置是提升竞争力的关键，海外收入占比30%~50%已成为新的常态。假以时日，因企业海外收入的提升而带来的经济规模增长，完全有可能"再造一个中国"。

中国企业出海虽然前景广阔，但也面临多重系统性挑战。

挑战的大小，取决于目标的设定。如果中国的发展目标，是成为全球规则的制定者，而非规则的接受者，是成为"新全球化"的主导者，而非跟随者的话，那么中国企业在制定出宏伟目标的同时，也注定会在出海过程中面临重重困难。

当下，我们仍然处于"美式全球化"的影响之下。具体来说，美国企业依然控制着产业链的高端环节，并因此而获取大部分利润；美国塑造的"世界观"及其电影、电视和社交媒体，依然深刻地影响着整个世界；美国品牌在世界范围内广受欢迎；美元的强势地位使该国企业能够在全球范围内聘请到最优秀的人才，全球精英也普遍选择赴欧美留学。在亚非拉国家，中国企业出海也面临着很多隐形的障碍。

除了外因，我们自己在某些方面做得也不够好。例如，中国缺乏"平视世界"的传统，我们过度强调统一性而忽视差异化，过分注重物质层面而忽略精神层面，刻舟求剑般地将国内经验完全复制到国外……在这些因素的共同作用下，我们至今依然未能讲好"中国故事"，很多中国企业在海外得不到足够的尊重，更谈不上与当地人民心意相通。即便出海，中国企业只是从内卷转向外卷，仍然难以摆脱"卷"的困境。

美国企业的全球化，绝不仅仅是"出海"，而是真正的全球运作。相比之下，绝大多数中国企业，仍处于"跨境"和"出海"的全球化初级阶段，因此面临着巨大的挑战和风险。

一个理想的中国企业出海模式是：在精彩的"中国故事"的引导下，中国企业能在国内吸引来自全球各地的留学生人才，在国内培养几年之后，将他们作为中坚力量派往其祖国。中国企业出海应该以差异化，而非以"卷"作为核心竞争力，在深入理解海外国家的政治、经济和文化的基础上，以"润物无声"的方式推进本地化，最终让我们的企业在海外得到尊重，建立良好的品牌声誉，与当地实现共赢，最终获得高额回报。

当然，现实与理想之间，总是存在着巨大的差距，中国企业出海所面临的挑战是多层次的：我们很难发现海外市场的机会；在目标市场也缺乏核心资源；落地到当地的流程极为复杂；从国内很难挑选出适合海外业务的人选，同时招不到当地的一流人才；难以克服不同文化之间的障碍，更难突破外资企业的"隐形天花板"……

时至今日，"Made in China"（中国制造）的品牌形象，仍然未能完全摆脱"低质低价"的标签。这种情形，导致许多企业在出海时故意隐去其中国背景。有的海外客户，甚至要求将标签上的"Made in China"改为"Made in P.R.C."，这种看似灵活规避风险的做法，实际上反映出了中国出海企业普遍存在的整体形象问题。

服务中国企业出海的本质，是帮助中国企业更好地服务海外客户或用户。

理解海外客户或用户的需求，应当是所有出海企业思考问题的出发点，这绝非一个简单的问题。可以肯定的是：与其待在国内坐井观天，不如迈开步子去海外目标市场，实地去感受，去体会。哪怕真的到了国外，我们的企业负责人也千万不能仅与华人交流，而应该广泛地与当地人互动，因为只有当地人，才能更加准确地把握当地客户或用户的需求。相对而言，新一代的中国年轻人更能融入当地社会，能够更好地理解当地情况，因而可能的话，拓展海外业务应首选年轻人。

尽管几乎所有国家都有华人社区，然而实事求是地说，能够真正融入当地的华人却并不多。自 20 世纪 90 年代末中国企业开始出海以来，业界积累的有关出海的人才并不多。所有的业务问题，本质上都是组织问题。因此，在《新出海浪潮》一书中，我提出了"组织优先"的观点。如果认同出海是一个长期战略的话，那么我们很有必要从一开始就着手去建立全球化的组织和文化。

我接触过的几乎所有出海企业的高管，都曾经或正在为寻找合适的国际业务负责人而苦恼。由于希望尽快解决业务问题，这些高管倾向于直接挖人才而非培养人才，他们的原则只有一个：越快越好。

中国企业出海普遍会有类似的感受：刚进入一个新市场、处在与当地企业竞争的阶段时，我们往往会感觉很"甜蜜"，因为中国企业效率更高、成本控制更得力，几年下来，完全有可能赶超当地同行。然而一旦进入随后一个阶段，即越来越多的中国企业进入该市场以后，"甜蜜"的感觉立刻不翼而飞，熟悉的"卷"则扑面而来。

中国企业之所以总是会陷入"互卷"的死局，是因为大家的企业文化相似、产品无差别、策略雷同，这与中国文化和教育所追求的高度统一、不鼓励"差异化"有关。中国强大的供应链，使得所有企业都可以轻松复制某款商品的物理属性；而在表现商品差异化的感性或精神层面，中国企业目前普遍存在短板。显然，我们需要加强在艺术、设计等领域的人才培养。从舆论的角度看，国内应当营造出一种"敢于不同"的差异化竞争氛围。

至少在出海这个领域内，"生产"和"制造"已经不是最为关键的环节，我们更加需要重视的，是"发现"用户、客户的实际需求。要想真正实现差异化，我们的出海企业不仅要在商品的物理属性上做文章，更加应该去关注感性和精神层面的因素。

中国出海企业所面临的共性问题，包括合规、风险控制、营销获客、渠道搭建、品牌建设等。当然，不同企业所面对的具体问题肯定也都各不相同。具体到一流出海企业，要想解决问题，应该采取的逻辑是：组织优先，深入本地化，发现需求，持续建立差异化竞争优势。

在针对出海企业的服务上，政府的角色主要是"调政策""当裁判"和"做引导"。

2024 年 8 月初，一位出海孟加拉国多年的朋友对我说："一般的事情，我们不需要政府服务，但是印度对孟加拉国的干涉，已经影响到中国企业的利益。"

在尼日利亚，一个朋友告诉我，某中国知名创业者的共享两轮车项目，因当地势力煽动民意而被迫关闭。我的这位朋友也认为，我们国家应该把经济外交提到更高的位置上。当然，这类"需求"或"建议"，并非地方政府能够响应的。但是这些声音也充分证明，很多人都在期待国家能够推出专门针对出海业务的顶层设计。

谈及日本企业出海经验时，很多人会提到"日本贸易振兴机构（JETRO）"，这个机构在全球超过 50 个国家设有办公室，员工规模超过 1700 人。日本贸易振兴机构的主要工作，是服务、促进日本企业的对外出口，该机构为日本企业提供了丰富的市场情报，还建立了庞大的数据支持系统，它为日本企业，尤其是中小企业的出海提供了有力的帮助。

除了顶层设计之外，具体政策的影响同样非常大。2023 年 9 月，河北承德的一名软件工程师，通过在 Github 上为外国公司编写软件，三年内赚取了 105.8 万元人民币，这笔收入后来被有关部门全部没收。在拥有工程师红利的中国，通过 Github 赚钱的人并不少见，因此这一事件在业界引起了广泛的讨论。最终，该名软件工程师被罚款。

工程师通过合法的渠道赚钱，是否能被视为一种有效的出海业务形式？如果政府能够像鼓励商品外贸那样，出台相应的支持政策，完全有可能换得一个多赢的局面。目前，"商品出口"的政策已经相对成熟，而"企业出海"及其服务形式的相关政策，还有巨大的完善空间。

在为中国企业出海提供服务时，政府应扮演裁判员，而非运动员的角色，应尽可能采用市场化的机构、以市场化方式进行。例如，政府可以每年公开招标，选择一批服务商为区域内的企业提供服务，并基于年度考核制度，及时替换不符合要求的服务商。

在发挥引导作用时，政府可以树立差异化的成功案例，尽量不要推广"卷王"式的榜样，尽可能引导企业朝着差异化竞争的方向发展。同时，地方政府可以与辖内高校进行沟通，说服高校鼓励大学生关注出海方向的就业机会，也可以组织推动高校与出海企业联合培养新时代的全球化人才。具体来说，在大学文科学院设立社会导师制度，解决文科生对海外情况了解不足的问题。这些举措，必定能够提高大学生的就业数量和质量。

目前，全国已经出现了几个由政府主导的"企业出海服务中心"，这些机构依然处在探索阶段，暂时还没有见到明显的效果。我平时能够接触到很多出海企业，对于那些普通的、共性的问题，这些企业大多倾向于通过相关服务商来直接解决。换句话说，针对这个层次的问题，"企业出海服务中心"的实际价值不大。除了财税、合规、营销、品牌等基础服务之外，"出海服务中心"或许可以在以下几个方面着重发力。

一是关注人才培训和招募。比如，启动"全球化人才培训项目"，设计好课程体系，邀请有经验的专家担任讲师，为出海企业的中坚力量提供培训并发放证书。再比如，建立"外籍人员工作签证绿色通道"，鼓励出海企业招募外籍员工，鼓励外籍员工回中国总部进行轮岗。

二是理解和发现海外需求、引导差异化竞争模式。比如，启动"外籍专家双周讲坛"、发布"海外市场洞察半月报"等。此外，还可以在海外重点城市建立服务点（类似日本的 JETRO），以收集当地市场信息。

建立"企业出海服务中心"的目的，当然是为企业出海提供帮助和服务。然而更加重要的是，该机构的设立，证明国家正在以积极的姿态支持中国企业的出海。在当今的时代背景下，政府与企业应该增加互动、建立互信，只有如此，我们才能推动"比萨型"出海，而不是让"甜甜圈型"出海成为主流。

图 5-3　"前海·出海 e 站通"，2024 年 11 月 22 日作者参观时拍摄

▽ **拓展阅读**

美国政府是如何保护其海外利益的？

随着中国企业纷纷出海，中国在海外的利益也越来越大。很多时候，仅靠企业自身很难维护自己的权益，政府需要在其中发挥关键作用。历史上美国政府为保护其海外利益，在不同的阶段采取了不同的策略。乔治·华盛顿大学副教授诺埃尔·毛雷尔在其著作《帝国陷阱：美国政府如何保护海外商业利益》中做了总结。

第一阶段是直接干预时期（1893—1934 年）。19 世纪末至 20 世纪初，美国迅速工业化并寻求海外市场和资源。在此时期，美国政府直接使用军事力量来保护海外的美国企业免受外国政府和政治动荡的影响。具体的例子包括：一是 1898 年的美西战争。美国介入古巴的独立战争，最终导致西班牙放弃了对古巴的统治，美国获得了对古巴的重要政治和经济影响力。这场战争的一个主要动机是保护美国在古巴的糖业投资。二是 1914 年美国占领海地。为了保护在海地的美国银行和商业利益，特别是在海地面临内部动荡和德国可能扩大在当地的影响力的情况下，美国部署军队进行了长达 19 年的占领。

第二阶段是非军事干预时期（1934—1980 年）。在富兰克林·罗斯福总统推行的"善邻政策"的影响下，美国开始减少在拉丁美洲的直接军事介入，转而利用经济援助和政治影响力来保护其利益。具体的例子包括：一是 1941 年的 Lend-Lease Act（租借法案）。通过这一政策，美国向盟国提供大量军事和经济援助，以确保这些国家能够抵抗轴心国，从而间接保护美国企业在这些国家的投资。二是 1961 年美国政府支持的国际开发协会的成立。该机构旨在通过提供贷款和援助来帮助发展中国家的经济成长，同时确保这些国家政治上的稳定，保护美国在这些地区的经济利益。

第三阶段是经济策略和多边干预时期（1981—2013 年）。随着全球化的加速和冷战的结束，美国越来越多地利用经济手段和国际多边机构来维护其全球利益，而非单纯的军事或直接政治干预。例如，1994 年北美自由贸易协定（NAFTA）的签署。北美自由贸易协定标志着美国通过经济整合和法规同步来保护和扩展其在加拿大和墨西哥的商业利益的策略。这一协定不仅减少了贸易壁垒，还增强了投资保护，有助于美国公司更安全、更便捷地在这两个邻国经营。

第四阶段是"后9·11时代"的安全与经济结合战略（2001—2013 年）。2001 年"9·11"事件后，美国加强了全球安全环境中的经济干预，将安全和经济利益的保护结合得更加紧密，特别是在中东地区。在这一时期，美国采取了一系列措施，以确保其海外资产的安全，同时通过推动政治和经济改革来保护其经济利益。例如，2008 年全球金融危机后的经济援助。在全球金融危机爆发后，美国通过国际货币基金组织和世界银行等多边金融机构，为受影响的国家提供救助。这种援助虽然主要是为了稳定全球经济，但也间接保护了美国企业在全球的投资和市场份额。

这四个阶段展示了美国如何根据国际政治经济环境的变化，调整其保护海外经济利益的策略。从直接的军事干预到经济手段的广泛运用，再到安全与经济利益的复杂结合，美国的做法变得更为复杂和多样化。

那为何又叫"帝国陷阱"呢？一旦美国某届政府承诺代表美国投资商出面予以干涉，以保护其在海外的财产等权益，那么未来的政府要想避免此类干涉就更加困难。代表海外投资商进行的成功干涉，将引致更大的海外投资；而这些更大的海外投资一旦受到危险，又会制造更大的干涉压力。这就是一个"帝国陷阱"，而落入这个陷阱，美国政府就会发现，它很难抵抗保护美国海外财产利益的强大压力。

阅读书籍推荐:《帝国陷阱：美国政府如何保护海外商业利益》(诺埃尔·毛雷尔著)。